KB146821

페미니즘의 방아쇠를 당기다

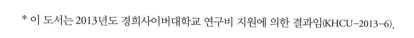

* 이 도서는 2013년도 경희사이버대학교 연구비 지원에 의한 결과임(KHCU-2013-6).

페미니즘의
방아쇠를 당기다

김진희 지음

베티 프리단과

《여성의 신비》의

사회사

푸른역사

"나의 딸 가용이에게"

프롤로그

시대의 흐름을 읽고 독자의 마음을 움직여 미래를 여는 책들이 있다. 베티 프리단의 《여성의 신비》(1963)가 그런 드문 책이다. 출간되고 3년 만에 3백만 부 이상 판매되었고 13개 국어로 번역되었다. 수많은 여성 독자들은 책이 제기한 문제에 공감했고 책의 언어를 통해 자신들의 문제를 객관화했다. 베티 프리단이 언급했던 '이름 붙일 수 없는 문제'가 촉발한 인식의 전환은 여성들로 하여금 그들이 직면한 문제를 직시하는 것을 넘어 문제를 양산하는 사회를 변화시키는 방향으로 나아가게 했다. 1960년대 여성운동의 성장에 도화선이 되었던 《여성의 신비》는 찬사와 비판을 동시에 받으며 미국이 보다 평등한 시민사회로 한발 전진하고 다시 후퇴하는 과정에서 이정표가 되었다.

《여성의 신비》, 이 책은 냉전기 미국에서 중산층 여성 개개인의 마음속에 자리 잡은, 이유를 알 수 없는 공허함과 무기력감에 대한 질문으로부터 출발했다. 여성이자 아내라고 하는 전통적 역할에 대한 강조는 급격한 사회 발전과 미국의 변화된 위상에 부합하는 새로운 인간형에 대한 요구와 이상한 불협화음을 일으켰다. 사회를 선도하고 세계를 지배하는 주체에 대한 요구는 공공연하게 남성에 한정되었다. 전문가와 교육자, 대중 매체와 광고는 한목소리로 여성의 최고 목표는 아내이자 어머니이며, 최고의 성취는 여성성의 성취라고 했다.

〈여성은 남성이 아니다〉라는 제하의 《애틀랜틱 먼슬리》 기사는 "여성이 전문직 경력을 가질 수는 있지만 그의 소명은 단 하나, 어머니이다. 불안한 세상 속에서 안정을 되찾는 것이 어머니로서 여성이 해야 할 일이다"라고 했다.[1] 1950년대에 두 번이나 민주당 대통령 후보로 나섰던 뉴딜 자유주의자 아들레이 스티븐슨은 미국의 최고 여성교육기관인 스미스대학의 1955년 졸업식 축사에서 "가정주부의 겸허한 역할이 곧 사회에 공헌하는 것임을 명심하라"는 축사를 했다.[2]

바로 몇 년 전만 해도 여성은 자유롭고 평등한 인간으로서의 삶을 꿈꿨었다. 오랜 투쟁 끝에 여성은 1920년에 수정헌법 제19조를 통해 참정권을 획득했고 신여성으로서의 자유를 경험했다. 고등교육의 기회가 확대되면서 보다 많은 여성들이 대학에 누리게 됐다. 세계의 변화를 학습했고 평등과 자유를 토론했다. 제2차 세계대전기에 부족한 노동력을 메우기 위해 노동시장에 뛰어들었고 '리벳공 로지'(제2차 세계대전 당시 미국의 군수공장에서 일한 여성들을 대표하는 문화적 상징)라는 허구적 인물이 상징하는, 씩씩하고 진취적인 일하는 여성으로 거듭났다. 군수물자 공장에 투입된 여성들을 향해 국가는 "일하는 여성이 애국자"라고 칭송했다.

그러나 전쟁이 끝나자 그간 여성들이 얻었다고 생각했던 성취는 신기루처럼 사라졌다. 남성들은 자신들이 일했던 예전의 일자리로 되돌아왔고 여성들은 일자리를 잃거나 저임금 일자리로 밀려났다. 사회는 한목소리로 여성에게 '본래의 자리'인 가정으로 돌아가라고 주문했다. 어머니이자 아내의 역할이 칭송되었다. 어머니 이외의 다른 것을 꿈꾸는 것은 잘못이며, 주부 역할에 적응하지 못하는 것은 개인의 문제라고 했다. 무기력감과 공허함, 우울증을 경험하는 여성들에 대한 전문가 처방은 우울증 치료제, 성생활에 대한 조언, 소비를 통한 여성으로서의 성취였다.

베티 프리단은 여성들이 자신 탓이라고 수치스러워하며 마음 깊이 묻어둔 그 문제를 끄집어내 '이름 붙일 수 없는 문제들'이라는 새로운 인식의 틀을 제공했다. 혼자만 느끼는 고통이 아니라고 했다. 문제는 여성들에게 있는 것이 아니며 여성을 하나의 역할, 하나의 정체성으로 주조하기 위해 작동하는 힘, 곧 '여성의 신비'에 있다고 했다. 그는 '여성의 신비'가 냉전이라는 특정한 시대에 특별한 목적으로 작동되고 있음을 지적했다.

전쟁이 끝난 1940년대 중반에서 1960년대 초반까지 미국 사회는 풍요로운 경제를 구가했고 베이비붐이 일어난 역동의 시대였다. 그러나 다른 한편 반공주의가 국가 안팎으로 작동된 봉쇄의 시대이자 금기의 시대였다. 세계 곳곳에서 발생한 지각변동은 국가가 지목하는 적이 가상의 적이 아님을 지속적으로 환기시켰다. 1949년 소련 원자폭탄 실험 성공, 1949년 중국 공산주의 혁명, 1950년 한국전쟁 발발 등 숨가쁜 변화 속에서 내부의 적에 대한 의구심은 설득력 있게 다가왔다. 새로운 적색공포가 시작되었다. 공산주의자나 사회주의자는 물론 뉴딜 자유주의자조차 반공주의의 타깃이 되었다. 노동자의 파업 권리가 금지되었다. 사회 전반에서 자유롭게 정부를 비판할 권리가 제한되었다. 할리우드를 포함한 문화예술계의 블랙리스트가 작성되었고 학자와 작가, 지식인을 대상으로 마녀사냥이 시작되었다.

지식인이자 동시에 여성일 경우 일단 의심의 눈초리가 보태졌다. 하원 반미활동 조사위원회에서 공산주의자들의 음모를 경고하기 위해 작성한 소책자에는 다음과 같은 내용이 포함되었다. "여학교와 여자대학에 가장 충실한 러시아 추종자들이 있다. 그곳에서 교편을 잡고 있는 자들은 주로 좌절감을 경험한 여성들이다. 그들은 그 지위를 얻기 위해 고통스러운 투쟁을 경험했다. 그들은 증오에 가득 찬 정치적 도그마를 통해 개인적 입장을 표명하고 있다. 공산주의자들은 항상 전문직 계층 가운데 교사 집단을 가장 손쉬운 교섭 대상으로 생각한다."[3] 이견 없는 순응과 합의를 강요했던 냉전 문화에서 '경계'를 벗어난 여성은 비난의 대상이 되었고 '본래의 자리'를 지키는 여성은 가족과 사회의 안전과 안녕을 상징했다.

베티 프리단은 냉전시대 합의의 문화 속에서 여성을 어머니이자 아내로 재규정하는 역할을 수행한 '여성의 신비'가 작동해 온 방식들을 차례로 점검했다. '해부학적 원리가 곧 숙명'이라는 프로이트 심리학, 가족 내 기능적 역할 분할과 성 역할 습득을 강조한 탈코트 파슨스의 사회학, 원주민 연구를 통하여 다양한 성 역할을 제시했으나 재차 여성성을 강조함으로써 '여성의 신비'의 논리에 기여한 마거릿 미드의 인류학은 과학의 이름으로 '여성의 신비'에 권위를 부여했다. 여성을 궁극적으로 어머니이자 아내로 한정시키며 헌신적이고 순응적인 여성으로 교육시키는 성 지향적 교육, 행복한 주부의 이미지를 재생산해내는 여성지, 최신 상품을 소비함으로써 여성성이 성취될 수 있다며 소비를 부추기는 광고가 여성 스스로 여성의 신비의 논리를 내면화시켜 '여성의 신비'가 지속되는 데 일조했다.

《여성의 신비》의 백미는 베티 프리단이 만난 동시대 여성들에 대한 생생한 묘사와 그에 대한 분석이다. 그가 만난 여성들은 거의 예외 없이 '여성의 신비'의 영향을 받은 무기력한 모습을 드러냈다. 미래의 자화상을 그리기보다 결혼에 인생을 거는 대학 졸업반 학생들. 남편과 자녀의 성취를 곧 자신의 성취로 여기며 '대리인생'을 사는 주부들. 옷을 몸에 맞추는 것이 아니라 옷에 몸을 맞추기 위해 분필가루 같은 다이어트 식품으로 연명하는 수많은 여성들. 젊어진다는 유스 세럼youth serum에 대한 과도한 집착. 내면의 공허함과 억눌린 자아의 분출구가 된 왜곡된 성생활. 끝없이 반복되는 집안일. 내적 성장과 자아실현, 사회변화에는 무관심한 채 공허하게 그날그날을 살아내는 무료한 일상. 가족을 소유 대상으로 여기는 단란한 중산층 가정의 실체. 베티 프리단은 여성의 신비라는 족쇄를 받아들인 채 더 이상 미래를 꿈꾸지 않고 자아를 죽이고 살아가는 여성들을, 가스실로 향하는 나치 포로수용소의 포로들에 비유했다. 교외 중산층 가정을 '안락한 수용소'라고 했다.

현상에 대한 분석을 넘어 그는 독자들에게 족쇄를 깨고 세상 밖으로 나갈 것을 촉구했다. 사회 전체가 여성을 하나의 역할, 하나의 정체성에 한정시킬 때 베티 프리단은 여성이 어머니와 아내 이전에 인간임을 상기시켰다.[4]《여성의 신비》후반부에서 그는 심리학자 에이브러햄 매슬로의 욕구 5단계설을 들어 여성이 다른 모습을 꿈꾸는 것이 자연스러운 인간 욕구의 발현임을 확인해줬다. 내면의 목소리를 듣고 그것을 찾아가라고, 잠재력과 창의성을 발휘하라고, 사회에 헌신하고 공동체 안에서 성장하라고 여성을 독려했다. 여성이 처한 상황을 반영하고 여성의 필요에 부응하는 교육과 재교육, 훈련기관의 필요성을 강조했고 가사와 육아로 인해 사회 생활에서 단절된 여성 재교육을 위한 정부 지원을 제안했다.

책을 읽은 여성들의 반응은 폭발적이었다. 혼자만 고통을 겪는 것이 아님을 알게 되어 다행이라고, 자신이 겪고 있는 문제의 원인이 무엇인지 알게 되어 고맙다고 했다. 여성들은 소그룹으로 모여 책을 읽었다. 입소문이 나면서《여성의 신비》는 그 시대 여성들의 필독서가 되었다. 책을 낸 후 베티 프리단이 독자들과 만나기 위해 순회강연에 나서자 전국에서 여성들이 몰려들었다. 그들은 베티 프리단의 이야기에 귀 기울였고 자신들의 이야기를 공유했다. 살아온 삶을 고백했고 미래의 방향을 고민했다. 사적 공간에 고립되었던 여성들이 가정 밖으로 나와 새로운 공론장을 형성했다. 이야기를 공유하는 과정에서 여성들은 여성의 자아실현을 방해하는 차별의 장벽을 확인했다. 깨달음은 자연스럽게 사회변화에 대한 요구로 귀결되었다.

베티 프리단의 《여성의 신비》는 1960년대 미국 여성운동의 포문을 열었다는 찬사와 함께 여성운동이 교육받은 백인 중산층 여성에 한정된 부르주아 운동으로 귀결되게 했다는 비난을 받았다. 《여성의 신비》가 나오고 얼마 지나지 않아 등장한 급진주의 페미니스트들은 베티 프리단의 책과 그의 운동 방향이, 가부장제 구조에 대한 보다 심오한 비판을 결여하고 있으며 근본적 변혁 방안을 제시하지 못했다고 비판했다. 책이 나오고 한 세대가 지난 뒤 '블랙 페미니스트' 벨 훅스는 "《여성의 신비》에서 논했던 여성의 사회적 지위의 본질에 관한 편향된 근거들이 현재까지도 페미니즘 운동의 경향과 방향을 결정하고 있다"고 주장했다.[5] 반세기가 흐른 오늘날 다수의 페미니스트에게 베티 프리단과 그의 책은 한때 역사적 역할을 수행했으나 명백한 한계를 지닌, 딛고 넘어서야 할 디딤돌 혹은 폐기해야 할 과거의 유물로 여겨진다.

9장에서 상술하겠으나 《여성의 신비》에는 명백한 한계가 있고 비판할 지점이 있다. 그러나 《여성의 신비》와 베티 프리단이 참여했던 여성운동은 특정 프레임에 갇힘으로써 과도하게 저평가된 경향이 있다. 그 프레임은 페미니즘 이론이 발전되고 진화되어온 것처럼 묘사하는 이른바 여성운동의 '물결론'의 시각과 관련되어 있다.

여성운동의 '물결론'은 여성운동이 과거의 연장선상에 있다는 점을 부각시켰던 1960년대 후반 처음 등장했다. 1960년대 미국 사회에서 여성운동이 분출하고 그에 대한 지지와 비판이 세상을 뒤흔들었을 때 《뉴욕 타임즈 매거진》에 실린 한 기사는 여성운동이 새로운 현상이 아니며 과거의 연장선상에 있음을 지적했다. 기사는 과거 1840년대에서 1920년대까지의 여성운동을 제1차 여성운동의 물결로, 1960년대 여성운동을 제2차 여성운동의 물결로 명명했다.[6] 베티 프리단과 슐라미스 파이어스톤 등 1960년대 여성운동의 기수들 역시 당대의 여성운동을 과거와의 연계 속에서 인식했다는 점에서 《뉴욕 타임즈 매거진》 기사는 창의적 시각을 제공했다기보다 그 시대 여성운동가들의 정서와 사고를 반영했다고 볼 수 있다. 이후 1960~70년대 여성운동 활동가들과 페미니스트들은 자연스럽게 '물결론'을 거론했고 여성사 연구도 대체로 물결론을 따랐다.

'물결론'은 여성운동과 페미니즘의 역사를 명료하게 가시화한다는 점에서 여전히 유용한 틀로 작동되고 있다. 그러나 그에 대한 비판도 제기되었다.[7] 비판의 초점은 '물결론'에 입각할 때 여성운동이 폭발적으로 분출하는 지점에 주목하게 되므로 그 이외에 실재했던, 의미 있는 페미니즘 의제와 운동이 간과될 수 있다는 우려다. 또 다른 비판 지점은 '물결론'이 각각의 여성운동의 물결의 시기를 설정하고 특성을 부과하는 과정에서 각 단계를 도식화하는 것과 관련되어 있다. 그 도식은 과거에 대한 비판 속에서 새로운 페미니즘/여성운동이 대두한다고 이해함으로써 일종의 진화론적 발전을 상정한다.

통용되는 '물결론'을 다소 단순화해 정리하면 다음과 같다. 제1차 여성운동의 물결(1840년대~1920년)은 여성 참정권에 초점을 맞췄고 따라서 공적 영역에서의 여성의 권리 확대가 중시되었다. 제2차 여성운동의 물결(1960년대~1980년대 초반)은 평등권을 중시하는 자유주의 페미니즘과 가부장제의 문제를 근본적으로 제기하는 급진주의 페미니즘이 여성운동을 이끌면서 공적 영역뿐 아니라 사적 영역에서의 여성의 권리가 주요 의제로 등장했다. '사적인 것이 곧 정치적인 것', '자매애는 강하다'가 제2차 여성운동의 물결을 대변하는 슬로건이 되었다. 제3차 여성운동의 물결(1980년대~현재)은 주로 백인 중산층 여성이 이끌어온 페미니즘과 여성운동에 대한 반성/반작용으로 대두했다. 여성이 겪는 차별과 억압의 경험이 인종/민족, 성별, 계급, 성적 지향성과 같은 다양한 사회적 위치의 상호작용에 의해 다르게 형성된다는 교차성 이론이 페미니즘과 결합되었다. 차이에 기반한 여성성이 재해석되면서 '돌봄의 윤리', '돌봄의 민주주의'가 부각되었다. 단일한 여성의 정체성, 여성의 본질에 대한 문제가 제기되었다. 젠더뿐 아니라 성 역시 사회적으로 구성된다는 주장이 제기되었다. 가부장제적 가치가 구현된 제도는 물론 여성이라는 범주, 나아가 젠더 자체에 대한 해체가 요구되었다.

이 도식에 비추어 보면 베티 프리단의 《여성의 신비》는 여러 측면에서 한계를 지녔다. 백인 중산층 여성에 의한, 백인 중산층 여성에 대한, 백인 중산층 여성을 위한 책으로 규정된다(인종적·계급적 한계). 가부장제에 뿌리를 둔 성차별 구조를 전복시키기보다 기존 사회에 평등한 조건으로 편입되는 것을 목표로 했다(자유주의 페미니즘의 한계). 성차별이 자행되는 구조를 공격하기보다 개인의 의식, 정체성, 개인의 성장에 초점을 맞췄다(개인주의의 한계). 여성의 정상적인 단일한 정체성을 상정하고 따라서 다양한 인종, 계급, 성적 지향성이 다층적/교차적으로 작동함으로써 발생하는 억압의 특징과 정체성을 고려하지 않았다(중산층 이성애 백인 여성에 의해 주도된 페미니즘의 한계). 이성애를 정상, 동성애를 비정상으로 간주하는 그 시대의 가치를 그대로 수용했고 여성의 성적 자기결정권을 고려하지 않았다(이성애자의 한계). 관계를 중시하는 여성의 특질을 고려하지 않았다(평등권자의 한계). 여성의 범주, 정체성, 주체, 성과 젠더의 범주를 상정했다(근대주의자의 한계).

위의 내용 중 타당한 비판이 있는가 하면 현실과 유리된 목적론적 경향성을 띠고 있거나 이론으로서는 흥미로우나 그것이 적용/수용되는 현실과 대상을 고려하지 않은 비판도 있다. 문제는 도식이 적용되는 순간 《여성의 신비》는 '원죄原罪'를 뒤집어쓴 채 더 이상 객관적 독해의 대상이 되지 못한다는 점이다. 아이러니하게도 《여성의 신비》가 수많은 결함을 갖고 있다고 지적하는 벨 훅스 같은 비판자들은 《여성의 신비》가 영향력을 발휘하여 페미니즘과 여성운동의 방향을 왜곡시켰다는 점을 강조한다. 그렇게 함으로써 비판자들은 책의 결함뿐 아니라 책이 여성운동에 미친 (부정적) 영향력 또한 과장되게 해석한다. 그들이 그토록 결함이 많다고 한 책이 한 시대의 여성운동을 이끌었던 원인을 보다 명확하게 규명했어야 하는 것 아닌가? 매스컴과 대중이 백인 중산층 기득권 여성의 주장에만 귀를 기울여《여성의 신비》가 영향력을 발휘했다는 것이 과연 타당한 주장인가?

이와 같은 문제의식을 토대로 이 책에서는 다음과 같은 질문에 대한 답을 모색하고자 한다.《여성의 신비》가 긍정적 혹은 부정적 측면에서 이후 여성운동과 페미니즘, 그리고 미국사회에 영향력을 발휘했다면 그것은 어떠한 역사적 조건과 문화, 주체의 형성과 힘의 관계 속에서 작동되었는가? 베티 프리단이《여성의 신비》를 쓰게 된 사적 혹은 정치적 이유는 무엇이며 그것이 그의 삶의 경험과 어떤 관계를 맺고 있는가? 책이 그 시대 여성들의 마음을 움직이고 사회변화를 이끌어냈다면 그 책이 건드린 여성들의 고민 그리고 시대정신은 무엇인가? 베티 프리단이 '중산층 여성'에 초점을 맞춘 이유는 무엇인가? 그 시대 중산층은 누구인가? 그가 책을 쓰면서 선택한 형식과 내용은 무엇인가? 그가 교육과 내적 성장을 통한 시민의 형성을 중시하게 된 계기는 무엇인가? 젊은 시절 급진주의운동과 노동문제에 천착하며 구좌파적 성향에 가까웠던 베티 프리단이 어떤 과정과 경험을 거쳐 1960년대 여성운동/시민운동의 전면에 나섰는가? 그의 개인적 고민과 경험은 어떤 방식으로 책에 반영되었는가? 그가 고민했던 그 시대의 특수한 문제들은 어떻게 '보편성'과 만나게 되는가?

이를 위해 베티 프리단의 삶과 그가 살았던 시대를 배경으로 《여성의 신비》와 그것이 촉발한 여성운동을 재조명하고자 했다. 《여성의 신비》의 역할과 의미 그리고 한계를 역사적 맥락에 위치 지을 때 보다 분명하게 이해할 수 있다고 판단했기 때문이다. 《여성의 신비》는 페미니즘과 여성운동의 텍스트로 알려져 있고 따라서 기존 연구는 대체로 여성운동과 페미니즘 논쟁 속에 책을 자리매김했다. 그러나 이 책에서는 《여성의 신비》를 페미니즘과 여성운동의 텍스트이자 동시에 그 시대의 가치와 시대사조를 드러내는 기표로 이해했다.

이 책 《페미니즘의 방아쇠를 당기다》[8]의 구성은 다음과 같다. 먼저 1부는 베티 프리단의 삶을 20세기 초반 미국 역사 속에서 재구성하면서 《여성의 신비》가 나온 시대적 배경과 작가의 삶을 짚었다. 1장은 유년 시절에서 청소년기까지의 삶을 다뤘다. 1920년대에 유대인 이민자 2세로 나고 자라며 겪은 인종차별, 부모와의 관계 속에서 형성되는 자의식, 주변인으로서의 자각과 글쓰기, 대공황이 그의 가정에 끼쳤던 여파들을 다뤘다. 2장은 대학 시절과 그의 지적 성장 과정에 초점을 맞췄다. 그의 시각을 열어준 대학에서 받았던 교육, 대학신문 기자 생활, 인민전선문화 참여 등이 포함된다. 3장에서는 대학을 졸업한 뒤 노동신문 기자 생활을 다뤘다. 특히 그가 그 시절 여성 노동문제에 관심을 갖게 되었음에 주목했다. 4장은 결혼 후 생활의 변화, 냉전시대의 여러 문제들, 교외 거주, 일하는 주부로서의 고통, 마을공동체운동 참여 등 변화의 여정을 추적했다.

　책의 2부인 5장에서 8장까지는 《여성의 신비》의 내용을 상세하게 독해하는 것을 원칙으로 하되 필요할 경우 개념과 이론을 부연 설명하거나 관련 연구를 소개했다. 책에 대한 보다 상세한 비판과 평가는 3부의 9장으로 미루었다. 1963년 발행된 《여성의 신비》는 본래 서론과 14개의 장으로 구성되었다. 1973년 증보판에서 10주년 서문과 에필로그가 추가되었고 1997년 증보판에서 또 다른 서문이 추가되었다. 《여성의 신비》의 내용이 정확하게 이론과 현상으로 구분되어 있는 것은 아니고 곳곳에서 중복되기도 하지만 이 책에서는 책의 흐름에 따라 여성의 신비의 실체, 이론적 배경과 현상을 구분하여 총 15개의 장을 다음과 같이 재구성했다.

　5장 〈이름붙일 수 없는 문제〉에서는 《여성의 신비》 초판 서문, 10주년 서문과 1997년 증보판 서문, 그리고 베티 프리단의 책 《그것이 나의 삶을 변화시켰다》(1976)의 내용을 토대로 집필 계기와 과정을 추적했다.[9] 6장 〈'여성의 신비'의 실체에 접근하기〉에서는 《여성의 신비》 1장부터 4장, 즉 〈이름붙일 수 없는 문제〉, 〈행복한 주부, 여주인공〉, 〈여성 정체성의 위기〉, 〈열정적인 여행〉을 통해 '여성의 신비'의 실체를 파악하고자 했다. 7장 〈'여성의 신비'의 도구들〉에서는 《여성의 신비》 5~9장에서 다뤄진 〈프로이트의 성적 유아론〉, 〈기능주의적 고착, 여성성 주장, 마거릿 미드〉, 〈여성 지향적 교육자들〉, 〈잘못된 선택〉, 〈성적 판매술〉의 내용을 따라가면서 '여성의 신비'를 영속화했던 이론과 사회담론을 점검했다. 8장 〈'여성의 신비'의 현상들〉에서는《여성의 신비》10장에서 14장, 즉 〈무한히 계속되는 집안일〉, 〈성을 추구하는 이들〉, 〈편안한 포로수용소〉, 〈박탈된 자아〉, 〈여성들을 위한 새로운 인생 계획〉을 통하여 '여성의 신비'의 영향 속에서 사는 여성들의 모습에 대한 베티 프리단의 분석과 그 현상의 함의를 분석했다.

이 책의 3부에서는《여성의 신비》에 대한 다양한 논쟁들, 그리고《여성의 신비》가 촉발했던 미국 사회의 변화를 다뤘다. 9장에서는《여성의 신비》와 관련된 쟁점들을 비판적으로 조명하면서《여성의 신비》가 지닌 의미와 한계를 밝혔다. 10장에서는《여성의 신비》이후 여성운동의 대두와 그 안에서 베티 프리단의 역할을 검토했다. 에필로그 이후 보론에서는 독자의 이해를 돕기 위하여 이 책에서 다뤄진 여성학/페미니즘 이론들을 간단히 정리했다.

***

책을 쓰기로 마음먹었던 것은 2011년이었다. 모 출판사에서 명저 시리즈 집필을 요청했던 것이 계기였다. 취지에 맞게 고전이라고 할 만한 책을 선정한 뒤 책의 내용과 의미를 소개하면 되는 것으로 쉽게 생각해서 요청을 받아들였다. 출판사에《여성의 신비》를 추천했던 이유는 책이 지닌 의미와 중요성에도 불구하고 국내에 제대로 소개되지 않았다는 아쉬움이 있었기 때문이다. 《여성의 신비》가 시대와 공간을 뛰어넘어 한국 사회에 던지는 메시지가 있다고 생각했다.

한데 국내 자료를 조사해 보니 제대로 된《여성의 신비》번역본을 찾을 수 없었다. 국내에 번역된 적이 두 번 있었으나 모두 절판되었다. 첫 번째 번역본은 구하지 못했고 두 번째 번역본은 구해서 읽어보았으나 절반 정도 지나 책을 덮었다. 후반부로 갈수록 오역이 심하고 도저히 이해할 수 없는 문장으로 구성되어 진도가 나가지 않았다. 반면 책의 한계를 강조하는 해제가 단행본 속에 포함되어 있거나 책을 매도 수준으로 비판하는 내용이 포함된 페미니즘 입문서들이 여럿 번역되어 있었다. 국내에 제대로 된 번역서 한 권 없이 비판적 해제가 난무하는《여성의 신비》가 아깝다는 생각이 들었다.

책을 쓰기 시작하면서 2년 이내에 충분히 끝낼 수 있을 것이라고 생각했다. 이미 유학 시절 대학원 여성사 세미나에서 책을 읽었고 미국여성사와 여성운동사의 계보 안에서 책이 지닌 의미와 한계를 익히 알고 있다고 자부했기 때문이다. 《여성의 신비》가 1960년대 여성운동에서 담당했던 역할을 고려해 20세기의 시대적 변화 속에서 책을 설명하면 어렵지 않게 작업할 수 있을 것으로 기대했다. 무엇보다《여성의 신비》는 의미만큼 한계가 분명하다고 생각하고 있었다.

기대는 여지없이 무너졌다. 책 집필에만 집중할 수 있는 여건이 허락되지 않아 예상보다 오래 걸린 이유도 있었으나 작업을 진행할수록, 관련 자료들을 읽어나갈수록, 하버드대학교 슐레징거 도서관 고문서자료실에 보관된 프리단 페이퍼를 찾아

읽을수록, 그 내용을 배경으로 다시 책을 읽을수록 알고 있다
고 생각했으며 흔히 지적되어온 의미와 한계가 책을 설명하는
데 충분하지 않다는 생각이 들었기 때문이다.

책을 쓰는 와중에 메갈리아와 여혐/남혐, 강남역 사건, 정의
당의 여성주의 논쟁, 미투까지 한국 사회에서 다시 불거진 여
성문제가 베티 프리단의 시대와 겹쳐졌다. 대한민국에서는 여
성문제와 여성에 대한 시각과 논쟁 그리고 페미니즘 이론이 전
근대에서 후기 근대까지 동시에 존재하는 것으로 보였다. 베티
프리단의《여성의 신비》에 관한 책을 쓰면서 나는 '베티 프리
단의 신비'에서 헤어나오지 못했다.

집필의 80퍼센트 이상을 끝낸 지점에서 손을 놓은 채 미국
캘리포니아 산타 바바라대학의 '일, 노동, 민주주의 연구소'에
서 연구년을 보냈다. 사실상 곧바로 다른 프로젝트에 착수해야
했으나 6개월 이상 페미니즘 관련 논문들과 1950년대와 1960
년대 사회사, 그리고 그 시대 사회비평 책들을 다시 읽어나갔
다. 그 와중에 베티 프리단과 실제로 작업을 했던 미국의 한 원
로 여성사 교수와 이야기를 나누었는데 그로부터 베티 프리단
과의 유쾌하지 않은 경험을 듣게 된 것이 집필에 심리적 족쇄
로 작용했다. 결국 책은 기획된 명저 시리즈의 두 배 분량이 되
어 단행본으로 세상에 나오게 되었다. 책을 준비하고 집필했던
지난 몇 년은 베티 프리단과 그의 책으로부터 벗어나고 싶은
애증이 교차한 시간이었다.

이 책은 경희사이버대학교 우수저서로 선정되어 재정지원

을 받았다. 덕분에 하버드대학교 슐레징거 도서관 고문서자료실을 방문하여 다양한 자료를 검토할 수 있었다. 재정 지원을 통해 연구 여건을 조성해주고 집필 기한 연장을 허락해준 경희사이버대학교에 감사의 마음을 전한다. 출간 문의에 선뜻 응해준 도서출판 푸른역사에도 감사드린다. 여느 역사학자들도 그러하겠으나 푸른역사에서 책을 낼 수 있게 된 것은 큰 기쁨이었다. 수정 과정에서 책의 논지가 보다 명확히 드러날 수 있도록 여러 제안을 하고 꼼꼼히 점검해준 편집자께도 감사드린다.

집필을 준비하기 시작했을 때 딸 가용이가 중학생이었다. 모든 일하는 엄마들이 그러하듯 아이와 충분한 시간을 보내지 못하는 것에 대한 미안한 마음에서 늘 자유롭지 못했다. 책상 앞에 앉을 때마다 네가 대학에 입학하기 전에 탈고할 것이라고, 너에게 주는 책이라고 약속했다. 어느덧 가용이는 대학생이 되고도 2년 반이 지났고 여성으로 살아가는 의미에 대한 고민이 깊어졌다. 가용이는 초고를 읽으며 의견을 나누고 불분명한 곳을 질문하면서 책의 방향에 도움을 준 첫 독자가 되었다. 가용이와 그의 세대가 세상과 대면하여 자유롭고 당당한 여성으로 살아가는 길을 찾아 나설 때 이 책이 작은 힘이라도 보탤 수 있었으면 하는 바람이다.

차례 ...페미니즘의 방아쇠를 당기다
베티 프리단과《여성의 신비》의 사회사

Ⅲ부 《여성의 신비》의 파장

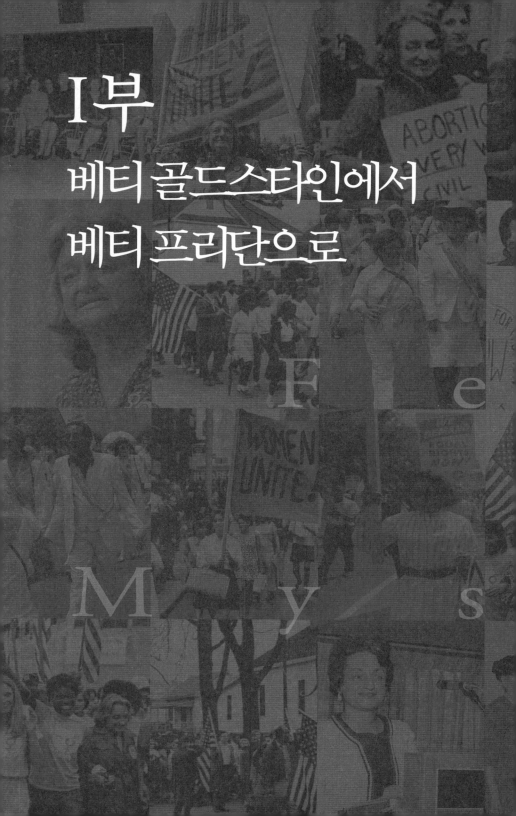

I부
베티 골드스타인에서
베티 프리단으로

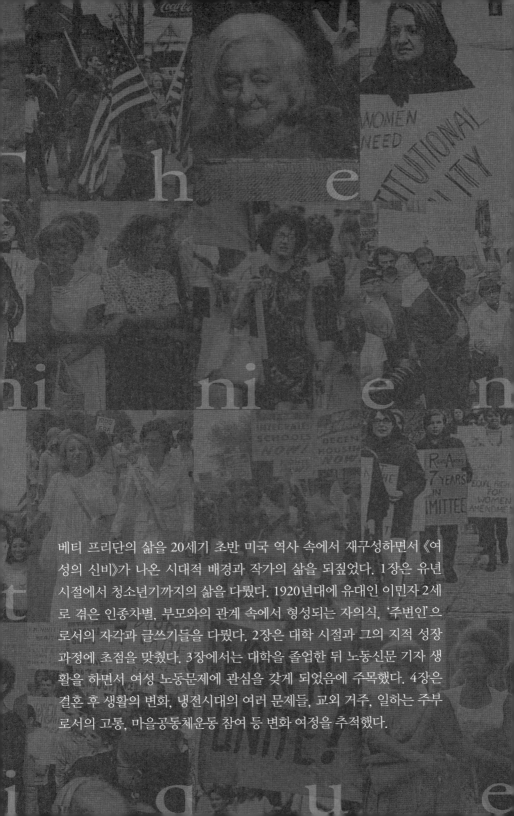

베티 프리단의 삶을 20세기 초반 미국 역사 속에서 재구성하면서 《여성의 신비》가 나온 시대적 배경과 작가의 삶을 되짚었다. 1장은 유년 시절에서 청소년기까지의 삶을 다뤘다. 1920년대에 유대인 이민자 2세로 겪은 인종차별, 부모와의 관계 속에서 형성되는 자의식, '주변인'으로서의 자각과 글쓰기들을 다뤘다. 2장은 대학 시절과 그의 지적 성장 과정에 초점을 맞췄다. 3장에서는 대학을 졸업한 뒤 노동신문 기자 생활을 하면서 여성 노동문제에 관심을 갖게 되었음에 주목했다. 4장은 결혼 후 생활의 변화, 냉전시대의 여러 문제들, 교외 거주, 일하는 주부로서의 고통, 마을공동체운동 참여 등 변화 여정을 추적했다.

01...

유대계 미국인 여성
베티 골드스타인

피오리아의 유대인 소녀

베티 골드스타인(1921~2006)은 1921년 2월 4일, 시카고에서 70마일 떨어진 일리노이주 피오리아에서 태어났다. 아버지 해리 골드스타인(1881~1943)과 어머니 미리엄 호르비츠 골드스타인(1898~1988?)은 모두 유대계 이민자들이었다. 베티가 태어난 이듬해에 여동생 에이미가, 5년 후 남동생 해리 주니어가 태어났다. 1920년대에 미국 중부 지역의 소도시에서 유대계 2세로 자란 경험은 베티 프리단이 이후 생물학적 특질로 인간을 차별하고 장벽을 만드는 세상을 거부하고 평등을 요구하는 여성운동가가 되게 하는 태생적 기반이었다.

피오리아는 '와습WASP(White-Anglo Saxon-Protestant)'의 가치가 미국 정체성의 근간으로 받아들여지던 전형적인 미국의 중소도시였다. 1920년 당시 도시 인구 10만여 명 중 3퍼센트의 유대인과 3퍼센트의 흑인을 제외하고 모두 백인이었던 피오리아에는 명백한 인종차별과 인종 분리가 존재했다. 그 지역 유대인들 중 경제적으로 성공한 이들도 있었으나 그들 역시 일상적인 인종차별에 노출되어 있었다. 더욱이 경제적으로 성공한 유대인에 대해서는 이중적 반감이 작용했다. 그것은 셰익스피어의 작품《베니스의 상인》에 나오는 샤일록에 대한 유럽인들의 시선과 유사했다. 아무리 부자라고 해도 유대인은 음흉하고 위험한 이방인일 뿐 백인과 동질적 구성원이 될 수 없었다. 경제적으로 안정적 지위에 오른 유대인들은 사회적으로 인정받고 상류층에 속하기 위해 가급적 자신들의 정체성을 드러내지 않으려고 노력했다. 아버지 해리 골드스타인이 그 경우였다.[10]

1881년에 러시아 키예프에서 빈농의 13남매 중 장남으로 태어난 해리 골드스타인은 어린 시절 부모와 함께 유대인 탄압을 피해 미국으로 건너왔다. 해리 골드스타인은 미국 이민사에서 이른바 제2차 이민 물결시대의 이민자로 분류된다. 역사가들마다 그 시기 구분을 다르게 하지만 대략 1830년대에서 1880년대까지를 제1차 이민 물결, 1880년대에서 1920년대까지를 제2차 이민 물결이라고 한다. 제1차 이민 물결 기간에 미국으로 왔던 이민자들이 대부분 북서유럽 출신이라면 1880년대에서 1920년대까지의 제2차 이민 물결은 남부 유럽인들과 동유럽인들이 주 구성원이었다.

제1차 이민 물결 당시 미국에 들어왔던 이민자들도 차별을 경험했다. 대표적으로 1840년대 감자 기근과 영국의 차별을 피해 미국에 들어왔던 아일랜드인들은 심지어 인구조사에서 비백인으로 분류되는 수모를 겪기도 했다. 그러나 제1차 이민 물결의 이민자들이 문화적·언어적으로 '토박이'들과 같은 부분이 많았다면 제2차 이민 물결의 이민자들은 같은 부분보다 다른 부분이 더 많았고 그런 점에서 미국 사회에 동화되기 어려웠던 측면이 있다. 이탈리아 시실리에서 온 가톨릭, 폴란드의 가톨릭과 유대인, 러시아의 유대인, 심지어 중국에서 온 불교도 등 문화와 언어와 종교가 다른 이민들이 대거 몰려들자 토박이들은 불편해하고 경계했다. 제2차 이민 물결의 이민자 다수는 산업화된 도시의 값싼 노동력으로 쓰였고 빈곤에 시달렸으며 수시로 차별에 직면했다.[11]

해리 골드스타인은 역경을 이기고 성공한 소수의 사례에 해당한다. 처음 가족과 함께 미주리주의 세인트루이스에 정착한 해리 골드스타인은 얼마 지나지 않아 혼자 피오리아로 이동하여 터전을 마련했다. 단추 행상으로 출발한 그는 뛰어난 사업 수완을 발휘하면서 서른 살이 되기 전에 피오리아의 가장 큰 보석가게를 소유한 사업가로 성장했다. 그러나 경제적으로는 성공했어도 일상생활에서 유대인이 겪는 차별과 무시를 피해갈 수는 없었다. 유대인 특유의 외모와 유대인 억양은 쉽게 감출 수 없었다. 해리 골드스타인이 선택한 배우자는 이런 열등감을 잠재울 만한 여성이었다.[12]

미리엄 호르비츠 골드스타인 역시 유대계 이민자였다. 그러나 해리 골드스타인과 달리 미리엄은 미국에서 나고 자란 미국화된 유대인이었다. 미리엄의 아버지 샌도 호르비츠는 헝가리에서 랍비 수업을 받다가 유대인 박해를 피해 미국으로 건너왔고 의대를 졸업한 뒤 병원을 개업했다. 그는 육군 의무부대 중령으로 제1차 세계대전에 참전했고 전쟁이 끝난 뒤에는 재향군인회에 열성 회원으로 참여하는 애국시민이었다. 사실상 전쟁은 미국에서 다양한 인종과 민족 구성원을 '미국주의'의 기치 아래 하나로 단결하는 힘을 발휘했다.[13]

미리엄 호르비츠는 의사 아버지 샌도 호르비츠와 교양 있는 어머니 베르타 호르비츠의 외동딸로 유복한 환경에서 성장했다. 피오리아에서 나고 자란 미리엄이 윌리엄스 컬리지에 합격하자 딸을 타지로 보내고 싶지 않았던 그의 부모는 대학 진학을 만류했다. 결국 미리엄은 윌리엄스 컬리지를 포기한 뒤 피오리아에 있는 2년제 대학 브래들리 컬리지에 진학했다.[14]

해리 골드스타인과 미리엄 호르비츠가 어떻게 만났는가에 대한 기록은 남아 있지 않다. 당시 해리 골드스타인의 보석상은 번창했고 미리엄 호르비츠는 대학 졸업 후 지역신문 기자로 일했다. 이들이 가족에게 결혼 의사를 밝혔을 때 미리엄의 부모는 결사적으로 반대했다. 미리엄 부모의 입장에서 볼 때 해리 골드스타인은 사윗감으로 흡족하지 않았다. 그는 미리엄보다 17세 연상이었고 결혼하여 사별한 경력이 있었다. 미리엄 호르비츠가 미국에서 태어난 시민권자이며 대학 졸업자였던 것과 달리 해리 골드스타인은 러시아에서 태어났고 정식 교육을 받은 적도 없었다. 그러나 부모의 반대를 무릅쓰고 둘은 제1차 세계대전이 끝나고 얼마 지나지 않은 1920년 2월 3일 결혼에 성공했다.[15]

1920년은 여성 참정권이 주어진 수정헌법 제19조가 통과된 해였다. 1920년대의 미국인들은 변화가 성큼 다가와 있다고 느꼈다. '포효하는 20년대roaring twenties', '재즈의 시대', '라디오의 시대', '신여성의 시대', '대량소비의 시대' 등 1920년대를 가리키는 별칭은 대체로 그 시대를 전통에서 근대로 넘어온 새로운 시대, 역동의 시대로 규정했다. 그러나 다른 한편 1920년대에는 전통과 근대의 갈등이 극심하게 표출된 시대였다. 고등학교에서 진화론을 가르친 과학교사가 재판정에 서야 했던

'스코프스 재판'(1926)은 그 시대 가치관의 충돌을 단적으로 드러낸 사건이었다.

1920년대의 다른 일면은 인종차별의 확대이다. 그 시대에 K.K.K.가 전국적으로 급격하게 증가하는 현상이 나타났다. 사회학자 캐서린 블리는 《클랜의 여성들》(1991)이라는 책에서 1920년대 미국 중부 지역의 중소도시에서 K.K.K.에 가담한 여성들에 관한 연구를 통하여 K.K.K.에 대한 통념을 뒤집었다. 이제까지 K.K.K.는 인종차별주의적이며 교육을 받지 못하고 편견과 열등감에 가득 찬 남성들이 중심인 조직이라는 통념과 달리 블리의 책의 주인공들은 다정다감하고 교양 있으며 자발적 결사체를 통해 공동체에 봉사하는 '정상적인' 여성들이었다. 그들은 자신들이 소중히 여기는 가치와 종교, 문화를 이질적 세력으로부터 보호하기 위해 K.K.K.에 가담했다.[16] K.K.K.가 수면 위로 드러나지 않았던 여타 지역의 상황도 크게 다르지 않았다. 백인 우월주의와 타자他者에 대한 구분짓기는 피오리아 중산층 백인들의 특징이기도 했다.

결혼 후 해리 골드스타인과 미리엄 골드스타인에게는 공동 목표가 있었다. 그것은 피오리아의 중산층 사회에 편입하는 것이었다. 해리 골드스타인은 피오리아의 성공한 기업가들의 관습에 적응하기 위해 남다른 노력을 기울였다. 그가 아내에게 직장을 그만두라고 종용했던 것도 미국 중산층의 가치를 구현하고 싶었기 때문이다. 당시 중서부 지역의 중산층 여성이 결혼 후 직장 생활을 하는 경우는 거의 없었다. 해리 골드스타인은 미리엄에게 주부이자 어머니의 역할에 전념해달라고 부탁했다. 미리엄은 마지못해 남편의 요구를 받아들였지만 자신의 의지와 상관없이 직장을 그만둔 것에 대한 불만이 오래도록 잠재해 있었다.

한동안 미리엄은 성공한 사업가의 아내로 사는 것에 만족한 듯 보였다. 1924년 골드스타인 가족은 부유층이 모여 사는 블러프스로 이사했다. 빅토리아풍 저택에는 그랜드 피아노와 12인용 식탁이 있었고 집에는 가사를 도울 요리사와 보모, 집사가 있었다. 가사노동에 얽매일 필요가 없었던 미리엄은 자신과 가족의 사회적 존재감을 드러내는 활동에 전념했다. 피오리아의 상류층 여성들과 어울리며 골프와 브리지 게임, 승마를 즐겼고 그들을 집에 초대하여 점심을 대접하기도 했다. 사회사업 기금 모금에도 열성적으로 참여했다. 미리엄은 미모를 유지하는 데 세심하게 신경을 썼다. 쇼핑을 즐기고 계절에 따라 새 옷을 맞춰 입은 미리엄은 피오리아의 패션을 주도하는 인물로 떠올랐다.[17]

그러나 골드스타인 부부의 열망과 노력에도 불구하고 피오리아의 상류층은 골드스타인 가족을 결코 같은 부류로 인정하지 않았다. 그 무렵 골드스타인 부부는 상류층 사교의 중심이었던 피오리아 컨트리클럽에 가입 신청을 했으나 거절당했다. 이 사건은 골드스타인 부부에게는 큰 충격이자 현실을 깨닫는 계기가 되었다. 그들이 아무리 경제적으로 부유해지고 상류층과 교류를 한다고 해도 그들은 결코 피오리아의 엘리트 사회의 일원이 될 수 없었다. 유대인 이민자의 아들이 성공한 사업가가 되어 이룩할 수 있는 '아메리칸 드림'은 그 지점에서 멈췄다.[18]

피오리아 시절

베티 골드스타인의 유년의 기억은 안락하고 평화로웠다. 아침 7시에 일어나 아버지를 따라 동생들과 함께 집 앞 브래들리 공원을 산책한 뒤 아침식사를 했다. 저녁식사 후에는 온 가족이 마을 인근을 드라이브 했다. 잠자리에 들기 전 골드스타인 가족은 '쉐마 이스라엘'로 시작되는 전통적인 유대인의 기도와 기독교식 기도로 하루를 마감했다. 골드스타인 부부는 자녀들이 유대인으로서의 정체성을 잊지 않으면서도 미국의 주류 문화에 적응하기를 바랐다.[19]

베티는 부모의 관심 속에 활달한 여자아이로 성장했다. 그러나 10대가 되면서 점차 어머니의 불만족을 감지하기 시작했고 어머니의 감정 기복에 영향을 받았다. 미리엄 골드스타인은 자신이 아내이며 어머니로 남아있다는 것에 만족하지 못했다. 미리엄의 좌절감이 분출되는 창구 중 하나가 자녀들이었다. 특히 장녀인 베티는 집중포화를 맞았다.

베티는 어머니가 바라는 '완벽한' 아이와는 거리가 멀었다. 태어날 때부터 병약했던 베티는 기관지염과 천식으로 고생했고 굽은 다리를 교정하기 위해 생후 3년간 쇠로 만든 보조기를 달고 생활했다. 십대에 들어서는 몇 년간 치아교정기와 도수 높은 안경을 착용했다. 심한 곱슬머리에 아버지를 닮은 매부리코, 왜소한 몸의 베티는 외모에서부터 어머니 미리엄의 성에 차지 않는 딸이었다.[20]

사춘기에 접어들면서 베티는 맏딸에 대한 실망감을 끊임없이 표현하는 어머니로 인해 자존감이 낮았다. 베티는 어머니나 여동생과 달리 신이 자신에게 "건강이나 외모에서 육체적으로 좋은 형질을 허락하지 않았다"고 생각했다. 어머니와의 관계가 불편했던 반면 아버지는 베티의 절대적 지지자였다. 베티에게 아버지는 어린 베티가 스스로를 이해할 수 있도록 하는 "바탕이고 심장이며 중심"이었다.[21] 어린 시절 아버지가 일 때문에 늦게 들어오거나 가족여행에 함께하지 못할 경우 베티는 크게 낙담하곤 했다. 아버지 역시 영민함과 호기심을 갖춘, 자신을 그대로 닮은 맏딸을 가장 아꼈다. 베티의 학창 시절 해리 골드스타인은 베티가 쓴 시와 에세이를 친구들에게 보여주거나 딸의 뛰어난 학업성적을 자랑하는 것을 낙으로 삼았다. 아버지는 베티가 어린 시절부터 쓴 습작을 보물이라도 되는 듯 금고에 보관했다.[22]

해리 골드스타인은 저녁식사 자리에서 시사와 관련한 다양한 주제를 자녀들과 이야기하기를 즐겼다. 해리 골드스타인은 자녀들이 부모와의 일상적 대화를 통해 세계를 배울 수 있을 뿐 아니라 의견을 표현하는 방법을 배울 수 있을 것으로 기대했다. 이 대화법이 어린 베티에게 큰 영향을 미쳤다. 식사 자리의 대화에 형제들 중 가장 열심히 참여했던 베티는 아버지에게 정치 관련 질문을 쏟아내곤 했다. 베티가 처음 사회 정의가 무엇인가에 대해 어렴풋한 생각을 하게 된 것도 저녁식사 자리에서였다.

1936년 대통령 선거가 있던 날 저녁 식탁에서 해리 골드스타인은 자신이 프랭클린 루스벨트에게 투표했다고 자녀들에게 알렸다. 그는 뉴딜정책이 경제적 어려움에 처한 이들을 위한 정책이기 때문에 루스벨트를 지지한다고 덧붙였다.[23] 베티는 《여성의 신비》에서 내적 성장에 대한 동기부여를 강조했는데 그런 점에서 그의 아버지는 베티에게 동기부여를 하는 역할을 했다.

어린 시절 베티는 거의 선천적으로 교류에서 즐거움을 찾는 외향적 인물이었다. 초등학교 2학년부터 가깝게 지낸 친구들과의 우정은 중학교 시절까지 이어졌다. 친구들은 베티와 마찬가지로 블러프스에 거주했던 피오리아의 중산층 자제들이었다. 베티는 그들과 함께 골프와 테니스를 배웠고 걸스카우트 캠프에 참가했다. 자기들만의 은밀한 상상의 세계를 공유했고 비밀클럽을 조직하기도 했다. 중학교에 진학한 베티는 학교신문 기자로 활동하면서 학교 생활에서도 두각을 나타냈다. 베티는 어머니 미리엄 골드스타인의 우려처럼 정신없고 서툴며 못생긴 여자아이가 아니라 명민하고 유쾌한 존재임을 스스로 증명했다.[24]

그러나 초등학교에서 시작되어 중학교까지 이어진 베티의 전성기는 고등학교 진학과 함께 막을 내렸다. 어느 순간 베티는 외톨이가 된 자신을 발견했다. 심지어 유년기부터 함께했던 친구 집단도 서서히 그를 배제하기 시작했다. 외모는 그를 더욱 위축시켰다. 초등학교 때 월반했던 베티는 동급생들보다 어렸다. 같은 반 친구들이 여성의 징후를 나타낼 때 베티는 두꺼운 안경과 치아교정기를 착용한 왜소한 어린아이 모습 그대로였다. 학교 여학생클럽sororities에 가입을 신청했다가 거부당한 사건은 베티를 심리적으로 더 위축시켰다. 여학생클럽은 센트럴 하이스쿨 여학생들이 선망하는 조직이었다. 그러나 베티는 그곳에서 유대인 회원 가입을 거부하는 암묵적 규칙이 작동했던 것을 알지 못했다. 한창 이성에 눈을 뜨기 시작할 나이에 데이트를 신청하는 남학생도 없었다. 베티는 "한 양동이의 눈물을 쏟았고" 태어나고 자란 피오리아를 혐오하기 시작했으며 결코 결혼을 하는 일은 없을 것이라고 맹세했다.[25]

가정사의 변화는 베티의 어려움을 가중시켰다. 베티가 고등학교에 진학했던 1935년에 미국은 대공황의 한가운데에 있었다. 1929년 발발한 대공황은 수년 동안 지속되면서 미국 경제를 마비시켰다. 1933년에 시작된 뉴딜로 새로운 정책들이 실험되었으나 사실상 경기회복 속도는 느렸고 가시적 결과는 쉽게 나타나지 않았다. 1935년 미국 실업률은 17퍼센트를 웃돌았고 1929년 대비 총생산량은 25퍼센트 줄어들었다. 대공황은 거의 모든 경제 영역에 영향을 미쳤다.

해리 골드스타인이 운영하던 보석상도 대공황의 여파를 피해갈 수 없었다. 수입이 줄어들면서 골드스타인 부부는 오래 함께했던 집사와 운전사를 내보냈다. 어머니 미리엄은 가사를 다른 사람에게 맡긴 채 파티와 패션에 관심을 가져도 무방했던 기존의 생활방식을 더 이상 지속할 수 없다는 사실에 분개했다. 골드스타인 부부가 돈문제로 언성을 높이는 일이 자주 발생했고 베티와 동생들은 종종 저녁식사 자리에서 부모가 다투는 광경을 목격했다. 베티는 화가 난 아버지가 붉어진 얼굴로 자리를 박차고 나간 순간들을 오래도록 잊지 못했다. 그럴 때면 어머니는 자녀들 앞에서 남편의 러시아 억양을 흉내 냈고 그가 제대로 된 교육을 받지 못했음을 조롱했다. 미리엄 골드스타인은 자녀들 앞에서 남편이 자신의 격에 맞지 않는다는 것을 은연중 드러냈다. 마치 골드스타인 가족이 피오리아의 상류사회에 동화되지 못한 것이 남편 탓이라고 여기는 듯 했다.[26]

베티는 부모의 갈등에 잘 대처하기 위해 노력했다. 간혹 어머니의 과도한 쇼핑을 아버지에게 발설하지 않음으로써 어머니 편에 서 있음을 입증하려고도 했다. 어린 시절부터 베티의 내면은 자신을 지적으로 성장시켜준 아버지에게 더 많이 공감했다. 시시때때로 남편과 자녀들을 비난하면서 동시에 가족에 집착하는 어머니는 닮고 싶지 않은 인물이었다. 그러나 여전히 그는 어머니의 애정을 갈구했고 어머니의 인정을 받고 싶어 했다.

이런 모순된 감정은 베티의 내면에 견디기 힘든 불편함을 키워나갔다. 베티는 열다섯 살이 될 무렵 부모의 갈등 때문에 울지 않겠다고 맹세했다. 이후 골드스타인 부부가 언성을 높이는 일이 생기면 베티는 자신이 쳐놓은 방호벽 안에 스스로를 가두었다. 갈등 상황에서 자기 자신을 보호하기 위한 자구책이었다.[27]

고등학교 시절의 경험은 베티 자신의 정체성을 고민하는 계기로 작용했다. 사회가 제시하는 여성상, 미국 사회의 유대인 차별에 대해 진지하게 고민하기 시작한 것도 이 때부터였다. 외톨이였던 베티는 자신이 고등학생이 된 이후 타인으로부터 인정받지 못하는 이유가 무엇인가를 자문했다. 여학생 치고 지나치게 똑똑해서인가? 유대인이기 때문인가? 유대인이라는 것이 사회적 배제의 원인이라면 유독 고등학교 진학 후 차별을 절감하게 된 것인가?

미국에서 나고 자란 이민 2세대 베티 골드스타인은 자신의 어머니가 그러했듯 미국적 가치를 체화한 동화된 유대인이었다. 심지어 베티는 유대인들만의 모임에 나가본 적도, 전통을 고수하는 완고한 유대인 문화에 가까이 가본 적도 없었다. 따라서 유대인의 문화유산이 자신의 인기와 우정에 영향을 미쳤으리라고는 상상조차 하지 못했다.[28]

원인을 찾지 못한 베티는 부모로부터 답을 듣고 싶어 했다. 어머니의 반응은 냉정했다. 외모에 대한 무관심, 급한 성격, 지적 능력을 과시하고 싶어 하는 태도가 원인일 것이라고 했다. 어머니의 평가는 베티로 하여금 자신이 '못난 오리, 머리만 좋은 괴짜'라는 자괴감이 들게 했다. 자신의 결점으로 인해 여학생클럽에 가입하지 못한 것을 어머니가 나무라기라도 하는 것 같아 베티는 또 다른 마음의 상처를 입었다.[29]

반면 아버지는 유대인으로 살아가면서 겪은 경험담을 들려줬다. 아내 미리엄이 완벽한 영어를 구사하고 백인의 외모를 갖췄던 것과 달리 러시아인의 억양과 유대인 특유의 코 생김새를 지닌 해리 골드스타인은 일상적으로 차별에 노출되었다. 지역 공동체의 백인들은 성공한 사업가 해리 골드스타인은 존중할지언정 그를 일원으로 받아들이는 것은 거부했다. 근무시간에는 이야기를 나누던 사람들이 오후 6시 이후에는 말조차 섞지 않는 일들이 되풀이되었다. 해리 골드스타인은 자신이 겪었던 차별을 딸이 되풀이하는 것 같아 못내 안쓰러웠다.[30]

베티에게 아버지가 소통과 위안의 대상이었다면 어머니는 이해하기 어려운 존재였다. 가정 밖에서는 타인에게 우아하고 친절하면서 가정 안에서는 자녀와 남편에게 신경질적이고 공격적인 발언을 서슴지 않는 양면적 모습, 가족경제에 기여하는 바 없이 과소비를 일삼으면서 오히려 경제문제로 남편에게 날을 세우는 태도 등 딸인 베티조차 받아들이기 힘든 측면이 있었다. 베티가 어머니를 객관적으로 인식하고 조금씩 이해하기 시작한 것은 대학에서 심리학을 공부한 뒤 그리고 다시 몇십 년이 흐른 뒤 《여성의 신비》를 집필하면서였다. 어머니의 행동을 사회 상황과 연관시켜 이해한 결과 베티는 1920년대 신여성으로 살아가던 어머니가 결혼과 함께 자신의 의지와 상관없이 직장을 그만뒀고 경제적으로 남편에게 의존할 수밖에 없었다는 것, 내면의 공허함을 채워줄 소비 생활이 가족경제의 위기와 함께 어려움을 겪자 극도의 불안감을 갖게 되었고 그것이 분노로 표출되었다는 것을 보기 시작했다. 어머니에 대한 관찰은 이후 《여성의 신비》에서 전업주부들을 묘사하는 데 녹아들었다.

그는 어머니가 드러내는 분노 양상이 무기력증을 원인으로 한 '전형적인 여성의 성격장애'라고 파악했다. 가정 밖 세상에서 자신의 힘으로 움직일 수 있는 것이 거의 없는 여성이 자신의 영향권에 있는 가정 안에서 종종 남편을 무시하는 증상을 나타낸다는 것이다. 자녀의 성공에 대한 집착 또한 자신의 의지와 상관없이 주부의 역할에 한정되면서 발생한 내면의 좌절감을 만회하기 위한 방식으로 이해되었다. 베티는 페미니즘에 대한 자신의 관심이 어떤 면에서 어머니의 불만족을 이해하기 위한 고민들에서 촉발되었다고 회고했다.[31]

베티가 고등학교 시절 맞닥뜨린 차별 역시 그가 성인이 되어 지속해온 사회변혁운동의 출발점으로 작용했다. 그는 다음과 같이 스스로를 묘사했다. "중서부 지역에서 유대인 소녀로 성장하는 것은 주변인을 뜻한다. 그 안에 들어있기도 하고 그렇지 못하기도 한 그는 관찰자가 된다." 여학생클럽 가입을 거부당했을 때, 더 이상 또래들의 중심에 서 있지 못했을 때 베티는 행위자가 아닌 관찰자가 되었다.

그는 유대인들이 독특한 종교와 문화를 형성하고 있고 백인들이 유대인과 유대인의 문화에 대한 차별의식을 갖고 있으므로 자신이 피오리아 백인 공동체에 수용되지 못했다는 사실을 뒤늦게 파악했다. '비백인'은 유전형질을 이유로, 여성은 염색체 구조를 이유로 사회적 차별과 배제를 겪고 있다는 사실을 깨닫는 단초가 되었다.[32] 유대인으로 겪은 차별의 경험은 관찰자로서의 그의 정체성을 강화시켰고 부당함에 맞서 싸우는 개혁가적 기질을 키웠다. 성인이 된 후 그는 "불의에 대항해 싸우는 나의 열정은 반유대주의라는 불의에 대한 나의 감정으로부터 나왔다"고 회고했다.[33]

대공황

베티 골드스타인이 고등학교에 다니던 1930년대 중반, 세계는 대공황이 야기한 격변의 한가운데에 있었다. 독일과 이탈리아에서 나치 정권과 파시스트 정권이 대두했고 스페인에서는 공화주의 정권에 대해 파시스트가 쿠데타를 일으키면서 내란이 격화되었다. 미국에서는 대공황 초기의 혼란 끝에 1932년 대통령으로 당선된 프랭클린 루스벨트가 뉴딜로 명명된 개혁으로 대공황을 극복하고자 했다.

1933년에 시작된 제1차 뉴딜이 임시적 구제정책의 성격이 강했다면 1935년 착수된 제2차 뉴딜은 영구적 개혁이 가능한 정책을 추진했다. 제2차 뉴딜이 시작된 1935년 한 해 동안 노동 3권을 보장하는 전국노사관계법, 사회복지제도의 근간을 마련한 사회보장법이 제정되었다. 같은 해에 공공사업진흥청이 신설되어 공공사업을 통한 실업자 구제 및 일자리 창출을 확대했고 부유세를 도입해 소득세율 상한을 75퍼센트까지 올렸다.[34]

그러나 뉴딜은 대공황이 야기한 경제문제를 신속하게 해결하지 못했고 뉴딜에 대한 찬성과 반대가 극심하게 갈리면서 사회 갈등이 분출했다. 1930년대 초에 발발한 빈민운동을 시작으로 노동운동과 농민운동이 1930년대 내내 지속되었다. 1934년과 1937년은 미국 역사상 가장 많은 파업이 발생한 해로 기록되었다. 1935년 전국노사관계법의 제정으로 산업별노조의 결성이 가능해지면서 1935년에 산업별노조연합 CIO이 결성되었고 이와 함께 노동자들이 사회적·정치적으로 결집할 수 있는 발판이 마련되었다.[35]

한편 뉴딜정책이 미국 사회에 도입된 이후에도 미국인들의 삶은 쉽게 회복되지 못했다. 경기침체가 장기화되면서 미국인들은 기존 방식이 아닌 해결책, 심지어 금기시되어온 급진주의나 유토피아적 대안을 찾기 시작했고 이에 반발하는 보수주의의 반격으로 극심한 진보-보수 갈등이 나타나기도 했다. 미국 공산당이 세력을 키워나갔던 것도 이 무렵이었다. 당시 합법 정당이던 공산당은 1935년 이후 인민전선전략을 채택하면서 노동과 정치뿐 아니라 문화와 사회 영역에서 영향력을 확대했다. 이에 대한 반격으로 자유방임주의와 개인주의를 기치로 한 미국자유연맹이 결성되었다. 뉴딜정책에 대한 비판자들의 일부는 민주당과 루스벨트를 사회주의, 공산주의, 파시스트로 비난했다.

라디오를 통해 대중적 인기를 끌던 가톨릭 신부 찰스 코글린은 비판의 칼끝을 부유층에서 뉴딜 정부로, 다시 유대인으로 옮겨갔다. 코글린 신부 추종자들은 기독교 국가 미국에서 유대인을 몰아내야 한다고 목소리를 높였다. 그들은 대공황이 유대인의 음모로 발생한 것이라는 코글린 신부의 주장을 굳게 믿었다.[36] 이 시기 미국의 반유대주의운동은 유대인을 금융자본뿐 아니라 공산주의, 노동운동, 뉴딜 등 당시 그들이 혐오하는 모든 가치와 관련된 움직임에 연관지웠다. 일종의 음모론이었다.

반유대주의자들은 1938년에 기독교전선이라는 조직을 결성했다. 가톨릭 신자들 중 주로 육체노동자와 실업자로 구성된 기독교전선은 유대인의 음모로 인해 자신들이 경제적 고통을 겪고 있다고 믿어 유대인 성당과 유대인이 운영하는 가게에 페인트를 칠하고 거리에서 만나는 유대인들에게 신체적 위협을 가하면서 적개심을 분출했다.[37] 베티가 살던 피오리아가 다른 지역과 비교하여 유대인에 대한 공격이 더 심했다고 볼 수는 없지만 백인 비율이 높고 보수적 성향이 전반적으로 강했던 중서부 지역에 위치했던 만큼 피오리아의 유대인들은 가시적·비가시적 차별에 항시 노출되었다.[38]

고등학생이던 베티는 차별과 고립감을 극복하려고 몸부림쳤다. 그는 자신에 대한 차별의 족쇄를 깨는 방법은 스스로 노력하여 탁월함을 증명하는 것이라고 생각했다. 부모의 태도가 베티의 대처 방식에 영향을 미쳤다. 어머니의 지적으로 생긴 마음의 상처가 아문 뒤 베티는 글쓰기에 더 몰두했다. 아버지가 겪은 차별의 경험을 알게 된 베티는 자신이 겪고 있는 문제가 개인의 문제가 아님을 이해했다. 베티는 피오리아에 존재하지만 표면적으로 드러나지 않았던 유대인 차별문제에 나름의 방식으로 대응했다. 유대인으로서 차별당하는 부당함에 대한 분노가 사라지지 않은 채 그는 친구들이 자신을 좋아하지는 않더라도 존중하도록 만들겠다고 다짐했다.[39]

고등학교 2학년이 되면서 그는 실력으로 학교에서 두각을 나타냈다. 당시 베티는 타인의 인정을 받기 위해서는 두 가지 방법이 있다고 생각했다. 하나는 인기를 얻는 것, 또 다른 하나는 학교 생활을 성공적으로 하는 것이었다. 인기를 얻기 힘들다는 것을 알았던 베티는 인정을 받는

쪽을 택했다. 베티가 친구를 사귀는 방식 역시 바뀌었다. 과거에 소수의 친구 집단과 긴밀한 관계를 형성했다면 고등학교 2학년 무렵부터는 다양한 관심사를 지닌 친구들과 폭넓게 교제했다. 교지 기자 활동을 하면서 서평과 고정칼럼을 담당했다.[40]

1936년과 1937년에 미국 전역에서 전국노사관계법이 부여한 노조의 단결권과 단체협상권을 인정하라는 노동자들의 요구와 이를 거부하는 기업의 입장이 첨예하게 대립하면서 파업이 확산되었다.[41] 이러한 사회 문제는 베티가 기자로 활동했던 피오리아 고등학교 교지의 지면에도 반영되었다. 미시간 GM공장에서 발생한 연좌농성을 상세하게 취재한 기사를 작성한 베티의 동료 학생기자는 재산권과 인권 중 어느 것을 선택할 것인가를 질문했다. 피오리아 지역에서 발생한 노사분규와 파업도 비교적 상세히 다뤄졌다.[42] 교지는 스페인 내전과 나치문제에 관한 기사들도 포함되었다. 나치 정권하에서 독일이 오스트리아를 합병하자 베티 골드스타인은 전쟁이 임박했음을 경고하는 글을 기고하기도 했다.[43]

1938년 6월 베티는 센트럴 고등학교를 졸업했다. 그가 고등학교 시절 작성한 기사에는 고등학생 수준에서이긴 하지만 국내외 문제에 대한 진지한 관심이 드러났다. 베티가 졸업할 무렵 학내에서 그는 글 잘 쓰고 학업적 성취를 이룩한 학생으로 알려졌다. 베티는 여러 대학으로부터 입학허가서를 받았다. 바사, 래드클리프, 웨슬리, 스미스 등 전통적 '리버럴 아츠liberal arts 컬리지'뿐 아니라 시카고대와 스탠포드대에서도 입학허가서를 받았다. 베티의 어머니는 자신의 이루지 못한 꿈을 만회하기라도 하듯 베티에게 스미스대학을 추천했다. 아버지 역시 베티의 대학 진학을 크게 기뻐했다. 베티는 무엇보다 자신이 차별과 불공

정함을 경험했던 편협한 피오리아를 떠나 북동부에 위치한 미지의 도시에서 새로운 생활을 시작할 수 있다는 데 만족스러워했다.[44]

02...

대학시절

스미스대학교

대공황은 종식되지 않았고 전쟁의 기운이 전 세계에 드리워졌던 1938
년, 베티 골드스타인은 대학에 입학했다. 여학생들에게 아이비리그에
버금가는 우수한 교육을 제공한다는 목표하에 1871년 설립된 스미스
대학은 베티가 입학할 무렵 우수한 '리버럴 아츠 컬리지'이며 고유한
학풍을 지닌 여자대학으로 자리 잡았다. 당시 스미스대학에서 교수 중
여성 비율은 60퍼센트를 넘어섰다. 하버드대학과 예일대학 등 명문 사
립대학들이 여성교수 채용은 물론, 여학생 입학조차 허용하지 않던 시
절이었다. 스미스대학의 유대인 교수의 비율 역시 타 대학에 비해 월등
히 높았다.

교수 중 여성과 유색인종의 비율이 높았던 데에는 윌리엄 앨런 닐슨
총장의 역할이 컸다. 1917년에서 1939년까지 스미스대학 총장으로 재
직했던 닐슨은 혁신적 교육과 사회정의의 주창자이자 개혁적 성향의
교육자였다. 그는 여성이나 유대인, 유럽의 망명자들을 포함하여 뛰어

난 학자와 교육자라면 누구나 채용한다는 원칙을 지켰다. 그 시기에 스미스대학의 진보적 학풍이 자리 잡았다.[45]

학풍은 진보적이었으나 재학생들의 문화는 엘리트주의적이었다. 당시 2천여 명에 이르렀던 재학생들에게서 인종적·계층적 다양성은 거의 나타나지 않았다. 재학생의 다수는 중산층 신교도 백인들로 구성되었고 가톨릭과 유대인은 각기 20여 명 안팎에 불과했다. 흑인 학생은 더욱 극소수였다. 백인 중산층이 다수라는 점에서 스미스대학 구성원의 특징은 피오리아의 친구들과 크게 다르지 않았다. 학생들의 아버지들은 대개 기업가, 은행가, 전문직 종사자들이었고 어머니들은 거의 예외 없이 주부들이었다.

스미스대학 안에서 학생들은 부모들의 생활방식을 재현했다. 그들은 일반 기숙사와 고급의 주택형 기숙사 중 주택형 기숙사를 선호했다. 주택형 기숙사는 오래된 가옥을 개조하여 50명에서 70명 정도를 수용하는 시설이었고 여사감이 상주했다. 여사감은 학생들의 고충을 처리하는 역할을 담당할 뿐 아니라 학생들의 일상생활을 감독했다. 기숙사에는 학생들의 침대 정리, 화장실 청소, 식사 준비를 담당하는 가정부가 상주했다. 학생들은 친구와 교수들을 초청하여 오후 티타임을 갖거나 브리지 게임을 했다.[46]

스미스대학에 입학한 베티 골드스타인이 처음 확인한 것은 자신이 여전히 '소수자'에 속한다는 것이었다. 중서부 지역의 소도시 피오리아의 폐쇄성, 유대인으로 겪어야 했던 굴레에서 벗어나고 싶었던 베티는 고향을 떠나 정착한 동부의 대학에서 다시 소수자 유대인으로서의 정체성 문제에 직면했다.

베티는 당시 이 상황을 어떻게 대면할 것인가 고민했다. 그에게는 두 가지 선택지가 있었다. 하나는 자신의 부모처럼 가급적 유대인성을 드러내지 않고 미국 사회의 상층계급과 교류하면서 주류 사회에 수용되기 위해 노력하는 것이고 다른 하나는 차별과 무시를 각오하고 유대인성을 드러내는 것이었다. 베티는 후자를 택했다.[47] 이후 대학 생활을 하면서 그는 자신의 정체성 문제뿐 아니라 사회적으로 인종과 민족, 문화적 이유로 탄압받는 이들이 있을 때 그들의 인권이 존중받아야 한다는 입장을 적극적으로 나타냈다. 나치의 인종정책을 반대하는 입장 표명이 그중 하나였다.

스미스대학 재학생들은 매주 학교 평의회에 의무적으로 참석했다. 닐슨 총장은 학생들이 학교 평의회에 참여함으로써 스스로 세계 공동체의 일원임을 깨닫고 사회문제와 사회정의에 눈을 뜨게 될 것이라고 기대했다. 1939년 11월 중순에 개최된 교수·학생 평의회에서 닐슨 총장은 대학 구성원들에게 이민법 개정 청원서에 서명해줄 것을 호소했다. 당시 이민법에 의거한 이민 쿼터제도는 나치 치하에서 억압받는 유대인 망명자들의 수용을 막았다. 연방정부는 이민 쿼터를 개정하여 유대인 이민자의 수를 늘릴 경우 노동시장의 침체를 악화시킬 것이라는 이유로 개정에 반대했다. 그러나 닐슨 총장은 이민 쿼터제도가 미국의 반유대주의를 반영하고 있다고 지적했다. 그는 자유를 신봉하는 미국 시민은 인류애를 수호해야 한다며 이민 쿼터제도의 개정을 강하게 주장했다.[48]

평의회에 참석했던 베티는 기숙사에 돌아가 이 문제에 대해 다른 학생들과 토론했다. 베티의 예상과 달리 대부분의 학생들이 청원에 반대했다. 그들은 새로운 유대인이 미국 사회에 들어오는 것을 원치 않았다. 베티를 제외한 모든 유대인 학생들은 침묵했다. 베티는 그 모임에서 청원에 찬성한 소수에 속했다. 스미스대학 전체에서 청원에 서명한 학생은 거의 없었고 결국 닐슨 총장의 청원서 제출 계획은 좌절되었다. 스미스 캠퍼스의 상황은 미국 사회 전반의 분위기를 반영했다. 1939년에《포춘》매거진이 이민 쿼터제도 개정을 통한 유대인 수용 확대 방안에 대한 설문을 진행했을 때 응답자의 86퍼센트가 이에 반대했다.[49] 베티는 이 사건을 통하여 미국 사회에선 반유대인 정서가 얼마나 뿌리 깊은지 다시 한번 절감했다. 미국 사회에선 강력한 반유대인 정서가 인권 옹호보다 더 강력하게 작동한다고 생각할 수밖에 없었다. 미국 사회에서 성공하기 위해서는 가급적 유대인성을 드러내지 말아야 한다는 어머니의 조언이 떠오르는 순간이었다.[50]

청원서 사건을 계기로 베티는 서로 다른 가치가 충돌하는 상황에서 자신이 어떤 입장을 선택할 것인가를 되새겼다. 그는 사람들의 주목을 받는 것을 원하는 성향이 강했다. 그러나 무엇이 옳은가를 선택의 기준으로 했다. 청원서에 대한 지지는 베티가 타인의 행동에 따르거나 대세에 합류하기보다 스스로 옳다고 생각하는 가치를 고수하기 위한 선택을 했음을 의미했다. 그런데 그가 소수의 입장에서 결정을 했으나 그 결정으로 인해 외톨이가 되지는 않았다. 그 경험이 그에게는 중요한 계기가 되었다. 대학에서 그는 더 이상 똑똑한 여성이라는 이유로 괴짜 취급을 당하거나 유대인이라고 동료들로부터 배제되지 않았다. 베티는 남들과 다른 자신의 특징이 대학 공동체 안에서 수용되고 있다는 생각에 안도했고 자유로움을 느꼈다.[51]

자신감을 갖게 된 베티는 스미스대학의 역동적인 분위기를 자양분으로 성장했다. 베티는 이후 대학 시절을 가장 행복했던 시간으로 기억한다. 언론의 자유, 관용, 진보, 사회적 책임, 사회정의, 공동체, 민주주의, 평화. 이는 당시 스미스대학의 진보적 교수들과 학생들이 공유하는 핵심 가치들이었다. 당시 캠퍼스 내에서는 학문뿐 아니라 사회문제에 대한 다양한 논의가 이뤄졌다. 주기적으로 특강과 공개 포럼이 개최되었고 뛰어난 학자들과 혁신주의적 개혁가들이 초청되었다. 베티가 저명한 철학자 라인홀드 니버, 사회개혁의 신봉자이자 당시 대통령 부인 엘리노어 루스벨트와 노동부장관 프랜시스 퍼킨스의 특강을 접한 것도 스미스대학의 공개 포럼을 통해서였다.

정규 강의와 특강, 공개 포럼에 참석하면서 베티는 인간의 가치와 사회개혁, 사회정의와 반파시즘에 대해 고민했다. 음악사 수업에서 베토벤과 모차르트, 드뷔시 음악을 감상하며 일생 동안 클래식 음악을 즐길 수 있는 소양을 갖췄고 문학수업에서 읽은 버지니아 울프와 토마스 만, 제임스 조이스와 레오 톨스토이, 어니스트 헤밍웨이의 작품을 통해 인간의 성정을 이해했다. 귀스타브 플로베르의 《마담 보바리》(1856)를 읽고 어머니의 삶을 반추했고 어니스트 헤밍웨이의 《누구를 위하여 종은 울리나》(1940)에서 스페인 내전을 겪는 동시대인들의 삶을 상상했으며 존 리드의 《세상을 뒤흔든 열흘》(1917)을 통해 러시아 혁명에 대한 구체적 관심을 갖게 되었다.[52]

베티 프리단은 《여성의 신비》(1963)에서 내적 성장과 고등교육의 기회를 강조했다. 혹자는 구조 변화에 앞서 개인으로 귀결되는 그의 해법을 비판한다. 그러나 베티 프리단은 자신의 경험에 비추어 내적 성장과 정체성의 확립 없이는 변화는 없다고 확신했다. 스미스대학 시절의 교육은 그에게 내적으로 성장하고 자아를 확립하며 세계관을 넓힐 수 있었던 기회를 제공했다.

심리학 수업들

대학에서 베티 골드스타인의 마음을 가장 사로잡은 것은 심리학 수업이었다. 고등학생 시절부터 베티는 막연하나마 심리학에 관심을 두고 있었다. 내면 깊이 자리 잡은 열등감, 부모와의 갈등으로 인해 얼룩진 자신의 마음과 행동을 이해하고 싶었던 베티는 심리학이라는 학문이 해답의 실마리를 제공해줄 것이라고 기대했다.

베티는 대학에 입학한 첫 학기부터 심리학 과목을 수강했고 곧 그에 매료되었다. 그는 과학적 방식을 통해 인간 행태에 영향을 미치는 요인들을 점검하는 심리학이 사회구조를 점검하는 지적 도구와 같다고 생각했다. 대학 시절 수강했던 심리학 수업들은 이후 베티가《여성의 신비》를 구상하는 실마리가 되었다.

2학년 때 수강했던 제임스 깁슨 교수의 사회심리학이 그중 하나였다. 깁슨 교수는 1930년대와 40년대에 반파시즘 투쟁에 적극적으로 참여했고 교수노조의 결성을 주도했던 진보주의자였다. 베티가 수강했던 사회심리학 수업에서 깁슨 교수는 미국 사회를 지탱하는 주요 가설들을 비판하라는 과제를 제시했다. 과제를 수행하기 앞서 학생들은 로버트 린드와 헬렌 린드 부부가 쓴 사회학적 지역연구서의 고전《미들타운》(1933)을 읽어야 했다. 인디애나주의 '먼시'라는 도시를 다룬 이 연구서를 접한 베티는 피오리아에서의 자신의 경험이 지닌 의미를 새삼 발견했다.

경험은 사회규범을 반영하고 사회규범은 거주자가 특정한 행동을 할 것을 요구한다는 것이 린드 부부의 가설이었다. 베티는《미들타운》에서 사회적으로 승인된 여성의 역할을 전제로 삼아 살고 행동하는 중산층 여성들을 다시금 떠올렸다. 피오리아에 사는 베티의 어머니와 이웃들은 가정에서의 역할을 수행할 것으로 기대되는 사회규범에 따라 행동한다는 점에서《미들타운》의 중산층 여성들과 별반 다르지 않았다.[53] 이후 한 인터뷰에서 베티 프리단은《여성의 신비》를 집필하면서《미들타운》으로부터 영향을 받았다고 회고했다.

대학 3학년 때 수강했던 도로시 더글러스 교수의 수업은 베티의 정치의식과 여성에 대한 의식을 형성하는 데 특히 중요했다. 이후 베티 골드스타인이 롤 모델로 삼았던 더글러스 교수는 진보주의자이자 당시에는 보기 드문 페미니스트였다. '사회 재건을 위한 이론과 운동'이라는 수업에서 더글러스 교수는 노동사와 유토피아 운동, 사회사상을 강의했다. 강의는 변증법적 유물론, 계급투쟁, 혁명적 변화를 가져오는 노동계급의 역할, 이등시민으로서의 여성의 사회적 지위 등을 다뤘다.

베티가 정치문화에 대한 페미니스트적 해석을 처음 접했던 것도 더글러스 교수의 수업에서였다. 더글러스 교수는 나치 치하의 독일과 소련의 여성들에게 기대되는 역할을 비교했다. 그는 '어린이, 부엌, 교회 Kinder, Kuche, Kirche'라는 나치 이데올로기가 가족의 중심에 어린이를 놓고 양육자 역할을 하는 모성을 찬양했음을 지적했다. 여성이 가정의 의무에 적합하게 태어났다는 전제의 결과 사회에서 전문인으로 성장하기를 바라는 여성의 열망이나 지적 능력은 간과되었다는 것이다. 더글러스 교수는 이러한 '분리된 영역separate sphere'의 설정을 파시즘으로 규정하면서 미국 여성이 처한 상황이 나치 치하의 독일 여성과 크게 다르지 않음을 지적했다. 더글러스 교수는 그와 같은 여성의 제한된 역할의 대안으로 소련의 여성상을 제시했다. 소련 사회에서 여성은 기회의 평등과 동등한 임금을 보장받았다는 것이다.[54]

역사가 로버트 코헨은 1960년대에 여성활동가들의 일부가 1930년대 여성문제에 관심을 갖기 시작했고 그 관심이 "젠더문제를 분석하는, 발전된 페미니즘적 언어를 갖지는 않았다고 해도 최소한 페미니즘적 감수성을 드러냈다"고 주장했는데, 그런 측면에서 볼 때 더글러스 교수의 수업은 베티 골드스타인의 '페미니즘적 감수성'을 일깨우는 데 일조했다. 20여 년이 지난 뒤 베티 프리단은 《여성의 신비》에서 더글러스 교수의 강의를 연상시키는 언어로 모성과 어린이 중심의 가정을 찬양하면서 교육받은 여성의 사회 참여를 막는 냉전기 미국 사회를 비판했다.[55]

베티 골드스타인에게 영향을 미쳤던 또 다른 수업은 쿠르트 코프카 교수의 게슈탈트 심리학이었다. 코프카 교수는 게슈탈트 심리학의 창시자 중 한 사람으로 1924년 독일에서 미국으로 건너온 뒤 스미스대학에서 교편을 잡았다. 게슈탈트 심리학은 인간이 자신의 환경과 상호작용하는 개방된 체제를 전제로 했다. 코프카 교수는 인간이 지식을 획득함으로써 분절된 세계의 재통합에 기여한다고 주장했다. 또한 그는 경험의 '전체성'을 강조했다.

코프카 교수의 이론은 인간이 지속적으로 경험을 해석하고 그로부터 얻은 지식을 바탕으로 사회구조 내에서 긍정적 변화를 만들어갈 가능성을 베티에게 일깨웠다. 베티는 코프카 교수의 게슈탈트 이론이 보다 큰 문제에 초점을 맞추고 협소한 특수화를 피하고 있다는 점에 매료되었다. 게슈탈트 심리학의 함의는 이후 베티가 개혁운동을 추진하는 데 지적 틀을 제공했고 그 스스로도 코프카 교수의 게슈탈트 심리학이 그의 사고에 지대한 영향을 미쳤다고 회고했다.[56] "지식의 획득이 분절된 세계의 재통합에 기여한다"는 코프카 교수의 가르침은 《여성의 신비》라는 책을 통하여 구현되었다.

인민전선시대의 학생기자/활동가

대학 시절 베티 골드스타인은 미국과 세계에서 발생하고 있던 변화에 지대한 관심을 갖게 되었다. 학생기자였던 베티는 국내 정치문제는 물론이고 노동자의 권리, 학문적 자유, 반파시즘에 대한 글을 대학신문에 기고했다. 당시 미국 학생운동은 급진주의자와 진보적 자유주의자, 그리고 평화주의자의 연합 형태로 구성되었다. 대학 캠퍼스에서, 방학 중 진행된 대학연합 워크숍에서, 그리고 워싱턴 D. C.의 행진에서 그들은 부모세대의 중산층 부르주아 문화를 비판했고 노동계급과 연대했으며 인종적·민족적 다양성을 요구했다. 베티는 대학신문에 기고한 글에서 "빈곤과 대공황으로 인하여 가라앉고 인종적·종교적 차별로 망가진 채 전쟁의 길로 들어선 미국"을 경제적·정치적 정의와 인류평등의 원

칙을 우선하는 국가로 전환해야 한다고 주장했다.[57]

베티가 소속된 학생운동 활동가들은 프랭클린 루스벨트 행정부에 대해 비판적인 입장이었다. 그들은 뉴딜정책이 빈민과 인종적 소수자에게 적절한 혜택을 제공하는, 보다 철저한 정책으로 변모해야 한다고 주장했다. 또한 그들은 뉴딜 대외정책에 대해서도 비판적이었다. 당시 학생운동 진영은 반파시즘 투쟁에 나섰으나 반파시즘을 표방한 전쟁에는 반대했다. 그들은 국내 개혁정책에 대한 옹호와 반전운동이 밀접한 관계가 있음을 지적했다. 참전은 시민적 자유를 위협할 뿐 아니라 빈곤과 인종차별을 종식시킬 국내 개혁정책을 수포로 돌아가게 한다는 것이다.[58]

미국의 참전 여부를 두고 찬반 논쟁이 가속화되던 1941년 초, 대학신문 편집장이었던 베티는 워싱턴 D. C.에서 개최된 미국 대학생 연합집회에 취재차 참석했다. 연합국에 대한 원활한 군수물자 공급을 목적으로 도입된 무기대여법에 대한 반대 집회였다. 2천여 명의 시위대는 국회의사당에서 백악관으로 이어진 행진 내내 "자니는 총이 아니라 일자리를 원한다"는 구호를 외쳤다.[59]

행진이 시작된 첫 날 아침, 베티는 행진을 한눈에 내려다 볼 수 있는 곳에 자리 잡고 취재를 위한 만반의 준비를 갖췄다. 곧이어 평화행진을 하던 학생들을 에워싼 경찰 병력의 거대한 움직임이 베티의 눈에 들어왔다. 그 순간 베티는 기자가 아니라 대열의 일원으로 합류해 다른 학생들과 함께 구호를 외치기 시작했다. 베티가 처음으로 시위에 참가한 순간이었다. 이 사건이 계기가 되어 베티는 불의에 대항해 싸우는 최우선의 방식은 직접 행동이라는 결론에 도달했다. 그는 당시 상황에서 직접 행동을 도덕적 의무로 여겼다.[60]

베티 골드스타인은 미국과 세계 곳곳에서 일어나는 사건에 눈을 돌렸고 상황을 총체적으로 이해하기 위해 노력했다. 독일과 이탈리아뿐 아니라 미국 사회 깊숙이 침투한 파시스트 문제나 한층 악화된 경제 불평등과 인종차별 문제를 보면서 베티는 점차 급진주의 사상으로 기울었다. 대학 동기들과 함께 세계의 변화와 자본주의 사회의 모순에 대해 학습했고 자유민주주의의 한계에 대해 논쟁했다.[61] 어느덧 베티 골드스타인은 인민전선의 일부가 되었다.

인민전선은 1935년 국제공산당 (코민테른) 제7차 대회에서 채택된 공산당 노선이자 전략이었다. 공산당은 당면 목표를 반파시즘 투쟁으로 설정했고 사회민주주의자 및 독립적 사회주의자뿐 아니라 자유주의자와의 연계를 획책했다. 프랑스에서 레옹 블룸을 수반으로 하는 인민전선 정권이 태동했고 스페인에서 전 세계 인민전선주의자들에 의한 '국제여단'이 결성되어 파시스트 반란군에 맞서 목숨을 건 투쟁을 전개했던 것과 비교할 때 미국에서 발생한 인민전선은 상대적으로 조용한 움직임이었다. 특이한 점이라면 인민전선 시기의 미국 공산당이 1936년부터 1944년까지 대선에서 당시 대통령이자 민주당 대선후보였던 프랭클린 루스벨트를 공식적으로 지지했다는 것이다.[62]

1930년대는 미국 공산당의 절정기라고 평가되기도 하지만 공식적인 당원의 수는 8만여 명을 넘지 않았고 정치적 영향력이 컸다고 볼 수도 없다. 그러나 인민전선의 가치는 사회조직과 문화활동가들 내부에 깊숙이 스며들었고 인민전선이 지닌 문화적·사회적 영향력은 당원 수로는 설명할 수 없을 만큼 컸다. 인민전선적 가치에 동조하는 활동가와 예술가들이 1930년대 노동운동과 사회운동, 그리고 뉴딜 정부가 지원하는 공공예술과 문화의 영역에 스며들어 적극적으로 활동했고 시기와 지역에 따라 다양한 진보세력과 연계하여 사회적·정치적 압력을 행사했다.[63]

인민전선의 문화적 영향은 한 세대 이상 지속되었다. 인민전선은 반파시즘 투쟁을 통하여 결집된 이후 인종차별 반대, 민권운동, 산업별노조주의로 확대되었다. 이 시기 인민전선운동에 참여한 젊은이들에 대해 문화사가 마이클 데닝은 안토니오 그람시의 용어를 차용하여 '문화기구'의 역할을 수행했다고 평가했다. 그들은 그림과 글과 연극을 통하여 인민전선의 공통적 가치를 확대한 생산자이자 문화의 수용자였다. 인민전선 문화의 영향을 받았던 예술가와 작가들이 뉴딜 연방문화프로젝트에 대거 기용되면서 인민전선 문화의 가치가 유형, 무형으로 미국의 문화에 수용되었다.[64]

베티 골드스타인은 인민전선 문화에 동참했던 수많은 젊은이 중 한 명이었다. 베티 골드스타인이 '영 코뮤니스트 리그'라는 미국 공산당 산하조직에 들어간 것은 버클리대학원에 다니던 1942년이었으나 이미 대학 시절에도 급진주의 진영의 주변에서 활동했다. 당시 스미스대학에는 1930년대 중반에 출범한 미국 학생노조가 정착 단계에 있었다. 학생노조는 《포커스》라는 월간지를 발간했고 베티는 《포커스》에 비정기적으로 글을 보냈다. 존 스타인벡의 《분노의 포도》에 대한 서평을 쓰면서 베티는 그 소설이 "세속적이고 충격적"이라는 보수의 비판을 인용하면서 "확실히 세속적이고 충격적"인 것은 소설보다 스타인벡이 정직하게 묘사한 미국이라고 지적했다. 베티는 스타인벡이 "매우 예술적인 프로파간다"를 성취했고 그 메시지는 결코 "정치적이거나 교조적이지 않다"고 평가했다. 그는 스타인벡의 작품이 예술성과 사회적 헌신을 결합한 "저항과 연민의 기록물"이라고 찬사를 보냈다.[65]

대학신문 편집장이었던 베티는 일주일에 두 번 발행되는 신문의 사설을 통해 학내문제뿐 아니라 노동문제와 노조의 권리, 파시즘에 대한 비판을 제기했다. 캠퍼스 노동자들의 노조 결성의 당위성에 대한 특집호를 내는 과정에서 대학본부와 갈등을 빚기도 했다. 대학본부의 검열로 기사가 게재되지 못하자 베티와 동료들은 저항의 의미로 신문 1면에 '검열censored' 도장을 찍어 백지로 발행하기도 했다.[66]

하이랜더 포크스쿨

사회문제에 민감하게 반응하면서 삶의 방향성에 대해 고민했던 베티는 보다 철저하게 배우고 경험할 기회를 모색했다. 대학 4학년 진학을 앞둔 1941년 여름, 그는 도로시 더글러스 교수의 조언에 따라 테네시주에 위치한 하이랜더 포크스쿨 여름 워크숍에 참석했다. 하이랜더 포크스쿨은 1932년에 테네시주의 몬트이글이라는 시골 마을에 설립된 대안교육기관이었다.

경제적으로 낙후되고 정치·문화적으로 보수화된 남부를 변모시킬 필요를 절감했던 소수의 사회활동가와 성직자들이 주축이 되어 설립한 하이랜더 포크스쿨은 변혁을 담당할 역사적 주체를 양성하여 정의를 보장하는 사회, 계급과 성·인종을 떠나 모두 평등하고 존중받는 사회를 이룩하는 것을 교육 목표로 했다.

실제로 하이랜더 포크스쿨이 배출한 활동가들은 20세기 중반 이후 미국 사회 각 분야에서 두각을 나타냈다. 1960년대 여성운동의 중심에 섰던 베티 프리단이 하이랜더 포크스쿨을 통해 성장했을 뿐 아니라 1950년대 중반 이후 민권운동을 이끌었던 마틴 루터 킹 주니어 목사와 몽고메리 버스 보이코트를 촉발시킨 로자 파크스가 하이랜더 포크스쿨을 거쳤다. 1960년대의 저항가요 〈우리 승리하리라〉를 작곡한 가이 캐러윈 역시 하이랜더 포크스쿨 음악감독 출신이었다.[67]

하이랜더 포크스쿨의 초기 목표는 고착 상태에 빠진 남부 노동운동의 돌파구를 모색하는 것이었고 따라서 모든 프로그램은 노동자 역량 강화에 집중되었다. 이후 다년간의 경험과 시행착오를 거치면서 인종문제를 해결하지 못하는 한 남부 노동운동의 활성화를 기대할 수 없음을 절감한 활동가들은 인종차별 철폐를 위한 교육 비중을 높여나갔다. 베티가 참석했던 1941년 당시 워크숍은 노동자 역량 강화 프로그램에 집중되었다.

베티는 2개의 워크숍에 참석했다. 첫 번째 워크숍은 2주간 진행된 다큐멘터리 글쓰기였다. 신시내티에서 온 소설가, 존스 홉킨스대학의 중국인 의대생, 조지아주에서 온 초등학교 교장선생님, 테네시 주지사 선거에 출마했던 여성, 뉴욕에서 온 삼류작가, 시카고에서 온 연방 구호 프로그램 행정가 등이 함께했다. 워크숍을 관통하는 원칙은 협업과 공동체성이었다. 글쓰기 워크숍 입소를 위한 요구 조건이 수업료가 아니라 '글을 쓰고자 하는 열망'이라는 것 역시 특별했다. 수업료를 낼 돈이 없었던 워크숍의 한 참석자는 대신 '히코리 스모크 햄'과 블랙베리 잼, 케이크를 가져왔다.[68]

참가자 대부분이 노동활동가로 구성되었던 두 번째 워크숍에서는 노조 활동에 필요한 기초지식과 노동권, 경제교육에 대한 학습이 이뤄졌다. 워크숍은 노동쟁의 발생 시 피켓라인의 형성, 파업 중 노조 업무 수행과 같이 현장에서 필요한 내용들로 구성되었다. 워크숍에서 습득한 조직 방식과 운동 전략은 20여 년 후 베티가 여성운동을 조직하는 데 유용하게 쓰였다. 베티에게는 중산층인 자신과 노동계급 사이에 존재하는 이해의 간극, 중산층이 노동계급과 연대한다는 것의 의미를 되짚어볼 수 있는 시간이었다.[69]

하이랜더 포크스쿨 워크숍에서 만난 남부 활동가들은 베티에게 깊은 인상을 남겼다. 그들은 일상 속에서 끊임없이 신체적·물리적 폭력에 노출되어 있었다. 또한 그들은 자신들이 헌신하는 운동이 실패할 수 있음을 인지했다. 그럼에도 급진적 사회변화를 위한 노력을 포기하지 않았다. 베티는 한 걸음의 변화를 가져오기 위한 무한한 노력, 지난한 과정, 예기치 못한 장애물을 극복하기 위한 다양한 전략에 대한 그들의 경험을 깊이 새겼다. 베티는 하이랜더 포크스쿨에서 만난 활동가들과 교감했고 워크숍이 끝난 이후에도 오래도록 관계를 유지했다. 그들은 베티의 평생 조언자이자 동지가 되었다. 하이랜더 포크스쿨에서 돌아온 직후 하이랜더 포크스쿨의 활동가들에게 보낸 서신에서 베티는 노조 지지와 전쟁 반대와 같은 자신의 입장이 학내에서 소수가 되는 것에 대한 고민을 토로하기도 했다.[70]

1941년 12월 7일에 발생한 일본의 진주만 폭격과 함께 미국은 제2차 세계대전 참전의 길로 들어섰다. 이를 계기로 소수 고립주의자와 평화주의자를 제외한 거의 모든 미국인이 파시즘에 대항하는 싸움, 즉 제2차 세계대전에 참전하는 것을 지지했다. 베티가 존경해 마지않던 도로시 더글러스 교수와 제임스 깁슨 교수 역시 전쟁 반대 입장에서 온건하나마 지지 입장으로 선회했다. 베티가 편집장으로 있던 대학신문 역시 미국의 새로운 역할을 지지하는 사설을 게재했다. 사설은 전쟁을 정당화하거나 고양시키는 언어를 거부한다는 입장을 표명하기는 했으나 전쟁을 적극적으로 반대했던 기존 입장에서는 한발 물러서 있었다.[71]

버클리대학원과 아버지의 죽음

1942년 봄에 베티는 스미스대학에서의 마지막 학기를 보냈다. 대학 4년 동안 베티에게 많은 변화가 있었다. 외모에 대한 열등감과 유대인으로서의 자격지심의 돌파구로 글쓰기에 매진했던 한 소녀는 사회변화와 세계정세에 민감하게 반응하는 젊은이로 성장했다. 그러나 불확실한 미래 앞에서 그는 또래 여느 졸업생과 다를 바가 없었다. 베티는 《여성의 신비》에서 당시의 심정을 다음과 같이 묘사했다.

내가 되고 싶은 것은 무엇이었을까? 미래는 다가오지만 미래의 내 모습은 보이지 않았다. 대학을 졸업한 나 자신에 대한 상이 없었기 때문이다. 아무것도 확실한 것 없는 중서부 출신의 열일곱 살 소녀가 스미스대학에 입학했고 드넓은 세계와 새로운 지적 영역을 경험했다. 점차 나는 누구이고 무엇을 원하는가를 인식하게 되었다. 이제 다시는 과거의 생활로 돌아갈 수 없었다. 고향으로 돌아가 내 어머니와 그 지역의 여성들처럼 가정과 카드놀

이, 쇼핑과 아이들, 남편과 자선사업, 옷이 전부인 생활로 돌아갈 수는 없었다. 그런데 나 자신의 미래를 결정하고 한발 내딛을 시간이 다가왔으나 나는 갑작스럽게 내가 진정으로 원하는 것이 무엇인지 알 수 없어졌다.[72]

졸업 당시 베티에게 분명한 것은 피오리아로 돌아가지 않는다는 것이었다. 베티는 당시 기자가 되는 가능성을 놓고 고민했다. 그러나 당시 여성이 기자로 채용될 기회는 많지 않았다. 기껏해야 정식 기자로 승진하기 어려운 인턴으로 채용될 뿐이었다.[73] 결국 베티는 대학원 진학을 선택했다. 학부에서 심리학을 전공한 베티는 대학 4년 내내 심리학이라는 학문에 매료되었고 최우등생으로 졸업했다. 대학원에 진학하여 존경해 마지않는 도로시 더글러스 교수의 길을 가고 싶은 생각이 은연중 있었다.

버클리대학교 심리학과 석사 과정에 진학한 베티는 그곳에서 같은 정치 성향의 사람들을 만나 학습공동체를 일궜다. 그가 '영 코뮤니스트 리그'라고 하는 공산당 산하조직에 가담한 것도 이 무렵이었다. 그와 함께 학습공동체를 일궜던 사람들은 대개 급진적 정치조직의 일원이었고 마르크스주의와 아카데미아를 결합하는 작업을 시도했다. 그들과 교류하면서 베티는 진보주의 운동에 대한 관심을 키웠다. 그곳에서 사귄 남자 친구 역시 베티와 관심사를 공유했다. 그는 데이비드 봄이라는 물리학 전공 대학원생으로 원자폭탄을 만드는 맨해튼 프로젝트를 주도한 물리학자 J. 로버트 오펜하이머의 제자였다. 《여성의 신비》에서 베티의 박사 과정 진학을 포기하게 했던 원인 제공자로 묘사된 봄은 이후 반공주의의 표적이 되어 미국을 떠나 영국으로 망명

했다.[74]

한편 대학원 정규 수업은 학문에 대한 베티의 새로운 열정을 이끌어내지 못했다. 베티가 유일하게 관심을 가졌던 전공 분야는 프로이트 이론을 통해 인간의 발달단계를 연구한 에릭 에릭슨의 인간발달 단계론이었다. 신프로이트 학파로 분류되는 에릭슨은 사실상 프로이트 이론에 대한 비판 위에 자신의 이론을 정립했다. 프로이트가 아동기를 성격이 형성되는 결정적 시기로 간주했던 반면 에릭슨은 자아의 발달이 개인과 환경의 상호작용 속에서 이뤄지는 평생에 걸친 과정이라는 점을 강조했다. 버클리에서 에릭슨에게 사사했던 베티는 경제 현실에서 구현되는 프로이트 이론의 함의에 관심을 갖게 되었고 이를 자신의 논문으로 발전시킬 것을 구상했다.[75]

이후 《여성의 신비》에서 베티는 에릭 에릭슨의 인간발달 단계론의 이론들을 상당 부분 차용했던 것으로 보인다. 《여성의 신비》의 후반부에 나타나는 전 생애에 지속되는 성장, 정체성의 위기, 성장에 동반되는 고통은 에릭슨 이론의 핵심 주장이다. 에릭슨이 자신의 인간발달 단계론을 구체화했던 《아동기와 사회》를 집필한 것은 베티가 버클리대학을 졸업하고도 한참 뒤인 1950년이었다. 대학들이 냉전기 정치문화에서 살아남기 위한 일환으로 교수들에게 국가에 대한 '충성맹세 서약'을 강요하고 캘리포니아 주립대학들도 서약을 강행하자 에릭슨은 이를 거부하고 1949년에 버클리대학교를 떠났다. 이후 매사추세츠의 스톡브리지라고 하는 지역의 한 정신의학센터에 정착했고 그곳에서 책을 집필했다. 베티가 대학원 수업을 들었던 것은 1942년에서 1943년이었으나 이 시기에 이미 에릭슨 이론의 핵심 내용을 접했고 이를 여성문제에 적용해

《여성의 신비》의 이론적 기반으로 수용했던 것으로 보인다.[76]

한편 베티는 대학원 수업 전반에 만족하지 못했고 의대로 전과하여 정신의학을 전공할지 고민했다. 첫 학기를 마친 겨울 방학, 피오리아로 돌아간 베티는 아버지에게 진로문제를 상의했다. 그러나 건강이 악화되었던 아버지는 베티의 진로가 아니라 유언장 변경을 논의하고 싶어했다. 유언 집행인을 아내에서 장녀로 변경하고 싶다는 아버지의 의견에 불편함을 느낀 베티는 서둘러 버클리로 돌아갔다. 버클리에 도착하고 며칠 후 그는 아버지의 부고를 접했다. 자신의 성급한 행동으로 아버지의 마지막 시간을 함께하지 못했다는 생각에 베티는 오래도록 자책했다.[77]

그 무렵 베티는 박사 과정 장학금을 받을 기회를 얻었다. 그러나 아버지의 갑작스러운 죽음과 그에 대한 자책, 과로가 겹친 베티는 고질적인 천식까지 재발하면서 의욕 상실에 빠졌다. 《여성의 신비》에서 밝힌 바에 의하면 남자 친구인 데이비드 봄 역시 박사 과정 진학에 부정적인 의견을 표명했다. 무엇보다 베티는 학문 추구가 자신이 가야할 길인지 확신하지 못했다. 당시 그는 자신이 진정으로 원하는 것은 이론가가 아니라 활동가의 길이라고 생각했다. 대공황과 전쟁의 소용돌이 속에서 그는 자신만의 방식으로 사회변혁에 동참할 수 있는 방식을 고민했다. 그는 자신이 가장 잘하고 또 행복하게 느끼는 것이 글을 쓰는 순간이라고 생각했다. 대학 시절을 되돌아볼 때 가장 빛나는 기억은 신문기자로 활동했던 시간들이었다.

1943년에 베티는 버클리를 떠나 뉴욕의 그리니치 빌리지로 거처를 옮겼다. 당시 그리니치 빌리지는 보헤미아적인 삶의 방식과 자유로움,

급진주의적 담론의 온상이었다. 오래전 《세상을 뒤흔든 열흘》(1917)을 썼던 존 리드의 거처이기도 했던 그리니치 빌리지는 1940년대에도 여전히 진보적인 뉴욕 지식인들의 중심무대였다.[78] 그리니치 빌리지에 정착했으나 어디에서 시작할지 막막했던 베티는 하이랜더 포크스쿨에서 만난 뒤 간간히 소식을 주고받았던 레온 윌슨에게 연락하여 조언을 얻었다. 그렇게 얻은 일자리가 《연합신문Federated Press》 맨해튼지국의 기자직이었다. 베티 골드스타인이 현실 세계에 첫발을 내디딘 순간이었다.[79]

03...
노동신문 기자

《연합신문》 시절

1940년대 초반의 노동신문 기자는 근사한 전문직 종사자라기보다 저임금 장시간의 중노동을 수행하는 비정규직 노동자에 가까웠다. 그러나 베티에게 《연합신문》 기자라는 직함은 중요한 의미가 있었다. 무엇보다 그일은 "혁명을 위해 헌신하겠다"는 당시 베티의 삶의 목표에 부합했다. 대학에 다니면서 사회참여에 관심을 갖기 시작했던 베티는 버클리대학원을 다니면서 급진주의에 대한 보다 구체적 관심을 키웠다. 노조운동이 혁신적 사회운동의 최전선에 있다고 생각했던 베티는 노동신문 기자직을 수행함으로써 자기 몫을 할 수 있을 것이라 기대했다.

1919년 사회당 계열 급진주의 노동활동가들이 창간한 《연합신문》은 1930년대와 1940년대에 영향력 있는 좌파 계열 신문이었다. 《연합신문》에는 노동자의 권리를 옹호하고 인종차별과 성차별을 비판하는 사설과 기사들이 자주 등장했다. 전쟁 기간 중 노동자의 파업권을 금지하는 루스벨트 정권의 노동정책을 강하게 비판하는 기사도 종종 게재되

었다.[80]

《연합신문》 기자가 된 베티는 두 개의 상반된 세계를 살았다. 하나는 노동계급이 주도하는 혁명적 변화에 헌신하는 세계였다. 다른 하나는 대학을 졸업한 소수의 특권층이 속한 세계였다. 베티와 그의 룸메이트들은 분명히 특권층에 속했다. 그들은 중산층 가정에서 성장했고 사립대학을 졸업했다. 그러나 그들은 그리니치 빌리지에 살면서 급진주의자의 삶을 지향했다. 공산주의 전선조직 모임과 집회에 참가했고 각종 사회운동에 연대했다. 그것은 곧 부모세대의 편협한 부르주아 세계에 대한 저항이기도 했다.[81]

뉴욕에서의 기자 생활이 출발부터 순탄했던 것만은 아니었다. 당시 베티는 아버지를 여읜 마음의 그늘에서 완전히 회복하지 못했다. 새로운 환경에 적응하느라 스트레스도 심했다. 복합적 감정 상태에 몸이 반응했다. 뉴욕으로 거처를 옮긴 뒤 고질적인 천식이 악화되었고 거의 지속적인 우울 상태에 놓여 있었다. 심지어 글을 쓰는 것조차 힘들었다. 신경쇠약증에 걸린 것이 아닐까 우려하던 베티는 정신과 의사를 찾아갔다. 증세는 점차 호전되기 시작했지만 깊이 자리 잡은 마음의 그늘을 치유하기 위해서는 더 오랜 시간이 필요했다. 이후 베티는 주기적으로 정신과 의사의 상담을 받았다.[82]

몸과 마음이 회복되면서 베티는 《연합신문》 기자 생활에 적응하기 시작했다. 당시 베티의 삶에는 노동신문 기자와 언론노조 '뉴스페이퍼 길드'의 조합원 활동이라는 두 개의 중심축이 있었다. '뉴스페이퍼 길드'는 사무직 노동자인 기자들이 인민전선 문화에 관여하는 매개체였다.[83] 퇴근 후 베티는 뉴스페이퍼 길드 빌딩 지하 선술집에서 동료들과 밤늦은 시간까지 격론을 벌이기도 했다. 노동자와 소수자들의 권리 향상을 위한 방식이나 미국 사회변혁의 방향이 토론 주제였다. 공산주의자, 사회주의자, 평화주의자, 자유주의자 등 서로 입장이 다른 이들이 '뉴스페이퍼 길드'에 함께했다. 그들은 신뢰와 상호존중을 바탕으로 한 동지애를 형성했다.

대학을 갓 졸업한 베티는 노동운동에 실제로 참여한 적이 없었다. 노조 내부의 권력정치를 접할 기회는 더욱 없었다. 그러나 노동신문 기자가 된 후 그는 노동운동의 주요 쟁점과 노조정치의 정세를 빠르게 학습했고 유능한 기자로 인정받았다. 학생기자 시절부터 닦아온 글쓰기 실력이 도움이 되었다. 《연합신문》 동료이며 노조 조직운동가였던 로버트 슈랭크는 베티가 자신에게 글을 쓰고 편집하는 방법을 가르쳐줬다고 회고했다. 속사포 같은 말투로 자신의 주장을 내세웠던 베티는 뛰어난 글쓰기 실력과 진지한 태도로 동료들에게 기억되었다. 슈랭크는 자신이 처음 신문 사설을 쓰게 되었을 때 선배 기자였던 베티가 집회에서 청중에게 이야기하는 것을 상상하며 글을 쓰라, 내면의 목소리를 듣고 쓰라고 조언했던 것을 기억했다.[84]

여성노동에 관한 관심

베티가 작성한 기사는 대부분 노동자들이 일상생활에서 부딪히는 구체적인 사안과 관련되었다. 그는 현학적이거나 이론적인 글, 교훈을 주거나 노동자의 일원임을 내세우는 글을 쓰지 않았다. 추상적 원리를 내세우며 계급투쟁을 논하기보다는 계급 고착화를 나타내는 구체적인 상황을 드러냈다.

특기할 것은 이 시기에 이미 베티는 노동자이자 주부이며 소비자인 여성의 문제에 주목했다는 것이다. 베티가 고정으로 맡았던 '전시 생활 Wartime Living'이라는 칼럼에서 베티는 여성 독자들에게 생필품 가격의 하락과 상승에 관한 실생활 관련 정보를 제공하기도 했고 역진세와 누진세의 효과를 비교하여 정부정책을 알기 쉽게 설명하기도 했다. 여성을 평의회 의원으로 받아들이기로 한 산업별노조연합CIO의 결정을 지지하며 이와 같은 변화가 일하는 어머니들을 위한 보육시설의 확충을 앞당기는 투쟁에 일조할 것이라고 평가하기도 했다.[85]

여성문제에 대한 베티의 관심을 드러내는 사례가 '전미 전기 라디오 기계노조UE(United Electrical, Radio and Machine Workers of America, 이하 전기노조)' 간부 루스 영과의 인터뷰 기사이다. 전기노조는 흑인 노동자와 여성 노동자의 경제적 평등권을 주장하던 급진적인 노조였다. 제2차 세계대전 당시 여성은 전쟁에 나간 남성 노동자들의 자리를 메우는 노동력으로 투입되었다. 여성은 전시체제에 협조하라는 정부의 요구를 받아들였으나 정부는 치솟는 생필품 가격이나 집값을 통제하거나 여성 노동자에게 필수적인 보육기관을 확대하지 못함으로써 일하는 여성들과 그 가족들의 필요에 부응하지 못했다. 인터뷰에서 루스 영은 수많은 여성이 노동자이자 주부로서의 이중적 의무를 감당하지 못해 직장을 그만두고 있는 것에 대한 정부의 대응책이 고작 수천 장의 포스터를 제작하여 새로운 여성 노동력을 유인하는 미봉책일 뿐이라고 비판했다. 〈예쁜 포스터가 일하는 여성의 이직을 멈추지는 못할 것이다〉라는 제하의 기사에서 베티는 연방정부가 할 일은 멋진 포스터를 제작하기 위해 혈세를 낭비하는 것이 아니라 일하는 여성이 직면한 어려움을 해결할 근본 대책을 수립하는 것이라고 주장했다. 또한 베티는 루스 영을 인용하여 "계약 협상에서 정치활동위원회 운영까지 기회만 주어진다면 여성이 노조에서 어떤 일이든 할 수 있다"며 노조 활동부터 여성의 평등권이 이뤄져야 한다는 사실을 강조했다.[86]

베티가 작성한 기사에는 여성 노동자들이 겪는 고충이 주요 소재로 등장했다. 파업을 다룬 한 기사에서는 여성이 파업 노동자의 다수를 구성했을 뿐 아니라 노동자 가족으로 파업에 적극 참여했다는 점이 부각되었다. 전후 미국 사회가 전쟁 이전의 질서로 회귀하고자 할 때 여성들이 적극적으로 나서 혁신주의적 연대를 결성하며 노동자의 권리와 소비자의 권리를 옹호했음을 밝히는 기사도 있었다. 그는 "가정경제와 전체 경제시스템의 관계를 피부로 이해하는 이들도, 대기업이 소비자들을 이용하여 이익을 취하고 있다는 것을 이해하는 이들도 여성들"임을 강조했다.

특히 베티는 전쟁이 야기한 사회변화 속에서 여성의 역할을 새롭게 정의하는 움직임을 포착했다. 그는 노동계급 여성들과 거리를 두는 것을 당연시하는 중산층 여성들을 비판했고 계급의 경계를 넘어 파시즘에 맞서 싸우는 유럽 여성들의 노력을 높이 평가했다. 베티는 여성의 문제를 계급문제와 연관시켜 이해하면서 "여성의 진정한 대의는 이제까지 '여성클럽'을 독점해왔던 중산층이나 상류층 여성이 아니라 노동계급 여성으로부터 나와야 한다"고 주장했다.[87]

분리된 영역

당시 미국 사회에서 '동일노동에 대한 동일임금'과 같은 성평등 의제는 수용될 수 없었다. 여성이 머물러야할 자리는 가정으로 한정되어야 한 다는 19세기적 발상이 여전히 사회 곳곳에 스며들어 있었다.

남성과 여성의 활동영역이 다르다고 하는 소위 '분리된 영역separate sphere'의 담론은 역사적 발전 과정의 산물이었다. 산업사회 이전 시기 와 산업화 초기까지만 해도 여성은 상품생산의 전 과정에서 주요 역할 을 담당했다. 그러나 산업화가 가속화되면서 생산영역이 가정으로부터 공장으로 대거 이동되었고 이와 함께 성 역할 분화가 보다 분명하게 나 타났다. 미국에서 기혼여성의 역할이 가정 안에 한정되어야 한다는 '분 리된 영역'의 담론이 뿌리내린 것은 19세기 중반 무렵이었다.[88]

분리된 영역의 담론은 소위 '빅토리아적 여성상Victorian womanhood' 과 거의 동시에 대두했고 상호 영향을 미쳤다. 여기서 빅토리아는 영 국 빅토리아 여왕이 통치했던 빅토리아 시대(1837~1901)를 의미한다. 빅토리아적 여성상을 설명하는 핵심 용어가 가정성domesticity이다. 작 업장과 정치, 지식의 세계가 남성의 영역이라면 가정은 여성의 영역으 로 간주되었다. 빅토리아 시대 영국에서 가정에 헌신하는 여성은 '천 사'로 칭송되었다. 그러나 여성의 진정한 노동은 가정 안에서 이루어 진다는 이 담론은 경제적 필요에 의해 가정 밖에서 일해야만 하는 여 성 노동자들의 노동을 저평가하는 결과를 가져왔다. 여성 노동자는 근 본적으로 동일한 노동에 종사하는 남성 노동자 임금의 절반 정도밖에 받지 못했고 보다 높은 소득이 보장된 고급기술의 직업을 선택할 수 있는 기회가 차단되었다. 빅토리아적 여성상은 영국으로부터 시작되었으나 미국으로 전파되어 여성의 역할과 행동반경을 제한했다.[89]

빅토리아 시대의 '분리된 영역'의 담론은 20세기를 살아가던 베티에게도 영향을 미쳤다. 베티는 자신이 기자로서의 능력을 인정받았다고 믿었으나 어느 순간 '여성의 자리'로 되돌아가라는 무언의 압력을 받았다. 종전과 함께 돌아온 참전용사들이 직장으로 복귀하기를 희망했을 때 그들에게 자리를 내어준 것은 몇 년간 그 자리를 지켰던 여성 노동자들, 그리고 전시 노동시장의 팽창으로 노동시장에 유입되었던 유색인종 노동자들이었다. 특히 여성을 애국자로 선전하면서 전시 노동력을 확보하기 위해 노력했던 정부와 기업은 전쟁이 끝날 조짐이 보일 무렵부터 여성들에게 "본래의 자리인 가정으로 돌아갈 것"을 종용했다.

1946년 5월에 뉴스페이퍼 길드에 제출한 고충처리 요청서에 따르면 베티 역시 1945년 6월경 《연합신문》에서 해고되었다. 이후 그는 1946년 중반까지 비상근 기자로 근무했다. 베티는 여성인 자신이 스스로 인지하지 못한 채 제2차 세계대전에 참전한 남성 기자의 대체노동자로 간주되었고 남성 기자가 전쟁에서 돌아온 뒤 일자리를 잃게 되었다고 주장했다. 당시 뉴욕의 신문사에는 베티와 유사한 경험을 한 수많은 여성 기자들이 있었다. 그러나 인종과 젠더문제에서 급진적 성향을 견지했던 뉴스페이퍼 길드조차 조국을 위해 목숨 바쳐 싸웠던 참전용사들에게 본래의 자리를 되돌려줘야 한다는 입장에 섰고 결과적으로 유색인종 노동자들과 여성들이 과거의 이등시민으로 회귀하는 과정에 일조했다.[90]

냉전 반공주의의 여파

베티가 일자리를 잃게 된 배경에는 또 다른 요인이 작용했다. 종전과 함께 미국 사회는 '냉전 반공주의' 문화의 지배를 받았고 《연합신문》 같은 진보 성향의 매체의 판매부수가 급감했다. 베티가 20대에 경험했던 인민전선적 진보문화는 미국 사회와 문화의 특성상 매우 예외적인 것이었다. 미국인들의 마음속에서 공산주의와 사회주의, 마르크스주의는 오랫동안 위험하고 비미국적인 것으로 간주되었다.

노동자가 단결하여 생산수단을 확보하고 공평하게 이윤을 배분한다는 마르크스주의적 시나리오는 자유시장경제와 평온한 질서를 위협하는 악으로 간주되었다. 1917년 러시아혁명과 뒤이은 소련의 국가사회주의 정책, 신경제계획과 스탈린주의를 목격한 대다수 미국인은 위기가 바로 눈앞에 있다는 두려움을 느꼈다. 당시 대다수 미국인은 자유방임주의적 가치를 미국적 가치와 동일시했고 따라서 소련에서 발생한 것과 같은 사회주의혁명이 미국의 가치와 체제를 파괴할 것이라고 우려했다.

변화의 조짐이 나타난 것은 1930년대였다. 대공황이 장기화되면서 진정한 '미국적 시스템'이라고 불렸던 자본주의 위기론이 확산되었고 이는 미국적 가치와 시스템을 재점검하는 계기로 작용했다. 사실상 1930년대와 1940년대 초반은 미국 역사상 그 어느 때보다 사회주의에 대한 지지와 자본주의 비판이 거부감 없이 통용되던 시기였다. 1936년 재선에 출마했던 프랭클린 루스벨트 대통령은 선거 유세에서 공공연하게 자본가들을 비판했고 독점기업, 투기꾼, 무모한 은행, 전쟁상인들을

'구적'이라 칭했다. 이에 화답하듯 1936년부터 1944년까지의 세 번의 선거에서 미국 공산당은 공식, 비공식적으로 루스벨트를 지지했고 자본가들 다수는 루스벨트와 뉴딜에 반대하는 입장에 섰다.[91]

이러한 사회 분위기는 종전과 함께 빠르게 변화했다. 전쟁이 끝난 뒤 미국 자본주의는 그 어느 때보다 강했고 계급 갈등이 아닌 합의가 지배 담론이 되었다. 그러나 진보주의자들이 기대했던 실질적 민주주의 구축을 위한 일상의 변화는 나타나지 않았다. 평화로운 국제관계의 정착 역시 현실화되지 못했다. 한때 파시즘에 대항하는 공동전선을 구축했던 미국과 소련은 종전과 동시에 상대방을 적으로 규정했다. 소련과 미국의 관계가 우호관계에서 냉각 상태로, 그리고 적대관계로 변모하면서 1947년에 미국 외교정책의 결정권자들은 새로운 대결 구도의 틀을 제시했다. 그해에 트루먼 독트린과 마샬 플랜이 공표되었다. 1949년에는 서방 자유주의 국가 간 집단적 안전보장 구축을 목표로 하는 북대서양조약기구NATO가 출범했다.[92]

소련 공산주의의 '악마적 영향력'에 대한 국가의 대대적 선전은 대중의 두려움을 자극했다. 1930년대의 격변기에 급진주의 정서가 확산되는 것을 목격한 기성세대는 공산주의가 미국 사회 내부에 침투하여 미국을 전복시킨다는 반공주의자들의 시나리오를 설득력 있게 받아들였다. 사실 미국 공산당은 절정기에도 공식 당원 수가 8만 명을 넘지 않는 소수 정당이었다. 그러나 비당원이면서 스스로 공산주의자, 혹은 사회주의자를 표방하는 이들을 포함하면 1930년대 정치적 좌파의 영향력은 결코 무시할 수 없는 수준이었다. 미국 공산당은 베티 골드스타인과 같은 좌파 성향의 언론인이나 뉴딜 자유주의자들, 그리고 1935년

결성된 산업별노조연합CIO 노조활동가들과 노조원들의 다수에게도 영향을 미쳤다.[93]

1930년대와 1940년대에도 반공주의가 작동했으나 종전과 함께 반공주의는 더욱 강화되었다. 동유럽권에서의 소련의 영향력 확대와 1949년 중국 공산화, 미국 내 간첩 사건과 로젠버그 부부의 처형, 한국전쟁 발발과 같은 일련의 사건들이 공산주의의 위협을 더욱 실감나게 했다. 의회는 매커랜 국내보안법을 통과시켜 모든 급진주의 정치조직은 정부에 등록하고 기록을 공표하게 했다. 연방정부는 국가비상사태를 선포함으로써 공산주의자의 구금을 정당화했다. 1950년대에 반공주의는 매카시즘으로 명명된 일련의 정치문화로 재탄생했다.

매카시즘은 위스콘신 출신의 공화당 초선 상원의원 조지프 매카시로부터 유래했다. 1950년 2월, 웨스트버지니아의 공화당 여성클럽에서 연설하던 매카시는 미국 국무부의 공무원 중 공산당원 205명의 명단을 갖고 있다고 주장했다. 그가 명단을 공개한 적이 없음에도 그의 발언은 엄청난 파장을 일으켰다. 각종 매체는 매카시의 주장을 여과 없이 대서특필했고 공산당원 색출운동이 전국으로 확대되었다. 정부기관과 학교, 대중매체 종사자들 중 상당수가 특별한 근거 없이 공산주의자, 공산주의 동조자로 지목받아 청문회에 섰고 해고당했다. 청문회에서 묵비권을 행사한 수많은 사람들 역시 해고되거나 사회적으로 매장되었다. 수많은 미국 시민이 헌법이 보장한 시민권의 보호를 받지 못한 채 직장에서 해고되고 암흑의 시기를 보냈다.[94]

매카시즘은 전국의 인민전선 조직을 파괴시켰고 노동운동과 연대했던 이들의 삶을 변화시켰다. 공산주의자와 공산주의 동조자는 물론이고 인민전선 문화의 영역에서 활동했던 이들이나 반핵·반전 시위의 단순 참가자까지 청문회에 소환되거나 직장에서 쫓겨났다. 블랙리스트에 오른 작가와 영화감독, 배우들이 미국을 떠나거나 활동을 중단했다. 반공주의는 노동운동과 진보적 사회운동, 그리고 진보 성향의 단체와 조직 전반에 타격을 가했다.[95]

  이러한 상황에서 진보 성향의 언론매체들 역시 변화를 겪었다. 판매 부수가 급감한 것은 물론이고 자칫 '빨갱이 사냥'의 표적이 될 수 있었다.《연합신문》을 포함한 진보 매체들은 고육지책으로 급진적 논조를 줄여나갔다. 그러나 베티는 신문사 안팎의 압력에 굴복하거나 순응하기를 꺼렸다. 1945년부터 베티는 신문사 주간 등 내부 구성원들과 갈등을 겪었다. 이러한 상황하에서 인원 축소 문제가 발생했다. 베티에 의하면《연합신문》책임자들은《연합신문》이 송고하는 기사가 주요 신문사에도 받아들여지기를 바랐고 베티 프리단의 급진주의적 열정이 "주체할 수 없게" 될 것을 우려했다.[96]

《유이UE 뉴스》

《연합신문》을 그만둔 뒤에도 베티는 여전히 기자로서의 삶을 이어갔다. 그는 자신의 경력을 바탕으로 전기노조UE에서 발간하는《유이 뉴스UE News》에 지원했다.《연합신문》기자 시절 취재를 통해 전기노조가 급진적 노동운동의 선봉에 있다는 것을 익히 알고 있었고 전기노조와 긴밀한 관계를 유지해왔던 터였다. 전기노조는 거의 예외적으로 흑인과 여성 노동자들의 평등을 위해 목소리를 내는 노조였다. 정치적 성향뿐 아니라 사회적 지향성의 측면에서 급진적 노조의 선봉에 있었다.[97] 입사지원서에 그는 "진심과 열정을 다하여 미국을 구성하는 노동인민의 희망과 투쟁, 낭만을 기록할 것"이라는 포부를 밝혔다. 1946년에 베티는 《유이 뉴스》에 입사했고 1952년까지 재직했다.

베티는 여전히 정치적이었고 사회문제에 관여했으며 흑인과 노동자, 전쟁의 위협, 반공주의에 대해 급진주의적 입장을 취했다. 그는 이 시절을 다음과 같이 회고했다. "전쟁이 끝난 뒤 나는 매우 정치적이었고 사회참여적이었으며 급진주의자였다. 물론 여성에 관해서만 그러한 것은 아니었다. 1949년의 시점에서 급진주의라고 하면 여성문제뿐 아니라 흑인과 노동계급, 세계대전, 반미활동조사위원회와 매카시, 충성 맹세, 공산주의의 분열과 분립, 러시아·중국·유엔에 대한 관점에서 급진주의자임을 의미했다."[98] 그러나 이 시기에도 역시 베티는 이데올로기 그 자체보다 정책에 더 큰 관심을 가졌다. 《유이 뉴스》 기자 시절에 베티가 썼던 기사에는 건강보험, 정부 지원 육아정책, 노동자와 소수인종 여성들의 권리 증진에 대해 분석한 기사들이 포함되었다.[99]

베티가 1946년부터 근무한 《유이 뉴스》는 냉전기 보수화된 미국 사회에서는 한 점의 섬과 같았다. 베티와 그의 동료 기자들은 여전히 사회변혁에 대한 희망을 버리지 않았다. 당시 미국에서 가장 급진주의적이었던 전기노조는 미국 내 소수자와 여성 노동자들의 권리 향상을 위해 적극적으로 싸웠던 몇 안 되는 노조 중 하나였다. 그러나 베티가 《유이 뉴스》에서 활동하던 시기는 미국에서 급진주의 노조운동이 전반적으로 쇠퇴하는 시기였고 반공주의의 외부적 압력뿐 아니라 내부의 노선투쟁이 유례없이 격화되었다. 사회 분위기가 급격히 변화하는 상황에서도 베티는 지속적으로 노동자들의 파업과 노동 협상, 파업이 노동자와 가족에게 끼친 영향에 관한 기사를 썼다. 그는 반노동정책을 펼치는 트루먼 행정부와 반미활동조사위원회, 그리고 급진주의 노조에 등을 돌리고 대자본과 타협한 노동지도자들을 비판했다. 베티는 탐욕적인 기업과 기회주의적인 정치인에 맞서 싸우는 평노동자들의 역할을 강조했고 그들의 투쟁을 지지했다.[100]

1946년 결혼을 기점으로 스스로 일하는 여성의 위치에 서게 된 베티는 여성 노동자의 문제에 더욱 집중했다. 편집장이 1947년 발생한 파업 취재를 지시하면 베티는 파업이 가족과 노동자에게 어떠한 영향을 미치는가에 관한 기사를 작성했다. 베티는 주부가 지불하는 가격은 통계나 희망적 사고에 근거한 것이 아니라 제한된 돈으로 가족을 먹여살려야 한다는 실제적인 경험과 고민으로부터 나온 것임을 지적했다. 그는 여성을 위한 정의를 확립한다는 것은 노동자와 흑인의 권리를 확보하는 일반적 투쟁과 분리될 수 없는 것임을 강조했다.[101]

노동신문 기자로 활동했던 10여 년은 베티에게 현실에서 여성노동과 성차별을 인식하고 이에 대한 자신의 생각을 정립하는 시기였다. 학부 시절에 도로시 더글라스 교수의 수업을 통해 여성문제에 눈을 뜨기 시작했고 대학원에서 시작한 마르크스주의 공부 모임에서 계급과 여성문제를 보다 깊이 학습했다면 기자 시절의 그는 이론과 현실을 접목하면서 관점을 발전시켰다. 그러나 그는 이 시기에 노동신문 같은 진보 매체나 급진주의적 조직조차 여성 평등을 실천에 옮기지 못한다는 사실을 절실하게 깨달았다. 노동신문이 글을 통하여 여성 평등을 주창할

수는 있다고 해도 이를 일상 속에서 실행하는 데에는 미흡했다.《연합
신문》에서 해고되는 과정에서 이미 성차별을 경험했던 것과 비교하면
《유이 뉴스》의 처우는 상대적으로 양호했다.《유이 뉴스》가 양성 평등
을 표방했던 전기노조의 기관지인 만큼《유이 뉴스》역시 여성 기자들
의 평등한 권리를 보장했고 베티는《유이 뉴스》에서의 기자 생활을 보
람있게 여겼다.[102]

04...
냉전시대 교외의 가정주부

결혼

20대 중반까지 베티의 삶이 개인적 목표와 사회적 이상의 두 축을 중심으로 돌아갔다면 결혼과 함께 가정이라는 영역과 주부라는 새로운 역할이 더해졌다. 베티 골드스타인이 남편인 칼 프리단Carl Friedan을 처음 만난 것은 1946년이었다.

칼 프리단은 잘 생긴 외모에 지적이고 매력적인 유대인 공연제작자였다. 칼은 파병 미군을 대상으로 유럽에서 위문공연을 기획하고 제작했다. 베티가 그를 처음 만났을 때 그는 미국으로 돌아와 뉴저지에서 실험극단을 창단한 지 얼마 되지 않았다. 베티와 칼은 사랑에 빠진 연인들이 그러하듯 상대방에게서 자신과 유사한 것을 찾아 확대해석했다. 두 사람 모두 전통적이지 않은 전문 분야에 종사하고 싶어 했고 사회문제에 대해 진보적 시각을 갖고 있었다. 탐정소설 읽기나 바닷가 산책이 취미인 것도 같았고 지나치게 간섭적인 어머니로부터 해방되기를 원했던 것도 비슷했다.

두 사람은 만난 지 9개월이 되던 1947년 6월에 시청에서 조촐하게 결혼식을 올렸다. 결혼 후에도 베티는 《유이 뉴스》에서 근무했고 결혼 전 이름을 고수했다. 당시 칼은 고정 수입이 없었기 때문에 그들은 베티가 살던 맨해튼의 작은 아파트에서 신혼살림을 시작했다. 신혼 초기까지만 해도 베티의 삶은 미혼 시절의 삶과 크게 다르지 않았다. 부부는 그리니치 빌리지에 사는 여느 젊은 지식인들처럼 자유로운 보헤미안적 삶을 즐겼다.[103]

이듬해 첫째 아들 대니얼이 태어났다. 출산과 육아는 베티의 세계를 변화시켰다. 베티는 "혼자 된다는 것에 대한 병적인 두려움"이 결혼을 택하게 했다고 회고했다. 칼 프리단은 베티의 외로움을 덜어줄 인물로 보였다. 그러나 베티는 짧은 허니문 시절이 지난 후 부모 역할을 담당하면서 칼이 자신이 바라던 남편의 모습과 크게 다르다는 것을 깨달았다.

무엇보다 칼은 평등한 결혼에 대한 베티의 희망을 공유하지 않았다. 베티는 결혼을 통해 행복과 안정을 추구했으나 직장 생활을 병행하는 결혼 생활은 그에게 고달픔만 안겨줬다. 출산과 육아는 베티가 삶에서 소중하게 여겼던 많은 것들을 포기하게 했다. 베티는 일과 정치 활동, 가정 생활의 균형을 잡고 싶어 했으나 그 바람은 쉽게 이룰 수 없었고 베티가 조금 더 노력하려고 움직이면 칼과의 갈등 상황이 발생했다.[104] 1969년 결혼이 파국에 이른 뒤 1971년 인터뷰에서 칼은 "그 여자는 어머니이자 주부로서의 역할에 충실한 적이 결코 없었다"며 노골적으로 불만을 드러냈다.[105]

첫 아이를 임신하고도 계속 직장 생활을 했던 베티는 틈틈이 자연분만 교실에 다니고 모유 수유를 위한 정보를 수집하면서 출산 준비를 했다. 《유이 뉴스》에는 출산 후 육아휴직을 신청했다. 당시 유급 육아휴직은 6주까지 가능했으나 베티는 무급휴직 기간을 포함하여 총 1년의 휴직을 신청했다. 《유이 뉴스》가 출산 11개월 뒤에 복직 명령을 내렸을 때 베티는 근무시간 동안 아기를 돌봐줄 사람이 필요했고 결국 베이비시터에게 자신의 월급을 거의 지불해야만 했다. 복직한 뒤 베티는 너무 일찍 아기를 떼어놓는 것에 대해 죄의식을 느꼈다. 결국 그는 근무시간 조절을 위해 협상했다. 아침 일찍 아기를 돌본 뒤 늦게 출근해 일을 하고 오후 5시에 퇴근하는 것이었다. 베티가 신속하게 일처리를 했기 때문에 다행히 베티의 근무시간이 줄었다고 불평하는 동료들은 없었다. 그러나 베티는 더 이상 출장이나 야근이 필요한 취재를 담당할 수 없었다.[106]

이 시기 베티의 삶이 고통으로 얼룩진 것만은 아니었다. 베티는 새롭게 경험하는 어머니라는 역할을 꽤 열심히 했고 또 즐겼다. 어린 대니얼을 유모차에 태워 공원을 산책했고 베이비붐 세대의 경전이었던 벤자민 스포크 박사의 《유아와 아동육아Baby and Child Care》(1946)를 정독한 뒤 책에서 가르쳐준 내용을 실생활에 그대로 적용해보았다. 베티는 대니얼이 자신에게 예기치 않은 선물과 같았다고 회고했다.[107]

그러나 아이가 태어난 뒤 부부 사이는 오히려 멀어졌다. 베티의 육아휴직이 거의 무급이었기 때문에 칼은 혼자 가족을 부양해야 할 재정적 의무를 버겁게 느꼈다. 결국 칼은 가족 부양을 위해 소극장을 그만두고 소규모 광고회사를 운영했다. 다른 것을 희생해서라도 연극계에서 성공하고 싶었던 칼은 더 이상 자신이 꿈꾸던 일을 할 수 없다는 좌절감에 시달렸다.[108]

파크웨이 빌리지와 마을공동체

첫 아이가 태어난 뒤 베티와 칼은 맨해튼의 원룸 아파트를 떠나 퀸즈에 위치한 파크웨이 빌리지라는 가든형 아파트에 정착했다. 1947년에 완공된 파크웨이 빌리지는 유엔 직원과 각국의 유엔 파견자들을 위해 세워졌다. 재향군인과 기자도 파크웨이 빌리지 입주 신청을 할 수 있었다. 베티와 칼 부부는 처음 파크웨이 빌리지를 방문했을 때 좋은 인상을 받았다. 입주자 대부분이 유엔 직원, 혹은 세계 각국의 파견자들이었던 파크웨이 빌리지는 지구 공동체의 축소판 같았다. 파크웨이 빌리지는 도시 내부에 건설되었지만 전형적인 교외 지역의 공동체 외양을 띠고 있었다. 타운 중앙에는 상가가 있었고 공유 공간이 있었으며 양옆으로 가로수 길이 늘어섰다. 식민지식 지붕의 2층 붉은 벽돌 건물에는 4개에서 5개의 방이 있었다. 프리단 부부는 이 집을 계약했고 이후 6년간 이곳에 머물렀다.[109]

한 달에 118달러 50센트의 월세를 지불하는 것이 부담이 되었으나 프리단 가족은 파크웨이 빌리지에서의 생활에 만족했다. 베티와 칼은 신혼 초의 보헤미안적 생활방식을 완전히 버렸다. 이 시기에 베티는 여느 중산층 주부처럼 가구와 물건에 관심을 보이고 사들였다. 베티는 그가 젊은 시절 경멸했던 부르주아라는 단어를 더 이상 사용하지 않았다. 어떤 면에서 그는 그 시대의 중산층적 가치를 공유하는 삶을 수용한 것처럼 보였다. 그러나 그가 새로운 환경에 잘 적응할 수 있었던 것은 무엇보다 파크웨이 빌리지 단지에 거주하는 이웃과 형성한 공동체 생활의 덕이 컸다.

파크웨이 빌리지에 사는 다양한 국적의 구성원들은 문화와 생활습관은 달랐지만 아이를 양육하는 젊은 부모들이라는 공통점이 있었다. 자녀 양육이 그들의 삶을 긴밀하게 엮었다. 베티는 아이들을 함께 돌보는 공동육아를 실험했다. 이웃과 아이들을 함께 양육할 뿐 아니라 주말에는 공용 잔디밭에서 바비큐 파티를 했고 추수감사절이나 크리스마스, 혹은 유월절 저녁식사를 함께했다. 휴가 기간 동안 사용할 집을 공동으로 빌리기도 하면서 그들은 거대한 공동가족이 되었다.[110] 베티는 이후 파크웨이 빌리지에서 발행되는 마을신문의 편집장 역할을 하며 마을공동체를 구성하는 데 중추적 역할을 했다.

둘째 임신과 해고

한편 베티는 1952년 봄에 둘째 아들 조나단을 임신했다. 그러나 임신 중에 베티는 감정적인 어려움을 겪었다. 둘째를 임신한 기간 내내 남편 칼은 자신의 일에만 몰두하면서 가족을 등한시했다. 간혹 그는 일을 핑계로 집에 들어오지 않았다. 베티는 칼이 결혼 전 사귀던 여성을 다시 만나는 것을 알게 되었다. 칼의 외도는 몇 달 후 끝났으나 그 사건이 부부의 신뢰에 끼친 상처는 오래도록 남았다.

베티와 칼은 둘 다 강하고 불 같은 성격이 소유자들이었고 한번 싸우기 시작하면 쉽게 끝을 내지 못했다. 재정적 압박이 갈등을 심화시켰다. 칼은 안정적인 직장을 갖지 못했고 베티는 재정문제에 지속적으로 불만을 표시했다. 어린 시절 베티는 자신의 어머니가 아버지에게 재정

문제로 잔소리하는 것을 끔찍히 싫어했다. 어느새 베티 역시 같은 문제로 남편에게 언성을 높이고 있었다.[111]

둘째의 임신은 예기치 못한 문제를 야기했다. 그가 성평등 지향적 직장으로 자랑스러워했던 《유이 뉴스》에서 권고사직 형태로 해고를 당한 것이다. 첫 아이 임신과 마찬가지로 그가 사용할 육아휴직이 회사 업무에 차질을 준다는 것이 해고의 암묵적 이유였다. 기자로서 능력을 인정받았다고 생각했던 베티는 해고를 전혀 예측하지 못했다. 육아휴직은 조합원으로서의 권리라고 생각했던 베티는 언론노조인 뉴스페이퍼 길드에 고충 처리를 신청해 복직 투쟁을 했다. 그러나 뉴스페이퍼 길드는 그의 고충을 인정하지 않았다. 임신과 육아휴직은 회사 업무에 차질을 주는 행위이므로 결과적으로 그의 잘못이라는 것이었다. 베티는 언론노조인 뉴스페이퍼 길드조차 작업장의 성차별을 인정하지 않는다는 사실에 실망감을 금치 못했다. 후일 베티는 이 사건이 자신으로 하여금 페미니즘을 깊이 생각하게 만든 일 중 하나였다고 회고했다.[112]

임신이 해고의 주요 사유였던 것은 사실이지만 당시 상황은 보다 복잡했다. 1950년대 초반에 《유이 뉴스》의 구독자가 절반으로 줄면서 회사로서는 인력을 감축해야만 했던 상황이었다. 《유이 뉴스》 구독자들은 급진적인 전기노조의 조합원들이었고 1940년대까지 조합원의 다수가 당시로서는 합법 정당이었던 공산당의 당원이거나 공산당에 동조하는 이들이었다. 전후 반공주의의 확대와 1947년 태프트-하틀리 법 제정, 그리고 1949년에는 산업별노조연합CIO 내부의 파벌정치로 이어지는 변화 속에서 친공산당 계열, 혹은 공산당 동조자들로 구성된 것으로 여겨진 노조들은 산업별노조연합에서 제명되었다. 전기노조도 여기에 해당되었다. 이후 전기노조의 조합원 수는 기존의 3분의 1로 줄어들었고 이는 구독률 하락으로 이어졌다. 대규모 인원 감축을 앞둔 《유이 뉴스》 편집장은 1년 휴직이 예정된 베티를 권고사직 대상에 포함시킨 것이었다.[113]

급진주의자 베티 골드스타인에서 페미니스트 베티 프리단으로

분노를 삭일 충분한 시간이 지난 뒤 베티는 자신을 돌아보았다. 노동신문 기자로서의 베티의 영향력은 제한되어 있었다. 그의 기사를 읽는 이들은 이미 급진적 변화를 갈망하는 이들이었다. 따라서 그가 쓴 기사가 아무리 강력한 메시지를 담고 있더라도 그의 글이 더 광범위한 독자에게 닿아 노동자들의 삶을 개선하는 데 일조하기는 어려울 것임을 예상할 수 있었다. 또한 베티의 독자들인 노동자들 역시 냉전시대 소비문화에 젖어들었다(고 그는 이후 생각했다). 베티 역시 늘 노동자들의 생활수준이 높아져야 한다는 점을 강조했다. 그러나 베티가 개별 노동자의 생활수준 향상을 공동체 구성원 전체의 생활, 그리고 그것을 가능하게 할 사회변혁과 연동시켜 생각했던 반면 그의 눈에 비친 1950년대의 소비자이자 노동자들은 사회변혁에 대한 열망을 저버린 채 자기 월급봉투에만 관심을 갖는 것처럼 보였다.

물론 베티는 매카시즘과 같은 제약조건들이 노동계급을 위한 혁명적 변화를 어렵게 할 뿐 아니라 미국적 삶의 양식에 순응할 것을 강요하고 있음을 간과하지 않았다. 변혁의 주창자는 위험인물로 낙인찍혔고 수많은 사람들이 매카시즘의 광풍 속에서 직장을 잃고 사회적으로 매장되었다. 당시 냉전기 미국 사회는 그 어느 때보다 가족의 가치를 강조했다. 가족의 안전과 전통적인 가치를 최우선으로 하는 사람들이 미국 사회의 중추로 추앙되었다. 베티는 매카시즘의 위협에 노출된 삶으로부터 가정이라는 안전한 세계로 반강제로 돌아가게 되었다. 그리고 그는 새로운 삶에 대해 다시금 적극적으로 의미를 부여하려고 했다.

> 요리나 목공처럼 스스로 할 수 있는 구체적이고 손에 잡히는 실체, 학교 위원회와 지역 공동체에서 가져올 수 있는 변화의 놀라운 효율성 같은 것들이 우리가 한때 전위라고 생각했던 세계혁명의 분열적이고 위험한 정치보다 훨씬 더 실용적이고 안전했다.[114]

베티의 경험은 보편적인 냉전기 미국 사회를 배경으로 하여 이해할 수 있다. 역사가 일레인 T. 메이의 《귀향: 냉전시대 미국의 가족》(1988)은 가족을 화두로 그 배경을 상세히 묘사했다. 하나의 전쟁이 끝나고 새로운 전쟁의 여운이 드리워진 냉전 초기 불확실성의 세계에서 '유일하게 안전한 곳', '풍요의 비전을 공유하는 곳'이 가정이었다. 메이는 당시 미국인들이 두려워한 것은 소련 공산주의라는 외부의 위협이 아니라 내부로부터의 분열과 전복이었음을 지적했다. 미국적인 삶의 방식을 뒷받침하는 전통적 가치와 그 가치에 대한 합의가 사회적으로 강제되었다. 사회 전체를 관통하는 합의에 파열이 생기는 순간 공산주의 이데올로기 같은 불온사상이 전염병처럼 확산되어 미국 사회의 기강을 흔들고 정치구조를 와해시킬 것이라는 주장이 매체와 지식인들의 입을 통해 전파되었다. 불안정한 세계에서 개인은 가정이라는 안전한 요새로 돌아감으로써 두려움을 경감시키려 했다. 냉전시대에 가정은 불안정과 두려움의 외부 세계에 맞선 최고의 방어벽이었고 여성은 아내이자 어머니로서 가정을 지키는 파수꾼 역할을 했다.[115]

진보적인 매체에서의 두 번의 강제 해고는 베티 프리단이 기존의 급진주의운동에 대해 실망해서 거리를 두는 계기로 작용했다. 미국에서는 1940년대 중반을 전후하여 전향하는 좌파 지식인들이 상당수 있었다. 이들 중 일부는 냉전 정치문화와 매카시즘에 대한 두려움으로 불가피하게 과거 행적과 정치 성향을 감췄지만 다수의 좌파 지식인들은 소련 공산주의의 전체주의적 면모와 동유럽 국가에 대한 지배 방식에 대한 실망 때문에 현실 사회주의로부터 돌아섰다.

베티 프리단의 경험에서 볼 수 있듯 진보적 여성들의 경우 또 다른 이유가 추가되었다. 그들이 보기에 평등을 표방하는 진보단체들이 스스로 내세우는 가치에 부합하는 실천을 하지 못했고 진보적이라는 남성들이 실제로 여성의 평등권을 부정했다. 평등을 위해 투쟁한다는 진보 남성들이 드러내는 남성 우월주의적 행태는 진보단체에서 활동했던 여성들로 하여금 노조나 진보매체, 혹은 진보정당에 거리를 두게 만드는 계기가 되었다.[116]

《파크웨이 빌리저》 편집장

베티는 《유이 뉴스》를 그만두고 일종의 안도감이 들기도 했다고 이후의 글에서 회고했다. 직장을 잃음으로써 경제적 어려움을 겪기는 했지만 적절한 도움 없이 일과 양육을 병행하기란 쉽지 않았다. 늘상 베이비시터를 구해야 했고 직장에서는 근무시간과 관련하여 아쉬운 소리를 해야 했다. 매일 출근해야 하는 번거로움으로부터 해방되어 집에서 작업한다는 것은 자신의 노동시간을 통제할 수 있음을 의미했다.

그러나 집에서 일과 양육을 동시에 수행하면서 베티는 자신의 정체성에 대해 재고하게 되었다. 가정으로 돌아왔다고 해서 온전히 주부로만 살겠다는 생각은 없었다. 그는 스스로를 여전히 글 쓰는 사람이자 개혁가로 여겼다. 자신이 속한 자리에서 그 일을 하고 싶어 했던 베티는 마을공동체로 눈길을 돌렸다. 베티는 1952년 2월부터 파크웨이 빌리지에서 발행되는 마을신문 《파크웨이 빌리저》 편집장을 맡았고 그 시점부터 '베티 골드스타인'이 아니라 '베티 프리단'이라는 이름을 사용했다.

베티가 편집장이 되기 전까지 《파크웨이 빌리저》는 지역에서 발생하는 소소한 사건에 대한 정보나 요리법으로 지면을 채웠다. 그러나 베티는 그와 같은 방식으로 마을신문을 발행할 생각은 추호도 없었다. 그는 이제까지 그러했듯 대의를 위해 주변의 지지를 이끌어낼 방법을 모색했다. 마을공동체 안에서 그는 위원회를 조직했고 보도자료를 배포했으며 모임을 주관했다. 단지 변화가 있었다면 교외의 마을공동체에 거주했던 베티의 주요 관심사가 노동문제가 아니라 마을공동체 문제였다는 것이었다. 그가 《파크웨이 빌리저》에 처음 기고한 기사는 중산층 여성과 가족에 관한 것이었다. 그 기사에서 베티는 인종적으로 통합된 마을공동체 안에서 작동하는 협동의 가치와 이를 키워나가는 여성의 역할을 부각시켰다. 또한 마을공동체의 인종적·문화적 다양성이 사회에 끼치는 긍정적 영향에 대해 묘사했다. 1950년대 초반 미국 전역에서 발생했던 '집세 인상 파업rent strike'에 대한 상세한 기사를 작성하기도 했다. 매카시즘에 대해 단호히 비판한 글도 있었다.[117]

정체성 위기

베티 프리단이 파크웨이 빌리지의 경험을 여성지에 기고한 적이 있다. 글에서 그는 주부이자 어머니의 의무에 몰두하는 미국 여성들이 외국에서 온 여성들의 눈에는 이상하게 보인다고 했다.[118] 그것은 베티 스스로 느끼는 문제이기도 했다. 베티 프리단은 파크웨이 빌리지의 생활을 즐겼지만 다른 한편 어머니로서의 의무가 최우선이 되어 자신이 소중하게 생각해왔던 일과 사회변화라는 관심사가 뒤로 밀린 것을 불편하게 여겼다.

정체성에 대한 고민이 심해진 것은 《유이 뉴스》를 그만두고 둘째 아이 조나단을 임신했을 무렵이었다. 한동안 글쓰기조차 하지 못하고 집안일에 전념했던 베티는 심한 무기력증에 사로잡혔다. 자아를 상실하고 있다는 생각에 괴로워했다. 가정으로 돌아왔으나 과거의 일들과 단절된 주부로서의 삶은 그의 내면에 깊은 고립감을 심어주었다. 우울증에 시달리던 베티는 다시 심리치료를 받기 시작했고 그 과정에서 자신의 정치적 여정을 반추했다. 그때 그의 마음에 묻어두었던 스미스대학 시절이 선명하게 떠올랐다. 베티는 자신이 그 시절에 정체성을 형성하고 가치관을 확립했으며 이후 살아가는 데 중요한 많은 것들을 배웠다는 것을 새삼 깨달았다. 심리학을 공부했다는 것을 다행이라 생각했고 학업을 이어나가지 않은 사실을 새삼 아쉬워했다.[119]

베티 프리단이 작성한 글에는 버클리대학교 대학원을 떠났던 1943년부터 《유이 뉴스》를 그만둔 1952년까지의 시기를 '모라토리엄', 즉 활동 중단의 시기로 규정하는 표현이 나타난다. 모라토리엄은 에릭 에릭슨의 이론에 나타나는 용어이다. 에릭슨에 의하면 모라토리엄은 인간이 '실제 삶'에서 벗어나 자신의 정체성을 적극적으로 찾는 시기를 의미한다. 에릭슨은 "자유로운 역할 실험을 통해 개인이 자신이 속한 사회 영역의 일부에서 틈새를 발견하는 시기이며 그 틈새는 확고하게 규정되어 있으나 고유한 방식으로 개인에게 작동된다"[120]고 설명한다.

베티 프리단은 노동신문사를 떠난 이후 자신을 냉정하게 되돌아보았다. 그는 고유한 인격을 지닌 개별적 인간으로서 정의롭고 평등한 사회를 만들기 위한 대의를 위해 헌신했다. 그러나 사실 그는 대의를 위한 도구로 사용되었다. 조직 안에서 존재가치가 떨어졌을 때 그는 언제든 대체될 수 있는 일개 노동력이었을 뿐 독립성과 개별성을 지닌 한 인간으로 존중받지 못했다. 그는 학업을 계속했더라면 지금과 다른 길을 걷고 있을지 모른다는 후회를 했던 것으로 보인다. 그는 지적 작업에 대한 자신의 열정이 수면 아래로 가라앉았다고 했고, 공부를 포기하고 선택했던 자신의 여정이 독립적 인간으로 성장할 수 있는 기회를 차단했

다고 했다.[121]

1950년대에 베티 프리단은 과거에 대한 인식의 단절을 대가로 마음의 치유를 얻었다. 그의 감정은 정상 상태로 돌아왔지만 과거 가치관의 일면을 수면 아래로 잠재웠다. 모라토리엄을 지나면서 그는 자신을 둘러싼 사회 안의 틈새에서 자신의 역할을 새롭게 모색했다. 그 과정에서 그는 자신이 당한 차별의 근원에 여성문제가 있다는 것, 그리고 그 문제는 사회의 모순과 깊은 관계를 맺고 있다는 것을 인식했다. 그에게 남겨진 선택은 단 하나, 자신을 옥죄는 틀을 깨고 자기실현으로 나아가는 그 길을 찾는 것이었다.

교외 중산층의 가정주부

1956년경 베티와 칼 프리단은 파크웨이 빌리지를 떠나는 것을 진지하게 고려했다. 가깝게 지내던 이웃들이 그 무렵 대부분 파크웨이 빌리지를 떠나 교외로 이주하면서 프리단 가족은 파크웨이 빌리지에 예전과 같은 애착을 갖지 않게 되었다. 셋째를 임신하면서 더 넓은 집이 필요했던 것 역시 이사를 고려한 이유였다. 뉴욕시에서 멀리 떨어지지 않은 지역을 선호했던 프리단 가족은 허드슨강 서쪽의 스네든즈 랜딩이라는 지역에 위치한 집을 계약했다. 1956년 4월에 이사한 뒤 5월에 딸 에밀리를 출산했다.

그러나 교외로 옮기면서 재정적 문제가 발생했다. 지출은 증가했는데 수입은 그대로였다. 당시 칼은 홍보회사를 다니면서 대략 1년에 1만

3천 달러 정도의 수입을 올렸다. 프리단은 프리랜서 작가로서 4천 달러에서 7천 달러 정도를 벌었다. 스네든즈 랜딩의 월세는 6백 달러로 파크웨이 빌리지의 두 배가 넘었다. 겨울철 난방비는 예상외로 비쌌다. 프리단 가족은 식료품비를 절약하는 것도 모자라 낮에는 최소의 난방을 하면서 두꺼운 옷을 입고 겨울을 났다.

이 시기에 프리단 가족의 가정경제는 늘 적자 상태였고 베티는 끊임없이 돈문제를 걱정했다. 그는 여성지에 더 자주 글을 기고하여 만성적 적자 상태를 해결하려고 했다. 그러나 글을 쓸 시간을 위해서는 아이들을 돌봐줄 베이비시터가 필요했다. 베티는 프리랜서 작가로 일해서 번 돈으로 베이비시터를 고용했다. 간혹 완성된 원고가 여성지 편집자의 취향에 맞지 않아 게재 거부를 당하면 글을 실어줄 다른 잡지사를 물색해야만 했다.[122]

스네든즈 랜딩에서의 첫 겨울을 보내고 프리단 가족은 집을 구매하는 것이 경제적으로 더 나은 선택이라고 판단했다. 얼마간의 탐색 기간을 거친 뒤 프리단 가족은 로클랜드 카운티의 작은 마을의 집을 구입하기로 결정했다. 베티가 아버지로부터 받은 유산 2만 5천 달러를 선금으로 내고 나머지는 주택융자를 얻었다. 1950년대의 많은 젊은 부부들과 마찬가지로 프리단 부부도 교외의 생활방식에 맞추어 자신들의 미래를 저당잡혔다.

다른 젊은 부부들이 대개 1950년대에 교외에 지어진 규격화된 집을 구매했던 것과 달리 프리단 부부는 1868년에 지어진 빅토리아풍 맨션을 구입했다. 그 집은 베티가 어린 시절을 보냈던 블러프스의 저택을 연상시켰다. 허드슨강을 내려다 볼 수 있는, 낡았지만 아름다운 빅토리아풍의 저택을 마음에 들어 했던 베티는 집을 구입한 뒤 많은 시간을 집수리에 할애했고 가족과 함께 중고가구점을 돌면서 집에 어울릴 만한 가구들을 찾아다니며 주말을 보냈다.[123]

프리랜서 작가

로클랜드 카운티에 정착한 뒤에 베티의 모습은 외견상 전형적인 교외 주부들의 이미지와 크게 다르지 않았다. 베티는 아이들을 돌보고 집안일을 하고 학부모 회의에 참석했다. 단지 전업주부들과 달리 그는 주부로서의 역할과 작가로서의 일 사이에서 균형을 잡기 위해 노력했다. 그는 새로운 삶에 적응해나갔고 나름의 의미를 찾았다.

프리랜서 작가로서의 작업은 특정 주제를 선택하고 연구하고 사회적으로 환기시키는 글쓰기를 하는 모든 독립적 과정을 포함한다. 이는 고등학교 시절 이후 그가 즐겨 했던 일이다. 무엇보다 베티는 프리랜서로 활동함으로써 자신의 시간을 융통성 있게 쓸 수 있다는 것을 장점으로 여겼다.

프리랜서 작가로 인지도를 쌓은 베티는 《맥콜》, 《굿 하우스 키핑》, 《레이디스 홈 저널》 같은 주요 여성지에 꾸준히 글을 기고했다. 이미 그는 여성지 편집자들이 선호하는 작가들 중 한 명이 되었다. 베티가 투고하는 글들은 대부분 여성지에 자주 등장하는 '행복한 주부'들과 다른 특징을 보였다. 그는 주로 일과 가정 사이에서 균형을 잡기 위해 분투하는 독립적 여성에 대한 이야기를 글의 소재로 삼았다. 자신과 이웃들의 경험이나 공동육아, 협동조합 공동체를 글로 풀어나가기도 했고 디자이너나 배우 등 사회적으로 성공한, 일하는 여성들을 글에 담기도 했다. 간혹 여성지 편집자들이 '행복한 주부'의 상에 부합하도록 글을 수정해줄 것을 요구하면서 베티와 갈등을 빚거나 게재를 거부하는 일이 발생했다.[124]

여성지들은 이상적인 여성상을 정형화했다. 일하는 여성은 현실적으로 비참한 삶을 살고 있고, 일과 직장이라는 올가미로부터 벗어나 행복을 찾기 위해 여성이 할 수 있는 현명한 선택은 곧 결혼이라는 것이었다. 여성지들은 다음과 같이 조언했다.

당신의 경력에 대해서는 잊으라. 여성이 되어 가정을 일궈라. 가급적 대가족일수록 좋다. 무엇을 위해 일자리를 놓고 경쟁하는가? 무엇을 위해 남성 세계의 고된 노동을 수행하는가? 실패할 위험을 무릅쓸 필요도 없고 남성들이 당신을 원망하게 만들 필요도 없다.

중산층 출신의 여성들에게 이와 같은 충고는 설득력이 있었다. 물론 그들이 만날 배우자가 가정경제를 책임질 능력을 갖춰야 한다는 전제가 있었다.[125] 베티 프리단은 자기 글이 여성지에 실릴 수 있을 정도로 수위 조절을 해야 했고 간혹 게재 거부를 당하기도 했으나 그 안에서 독립적으로 살아가는 여성, 이웃과 연대하는 여성에 관한 글을 꾸준히 게재했다.

지적 자원기금과 대안교육

1950년대에 베티 프리단이 쓴 글 중 가장 호평을 받은 것은 과학 관련 기사였다. 라몬트 지질조사소의 여성 과학자를 만날 기회가 있었던 베티는 지구핵의 변화를 관찰한 결과 또 다른 빙하시대의 도래가 예측된다는 이야기를 들었다. 베티는 후속 취재를 위해 전공 과학자들을 인터뷰했고 그 결과물을 〈빙하시대의 도래〉라는 제목으로 《하퍼스》 매거진 1958년 8월호에 게재했다. 저명한 노턴 출판사의 편집인은 기사를 눈여겨보았고 베티에게 기사를 발전시켜 책을 내자고 제안했다. 그러나 베티는 본인이 적임자가 아니라며 제안을 거절했다.[126]

대신 그는 과학자들을 인터뷰하는 과정에서 전문가들과 공교육기관을 연결시킬 조직을 기획했다. 기획은 사실 아들의 학교 부적응에 대한 고민으로부터 출발했다. 작가이며 동시에 세 아이의 어머니였던 베티는 작가로서의 일 이상으로 자녀 양육을 중요하게 생각했다. 그는 자신의 삶을 돌아볼 때 교육이 개인의 정체성뿐 아니라 사회화 과정에서 중요한 역할을 한다고 생각했다. 또한 스미스대학 시절에 경험했듯 양질의 교육이 새로운 지적 관점을 열어주고 독립적 사고를 가능하게 하는 기반을 제공한다고 믿었다. 더욱이 그는 코프카 교수의 게슈탈트 심리학과 에릭슨 교수의 인간발달 단계론을 충분히 인지했고 이 같은 이론들을 통하여 환경이 개인의 성장에 미치는 관계를 중시했던 터였다.

그러나 당시 학교 교육은 학생들의 잠재력과 창의성을 키우기에는 역부족이었다. 교과 과정은 천편일률적이었고 수학문제 풀이 하나도 공식을 따르지 않으면 틀린 것으로 간주할 만큼 틀에 박혀 있었다. 이후 '끈 이론'을 체계화한 저명한 물리학자로 성장한 베티의 맏아들 대니얼은 어린 시절부터 수학에 특별한 재능을 보였다. 그러나 학교에서는 수학 공식 이외의 것을 허용하지 않았고 대니얼이 다른 방식으로 문제 풀이를 시도하면 제재를 가했다. 대니얼은 학교 생활을 힘들어했고 부적응의 정도는 시간이 갈수록 심해졌다. 베티는 처음 아들문제로 고민했으나 곧 학교 교육의 문제를 보기 시작했다. 당시 공교육기관들은 냉전정치가 요구하는 순응주의에 무릎 꿇음으로써 혁신적 교육의 바탕인 자유로운 사고가 불가능하게 했다. 공교육기관의 한계를 절감한 베티는 혁신적인 아이디어와 사고가 권장되고 공유될 수 있는 외부의 지원체계가 필요하다고 생각했다.

베티는 교사들과 주변 학부모들을 설득해 1957년 '지적 자원기금' 준비모임을 시작했다. 지적 자원기금은 로클랜드 지역 학생들이 창의성을 키우면서 동시에 정체성을 확립할 수 있는 교육프로그램의 지원을 목표로 했다. 지적 자원기금을 통하여 이제까지 공교육에서는 제공되지 않았던 다양한 교육프로그램이 시도되었다.

예술가와 과학자 등 각 분야 전문가들이 정기적으로 학생들과 만나 그들의 호기심과 상상력의 문을 열어주었다. 학생들로 하여금 그들이 사는 사회의 제반 문제들과 세계의 변화에 관심을 갖게 하는 프로그램들도 도입되었다. 학생들은 인종차별, 핵전쟁, 아시아와 아프리카의 여러 문제에 관해 토론했고 또 특강을 들었다. 지적 자원기금이 공식적으로 활동한 1957년부터 1964년까지 베티 프리단은 프로그램을 총괄했다. 지적 자원기금은 1960년부터 혁신주의적 대의를 위한 단체를 지원하는 '뉴 월드 파운데이션'으로부터 연간 3천 달러를 지원받았다.[127]

1954년 세워진 뉴 월드 파운데이션은 시민의 민주적 참여를 적극 지원했고 민권운동에 재정적 지원을 해온 진보적 성향의 재단이었다. 뉴 월드 파운데이션은 지적 자원기금에 재정적 지원을 하는 조건으로 단체의 명칭을 공동체 자원기금으로 변경할 것을 주문했다. 이를 받아들여 지적 자원기금은 공동체 자원기금으로 명칭을 변경했고 교육 대상을 지역 청소년뿐 아니라 성인으로 확대했다.[128]

베티는 개인의 지성과 창의성이 자유롭게 발휘되고 성장할 수 있는 환경을 조성하는 것이 반지성주의적 경향에 저항하는 힘을 키우는 기본이 될 수 있다고 믿었다. 또한 그는 지적 자원기금/공동체 자원기금이 청소년들로 하여금 자신의 정체성을 찾고 헌신할 수 있는 일을 찾아 잠재력을 발휘할 수 있게 하는 데 일조하기를 바랐다.[129] 대안교육을 모색하면서 베티 프리단은 순응의 시대에 저항하는 첫 단계가 개인의 의식과 잠재력을 일깨우고 내면을 성장시키는 것이라는 확신을 키워나 갔다. 이는《여성의 신비》의 핵심 주장의 하나가 되었다.

1950년대 후반에 이르러 미국 사회 전반에서 공교육 위기론이 제기되었고 교육자들은 공교육의 활성화를 위해 학제간 수업, 실험, 행동에 의한 학습, 대안적 교육제도와 같은 혁신주의적 교수법을 교과 과정에 도입할 것을 제안했다. 로클랜드 카운티에서 성공적으로 정착한 공동체 자원기금은 대안적 모델의 하나로 주목받았다. 베티 프리단에게 지적 자원기금—공동체 기금 활동은 자신이 속한 지역을 구성원 간의 진정한 교류가 가능한 공동체로 전환하는 일이라는 점에서 의미가 있었다.

지적 자원기금 활동은 공동체를 변화시키는 것뿐 아니라 베티 자신이 정체성을 찾아가는 과정에도 중요한 역할을 했다. 그는 다시금 기존 가치와 제도에 도전하고 새로운 관계를 형성하는 일을 주도했다. 베티 프리단이 했던 것은 마을공동체를 중심으로 한 활동이었지만 그 함의는 작은 마을의 경계를 넘어섰다. 또한 기금 활동을 위해 주변의 중산층 여성들과 협조적 관계를 형성했던 베티 프리단은 그들이 처한 상황과 여성문제를 보다 자세히 들여다볼 수 있었다.[130]

II부
《여성의 신비》 읽기

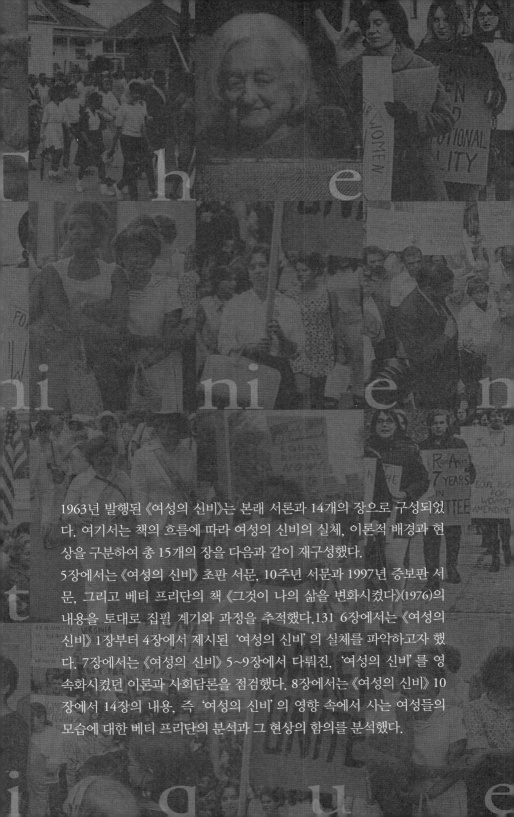

1963년 발행된 《여성의 신비》는 본래 서론과 14개의 장으로 구성되었다. 여기서는 책의 흐름에 따라 여성의 신비의 실체, 이론적 배경과 현상을 구분하여 총 15개의 장을 다음과 같이 재구성했다.

5장에서는 《여성의 신비》 초판 서문, 10주년 서문과 1997년 증보판 서문, 그리고 베티 프리단의 책 《그것이 나의 삶을 변화시켰다》(1976)의 내용을 토대로 집필 계기와 과정을 추적했다.131 6장에서는 《여성의 신비》 1장부터 4장에서 제시된 '여성의 신비'의 실체를 파악하고자 했다. 7장에서는 《여성의 신비》 5~9장에서 다뤄진, '여성의 신비'를 영속화시켰던 이론과 사회담론을 점검했다. 8장에서는 《여성의 신비》 10장에서 14장의 내용, 즉 '여성의 신비'의 영향 속에서 사는 여성들의 모습에 대한 베티 프리단의 분석과 그 현상의 함의를 분석했다.

05...
이름 붙일 수
없는 문제

이것이 전부인가?

베티 프리단은 프리랜서 작가로서 안정적인 입지를 굳혔다. 그러나 프리랜서 작가의 직업 특성상 그는 늘 자신이 쓰는 글의 표현과 주장의 수위를 조절해야 했다. 그가 여성지에 기고했던 매카시즘 비판 글은 세상에 나오지 못했고 인종문제나 계급문제에 관한 글은 여성지 편집자들에 의해 삭제되거나 수정되었다. 편집자들은 베티에게 정치적 색채를 줄이고 독자들이 선호하는 논지를 전개하도록 종용했다. 기고할 지면과 독자가 늘어나는 것은 작가로서 기쁨이었으나 독자/편집자가 읽기 원하는 글이 베티 프리단이 쓰고 싶은 글과 늘 일치한 것은 아니었다.

소재와 주장에서 자신의 생각을 자유롭게 표현하기 어려운 장애물이 있기는 했지만 베티 프리단은 그의 메시지를 명료하게 전달하기 위해 노력했다. 그는 대중적인 여성지에 기고하면서 생계를 이어갔으나 과거 인민전선 활동가였을 때나 노동신문 기자였을 때 그러했듯 차별의 벽을 철폐하고 모든 시민에게 평등한 기회를 부여해야 한다는 신념만

은 고수했다.[132]

성공한 프리랜서 작가이자 지역 활동가로서의 삶을 구축했던 베티 프리단이 정체성 문제에서 완전히 자유로워진 것은 아니었다. 심지어 그가 로클랜드 카운티에서 꾸준히 지역 활동에 참여했던 순간에도 그는 이웃들과 거리감을 느꼈다. 때때로 그는 정치적 참여와 지적 논쟁이 가능했던 맨해튼에서의 생활을 그리워했다. 그는 자신의 잠재력을 충분히 발휘하지 못하고 있다고 생각했다. 무엇보다 역할 갈등이 그를 내내 괴롭혔다. "운전하여 아이들을 데려다 줬고 학부모 미팅에 참가했다. 저녁을 차렸다. (그러나) 교외의 이웃들이 커피를 함께하기 위해 집에 오는 경우에는 마치 아침에 몰래 마시는 술을 감추기라도 하듯 쓰던 책을 감추는" 생활이 계속되었다.[133]

결국 그는 자신의 문제이기도 한 여성문제에 정면으로 대면했다. "나의 대답들은 사회적 변화를 의미한다는 점에서 전문가들뿐 아니라 일반 여성들도 불편하게 할지 모른다. 그러나 여성이 사회에 영향을 미칠 것이고 사회에 의해 영향을 받을 것이라는 믿음이 없었다면 이 책을 쓰려는 생각조차 하지 않았을 것이다. 결국 천국과 지옥을 선택하고 또 만드는 힘을 가진 것은 남성과 마찬가지로 여성이기 때문이다."[134]

《여성의 신비》를 쓴 계기는 스미스대학 동창회의 설문조사에서 시작되었다. 베티는 1956년 어느 날 스미스대학 동창들이 이듬해 개최될 졸업 15주년 동창회를 준비하고 있음을 알게 되었다. 베티는 이 기회에 동창들을 대상으로 설문조사를 진행할 계획을 세웠다. 대학 졸업 후 15년간 동창들이 무엇을 경험하고 어떠한 생각을 하며 살아왔는지 확인할 기회라고 생각했던 베티는 설문 조사작업에 많은 시간과 노력을 기울었다. 설문지 문항들은 자신에게 묻는 질문이기도 했다. 성공한 프리랜서 작가이자 세 아이의 엄마로 행복한 삶을 살아가는 것처럼 보였으나 베티는 자신의 정체성에 대한 질문을 멈출 수 없었다. 최우등생으로 대학을 졸업하고 버클리대학교 대학원에서 장학금을 받았던 젊은 시절의 베티와 노동신문 기자와 진보적 활동가로서의 베티, 그리고 결혼한 뒤 아이를 키우면서 대중지에 글을 기고하는 프리랜서 작가 베티 사이에는 간극이 있었다. 무엇보다 베티 프리단의 내면에는 채워지지 않는 갈증 같은 것이 있었다. 자신의 정체성에 대한 질문은 동창들이 자신들의 삶에 만족하는가에 대한 궁금증으로 이어졌다.

프로이트 심리학

베티 프리단은 사회적으로 수용되던 여성의 '편안한 감정 상태'에 대한 심리학적 설명 방식이 심각한 문제를 지니고 있다고 생각했다. 대표적인 사례가 대중심리 서적 《현대여성: 잃어버린 성》(1947)이었다. 프로이트 이론의 영향을 받은 이 책은 출간 직후 베스트셀러가 된 뒤 여성 심리에 대한 권위 있는 설명으로 받아들여졌다.

저자인 사회학자 페르디난드 런드버그와 심리학자 매리냐 파넘은 이 책에서 현대여성의 불안과 불행의 원인이 여성 자신에게 있다고 했다. 여성이 '아내이자 어머니'라는 본연의 역할에서 단절되면서 불안과 불행이 시작되었다는 것이다. 그들은 여성의 삶의 중심이 가정에서 직업(사회)으로 이동하는 현상을 자연의 법칙을 거스르는 역행으로 간주했다. 그들은 이러한 역행이 가정 파괴를 야기하고 사회 전체의 위기를 초래할 것이라고 경고했다.

《현대여성: 잃어버린 성》의 저자들은 여성의 고등교육에 대해 매우 비판적 입장을 견지했다. 불필요한 고등교육이 여성으로 하여금 여성 본래의 특성을 버리고 남성의 특징을 따라하게 만든다는 것이다. 저자들은 이와 같은 여성의 남성화가 가정 생활에 심각한 해를 끼치며 심지어 부부관계의 만족도를 저하시킨다고 지적했다. 따라서 저자들은 여성이 본연의 역할인 아내이자 가정주부로 돌아가는 것만이 여성의 내적 균형을 되살리고 세상과의 적대감을 해소하는 길이라고 주장했다. 저자들의 시각에서 페미니즘은 남근 선망으로 인해 생긴 '병'이었고 그에 대한 처방은 모성으로의 복귀뿐이었다.[135]

이와 같은 모성에 대한 강조는 표현상의 변주를 통해 사회 지도층의 언어 속에서 확대재생산되었다. 이 책을 비판하는 이들조차 궁극적으로 모성을 강조했다. 여성의 역할에 대한 고정된 시각은 보수 정치인이나 진보 정치인이 다르지 않았다. 1952년과 1956년 대통령 선거에서 민주당 후보로 출마했던 저명한 뉴딜주의자 아들레이 스티븐슨은 1955년 스미스대학의 졸업식 축사에서 《현대여성: 잃어버린 성》의 주장을 비판했다. 그는 대학교육이 여성으로 하여금 "삶과 자유의 의미"를 깨닫게 한다는 점을 상기시켰고 그런 점에서 여성이 받는 고등교육의 유용성을 강조했다. 그러나 이어진 연설에서 스티븐슨은 《현대여성: 잃어버린 성》의 저자들과 다를 바 없이 여성의 역할을 아내이자 어머니로 한정했다. 고등교육을 받은 여성은 "배우자가 하는 일에 목적을 부여할 가치를 찾는 것을 도와줄 수 있고 자녀가 개성을 키울 수 있도록 가르칠 수 있다"는 것이었다. 그는 미국이 국내외적으로 소련 공산주의에 의해 위협받고 있는 엄혹한 시절에 여성의 역할이 각별히 중요함을 강조했다. 그는 졸업한 뒤 결혼 생활을 하며 "아기를 무릎에 앉힌 채 거실에 앉아 있거나 깡통따개를 잡고 부엌에 있어도 가정주부로서의 겸허한 역할을 수행함으로써 오늘과 같은 난세에 사회에 공헌하는 것임을 잊지 말라"고 당부했다.[136]

스티븐슨은 여성의 고등교육을 찬성했으나 궁극적으로 고등교육이 기여하는 바를 전통적인 역할을 수행하는 여성의 육성에 한정했다. 베티 프리단은 바로 이 지점을 문제시했다. 그는 고등교육을 받은 여성이 미국 사회에 기여할 수 있는 방법이 양육과 가사에 한정된다는 스티븐슨의 주장에 동의하지 않았다. 베티 프리단은 대학교육을 받은 여성들이 실제로 어떠한 삶을 사는지, 그들의 삶에서 고등교육이 어떤 의미인지, 그리고 고등교육으로 인해 그들이 어떠한 방식으로 사회에 공헌하고 있는지를 보여주는 것만이 여성의 고등교육에 대한 사회적 편견을 깨는 길이라고 여겼다.

스미스대학 동창회 설문조사

베티 프리단은 동창들이 자신의 질문에 어떠한 반응을 보이는지 알고 싶었다. 그는 동창인 마리안 잉거솔 하우웰과 앤 마더 몬테로에게 도움을 요청했다. 세 사람은 수시로 만나 설문지 문항에 대해 의논했다. 설문지 문항은 사회경제적 요인을 측정하는 일반적 질문과 동창들의 일상과 마음을 드러낼 수 있는 구체적이며 개방된 질문을 포괄했다. 설문지는 모든 졸업생에게 우편으로 전달되었다. 발송된 400여 개 설문지 중 절반가량의 답지가 회수되었다.

설문지 응답 결과는 《현대여성: 잃어버린 성》의 주장과 일맥상통하는 경우도 많았다. 응답자들은 그들이 받은 고등교육으로 인해 현실적으로 성적 만족이나 어머니로서의 기쁨을 만끽하기 어렵다고 답했다. 다른 한편 아들레이 스티븐슨의 주장과 달리 스미스대학 졸업자들은 '평범한 주부'로서의 역할에 만족하지 않았다. 응답자의 74퍼센트는 교육이 그들에게 지역공동체 프로젝트를 조직하고 참여할 수 있는 비전과 기술을 제공했고 개인적 관심사를 지속적으로 추구할 수 있는 능력을 키워줬으며 자녀들이 성장한 뒤 공부나 일을 계속할 계획을 세우고 있다고 답했다.[137]

그러나 설문조사는 베티 프리단이 예상하지 못한 결과를 가져왔다. 응답지에서 그는 '이름 붙일 수 없는 문제들'을 발견했다. 마음속 깊숙이 자리 잡은 혼란스러운 감정과 불만은 응답자들 스스로 설명하기 어려운 것들이었다. 응답지에는 그것을 설명해줄 단초들이 보였다. 동창생들의 실제 삶과 그들이 만들고 싶어 하는 이미지 사이에 괴리가 있었고 그 괴리는 설문지 답안에 그대로 드러났다.

교외에 거주하는 중산층 주부들은 자기들이 모든 것을 갖고 있다고 생각했다. 성공가도를 달리는 남편, 좋은 학교에 다니는 아이들, 편리한 최신 가전제품이 갖춰진 현대식 주택까지, 여성지에 나오는 행복한 가정을 그대로 옮겨놓은 듯한 가정의 주인공이 곧 자신이라고 자부했다. 그러나 다른 한편 응답자들은 과연 이것이 전부인지, 그 밖에 다른 것은 없는 것인지 하는 질문을 하고 있었다. 그 질문은 베티 프리단 자신의 것이기도 했다.

설문조사를 통해 베티 프리단은 동창들 역시 같은 고민을 하고 있음을 알게 되었다. 베티 프리단은 1950년대에 성행했던 여성의 사회적 역할에 대한 이론과 설명 방식들이 부정확할 뿐 아니라 여성의 감정 상태에 부정적인 영향을 미친다는 사실을 감지했다. 그는 1957년에 개최되었던 스미스대학 15주년 동창회에서 자신이 조사한 설문조사 결과를 발표했다.[138]

베티 프리단은 1957년의 설문조사 결과가 충격적이라고 했지만 조사 결과가 부정적인 것만은 아니었다. 설문조사에 응답했던 이들은 대부분 정신적으로 건강한 것으로 나타났다. 다수가 자신들의 결혼 생활이 만족스러우며 자신들의 삶에서 최상의 시간을 경험한다고 응답했다. 전업주부들 중 상당수는 굳이 밖에서 일할 의향이 없으며 일을 하더라도 자녀가 성장한 이후에 직장을 알아보겠다고 답했다. 그들에게 가장 큰 문제가 무엇인가를 질문했을 때 그들은 어머니이자 주부로서 수행해야 하는 일이 버겁다고 응답했다. 그들 중 일부는 보다 효과적으로 일을 할 수 없음에 불만을 표시했다. 응답자 일부는 지역정치에 적극 참여했고 자원봉사자로서의 삶에 자부심을 보였다.[139]

베티 프리단은 이 결과를 바탕으로 1961년 스미스대학 동창회보에 글을 실었다. 그는 고등교육이 전업주부가 될 여성들에게 부정적 영향을 미친다는 《뉴스위크》 최신호 기사를 반박했다. 1957년 설문조사 결과는 고등교육의 중요성을 강조한 베티 프리단의 가설을 뒷받침했다. 베티 프리단은 동창들의 삶을 긍정적으로 묘사했다. 그들은 따분하거나 좌절에 빠진 채 물질주의적 삶을 사는 여성의 모습과는 거리가 있었다. 전업주부 여성들도 결혼 생활과 어머니로서의 만족감을 나타냈다. 물론 그들은 여성으로서의 역할을 수행하기 위해 분투했으며 그들 중 일부는 주부 역할에 고정된 자신의 삶에 대해 "완전히 만족스럽지 않다"는 응답을 했다. 그럼에도 이 설문조사를 통해 베티 프리단은 고등교육이 여성을 좌절시키기보다는 그들에게 자신감을 심어주고 '여성의 신비'가 야기하는 좌절감을 극복하게 해준다고 결론을 내렸다. 그는 1930년대 후반에서 1940년대 초반에 양질의 고등교육을 받았던 본인 세대가 이를 증명해냈다고 생각했다.[140]

게재 거부

베티 프리단은 설문조사 결과를 여성지에 게재할 계획을 세우고 주요 여성지 편집자들에게 제안서를 보냈다. 《맥콜》편집자가 긍정적인 반응을 전해와 베티 프리단은 기사를 작성하여 편집자에게 보냈다. '대학에서 여성은 시간 낭비를 하고 있는가?'라는 제목의 기사였다. 스미스대학 졸업자들은 시간을 낭비하지 않는다고 답했다. 응답지에 의거하여 베티 프리단은 대학교육이 여성들이 흔히 겪는 심리적 불안정의 근본 원인이라는 주장이나 대학교육을 통하여 여성이 더 나은 가정주부가 되게 하는 것이 교육의 주요 목표라는 주장을 반박했다.

물론 베티 프리단은 여성지의 성향을 고려하여 매우 온건한 결론을 도출했다. 그는 대학교육이 여성으로 하여금 "주부로서의 열망과 개인적 관심사의 추구를 통합시킬 능력을 함양시킨다"는 결론으로 글을 맺었다. 이는 주부로서의 역할을 부정하지 않으면서 동시에 교육이 주부로서의 역할뿐 아니라 "자신의 삶에서 고유한 어떤 것에 대한 자유"를 누릴 수 있는 기반을 제공하고 있음을 주장한 것이다.[141]

이 온건한 주장에 대해《맥콜》의 편집자들은 난감해 했다. 그들은 스티븐슨이 제안했던 것처럼 대학교육을 받은 여성들이 냉전기에 아내이자 어머니로서 중요한 역할을 한다는 논지를 선호했다. 편집자들의 입장에서 볼 때 베티의 주장은 대학 졸업생들이 가정의 경계를 넘어 자신들의 권리를 확장해야 한다는 주장으로 보였다. 결국《맥콜》편집자들은 게재 불가를 알려왔고 이에 실망한 베티 프리단은 에이전트를 통해《레이디스 홈 저널》을 포함한 주요 여성지에 기사를 보냈다. 그들의 반응 역시《맥콜》과 대동소이했다.《레이디스 홈 저널》에서는 논지를 전면적으로 수정할 경우 게재할 의사가 있음을 알려왔다.

결국 기고를 철회한 베티 프리단은 자신의 주장을 명료히 할 필요가 있다고 생각해 추가 조사작업에 착수했다. 그는 아동지도사, 심리상담사 등과 지속적으로 인터뷰를 하면서 자료를 수집했다. 또한 교외 지역에 살고 있는 다른 주부들로 인터뷰를 확대했다. 스미스대학 졸업자 이외에도 다양한 여성들과 인터뷰를 함으로써 좀 더 설득력 있는 논지를 다듬어나갔다.

그러나 베티 프리단이 다시 수정한 원고 완성본을《레드북》에 기고했을 때 잡지 편집인은 오직 "병든 여성들"만 동의할 것이라며 게재를 거부하고 원고를 돌려줬다. 베티는 그제서야 여성잡지들이 이러한 종류의 글을 싣기 원치 않는다는 것을 깨달았다. 이제까지 여성지들이 전

달하는 메시지가 자신의 가치와 반대에 위치해 있음을 그는 새삼 절감했다.[142]

베티는 에이전트인 매리 로델에게 연락하여 여성지에 글을 보내는 것을 중단해달라고 요청했다. 그는 여성지 기사 대신 책으로 출판하기로 결심했다. 베티는 자신에게 빙하기에 관한 책 저술을 제안했던 노턴 출판사의 편집인 죠지 브로크웨이를 만났다. 브로크웨이는 베티가 설명한 '이름 붙일 수 없는 문제'에 뭔가 특별함이 있다고 판단하여 책을 출간하기로 결정했다. 베티는 곧 저술에 착수했다. 처음에 그는 1년 내에 집필을 끝낼 것으로 생각했다. 그러나 사실상 그 작업은 5년간 지속되었다. 그동안 베티는 조사작업을 더 확대했고 '이름 붙일 수 없는 문제'가 어떠한 과정을 통해 발생했는지 알기 위해 고심했다. 그 작업은 곧 베티 자신이 겪은 삶의 조각들을 퍼즐 맞추기하는 과정이었다.[143]

베티 프리단은 다양한 연령층과 지역으로 인터뷰 대상을 확대했고 전문가들을 만나면서 자신의 생각을 가다듬었다. 인터뷰의 내용은 스미스대학 졸업생들의 설문지 내용과 비슷한 경우도 있고 다른 경우도 있었다. 1959년에 스미스대학 4학년 학생들과 진행했던 인터뷰에서 베티 프리단은 하나의 변화를 발견했다. 1942년 졸업생들과 비교할 때 젊은 여성들은 자신의 경력이나 직장보다 결혼을 더 중시하는 경향이 있었다. 이는 젊은 주부들에게서 발견되는 경향과도 일치했다. 그들은 집 밖에서 일어나는 의미 있는 활동에 거의 관심이 없었다. 그들은 공허했고 스스로 불완전하게 느꼈다. 수많은 젊은 여성들이 불행과 좌절을 언급할 때 베티 프리단은 이와 같은 감정을 어떻게 표현할지 몰라 당황스러웠다.

1959년 4월 어느 날 아침, 베티 프리단은 집에서 멀지 않은 교외에 사는 네 명의 여성과 만났다. 함께 커피를 마시던 한 여성이 절망적인 목소리로 '그 문제'를 이야기했다. 함께 있던 여성들은 그것이 남편이나 아이들, 혹은 가정불화의 문제가 아님을 직감적으로 알아챘다. '이름 붙일 수 없는 문제'는 그들 모두의 문제였다. 이후 다른 곳에서 다른 여성들과 인터뷰를 진행하면서 베티 프리단은 그 문제가 광범위하게 확산되어 있음을 다시 발견했다. 한 젊은 여성은 다음과 같이 이야기했다. "나는 가족에게 음식을 제공하고 옷을 입혀주고 침대를 정리해줍니다. 언제든 가족이 원할 때 요청할 수 있는 그런 사람이죠. 그런데 나는 누구죠?"[144]

06...

'여성의 신비'의
실체에 접근하기[145]

이름 붙일 수 없는 문제

1950년대 미국의 번영과 발전의 상징 중 하나가 교외 중산층의 삶이었다. 불과 몇 년 전에 대공황과 제2차 세계대전의 결핍을 겪었으리라고는 쉽게 떠올리기 어려울 만큼 중산층의 삶은 여유로웠다. 소란스러운 도시를 벗어나 펼쳐지는 번듯한 동네에 새로 지어진 넓은 주택과 자동차, 다양한 전자제품과 문명의 이기가 장착된 거실과 부엌, 듬직한 남편과 헌신적인 아내, 그리고 사랑스러운 아이들의 행복한 모습은 대중매체에서 반복적으로 재현되면서 미국의 황금시대가 생산한 행복한 미국인의 이미지를 사람들의 마음에 각인시켰다. 이 시기에 미국은 그 어느 때보다 빠른 경제성장을 경험했다. 경제학자 클라우디아 골딘과 로버트 마르고가 '대압착시대great compression'로 명명한 이 시기에 경제성장뿐 아니라 상대적으로 균등한 부의 분배가 나타났다.[146] 노벨경제학상을 받은 폴 크루그먼은 대압착시대에 대해 다음과 같이 이야기했다.

내가 자라난 중산층의 시대는 순차적으로 혹은 자동적으로 전개되지 않았다. 그것은 상당히 짧은 기간에 프랭클린 루스벨트와 뉴딜에 의해 만들어진 결과였다. 1930년대 후반에서 1940년대 중반까지 부유층은 기반을 상실했고 노동계층은 유례없는 이익을 얻으며 소득 불평등이 급격히 줄어들었다. 경제사가들은 미국 역사에서 나타난 이 유례없는 사건을 대압착이라고 부른다. 내가 자라난 나라는 중산층의 미국이었다. 극도의 부유함과 극도의 빈곤함이 없는 사회였고 대체로 풍요를 공유하는 사회였다. 강한 노조, 높은 최저임금, 누진세와 같은 요인들이 불평등을 제한하는 힘으로 작용했다는 것이 중산층 미국이 태동한 부분적인 이유들이다.[147]

이처럼 뉴딜과 제2차 세계대전기에 추진된 정책 변화와 전체 노동력의 3분의 1에 이르는 높은 노조 조직률, 그리고 완전고용 효과가 상호작용을 하며 두터운 중산층이 생성되었다. 중산층은 더 이상 대물림된 과거의 엘리트층과 유산자들의 자녀에 국한되지 않았다. 노동계급 상층과 이민노동자의 자녀들 역시 중산층으로 편입되었다. 대압착시대와 두터운 중산층은 한때 미국의 자랑이었고 불평등이 심화된 신자유주의시대 이후에는 폴 크루그먼이나 로버트 라이시 같은 뉴딜 자유주의를 계승하고자 하는 전문가들뿐 아니라 스스로 사회주의자를 표방하는 진보적 정치가 버니 샌더스 등이 사회는 한 목소리로 여성에게 '본래의 자리'인 가정으로 돌아가라고 주문했다.

베티 프리단은 바로 그 풍요로운 경제와 아메리칸 드림의 상징으로 여겨진 냉전기 중산층 가정의 중심에 근본적 문제가 있음을 지적했다. 《여성의 신비》에 대한 가장 빈번한 비판은 베티 프리단이 중산층 백인 여성의 삶에 초점을 맞춘 결과 유색인종 여성과 노동계급 여성의 문제를 간과했을 뿐 아니라 페미니즘이 교육받은 중산층 여성들의 '그들만의 운동', '그들만의 리그'의 단초를 제공했다는 것이다.

이 책 9장에서 후술하겠으나 사실 프리단의 책은 그 이외에도 수많은 결함을 안고 있다. 결함 중 일부는 베티 프리단 개인의 경험과 시각의 한계이겠고 다른 일부는 그 시대의 제약이 반영된 결과이기도 하다. 그러나 중산층 여성에 초점을 맞추었다는 이유만으로 《여성의 신비》를 폄하하거나 혹은 일고의 가치도 없는 과거의 산물로 간주할 수는 없다. 《여성의 신비》의 시대에 미국 역사상 가장 두터운 중산층이 형성되었다. 중산층은 폐쇄된 소수의 특권층이 아니라 다수에게 기회가 열린 유동적 계층이었다. 베티 프리단이 중산층 여성을 선택한 것은 스미스대학의 동창생들에 대한 설문조사에서 시작되었던 만큼 우연이기도 하지만 의도적인 선택의 결과이기도 하다. 그리고 그 선택은 시대의 뇌관을 건드렸다.

《여성의 신비》 첫 장은 이렇게 시작되었다. "이름 붙일 수 없는 문제가 발화되지 않은 채 오랫동안 미국 여성들의 가슴 속에 묻혀 있었다. 그것은 20세기 중반 미국에서 여성들이 겪는 이상한 동요이자 불만의 감정이며 갈망이었다. 주부들은 혼자 그것과 싸웠다. 침대를 정리하면서, 시장을 보면서, 가구 덮개 천을 고르면서, 아이들과 땅콩버터 샌드위치를 먹으면서, 아이들을 자동차로 보이스카우트와 걸스카우트에 데려다주면서, 밤에 남편 곁에 누우면서 그는 두려운 마음으로 조용히 스스로에게 질문했다. '이것이 전부인가?'"

전문가들은 여성들이 느끼는 이 이상한 동요와 갈망을 외면했고 여성스러움을 자랑스럽게 여기는 것 이외에 다른 운명은 없다고 했다. 시인이나 물리학자, 정치가를 꿈꾸는 소수 여성들은 신경질적이고 여성스럽지 못하며 불행한 가정사를 일군 여성들이라고 했다. 진정 여성스러운 여성은 구식의 페미니스트들이 오랜 투쟁을 통해 얻어낸 고등교육과 직업의 기회, 정치적 권리와 독립은 바라지 않아야 한다는 주장이 사회 곳곳으로 퍼져나갔다. 미국 사회는 다각적 차원에서 오직 여성스러운 여성, 전통적인 삶에 충실한 여성을 만들어내는 것에 몰두하는 것으로 보였다.

베티 프리단이 전하는 1950년대 후반 미국의 결혼과 가족의 풍속은 독특했다. 1950년대 후반 여성의 평균 결혼연령은 20세 미만이었다. 대학교육이 결혼에 걸림돌이 될까 두려워 학업을 중도 포기하는 여성의 수가 증가했고 심지어 결혼을 위해 고등학교를 중퇴하는 여성도 늘었다. 17세에 약혼을 한 젊은 여성의 숫자가 1,400만 명에 이르렀다. 당시 미국의 출생률은 인도를 능가했다. 젊은 여성들은 사회와 세계의 변화, 혹은 그에 부응하는 자신의 성장에 관심을 갖기보다 근사한 남편을 얻기 위한 자기 관리에 몰두했다. 광고 포스터에 나오는 가냘프고 젊고 아름다운 모습을 얻기 위해 분필가루 같은 다이어트 식품을 상용했고 머리를 금발로 염색했다.

교외의 중산층 주부들은 발전된 과학과 경제성장 덕분에 어머니 세대들과는 비교할 수 없는 풍요롭고 안락한 생활을 영위했다. 당시 미국 여성 인구의 30퍼센트가 가정 밖에서 일을 했으나 다수의 여성은 일생의 직업을 바라지 않았다. 미혼여성들은 직장을 결혼하기 전 잠시 사회 생활을 경험하며 거치는 단계로 여겼다. 기혼여성에게는 단지 기회가 허락한다면 가족경제에 보탬이 되는 시간제 일자리 정도가 만족할 만했다. 그들에게 궁극적 목표이자 이상적 여성상은 행복한 가정의 현모양처였다. 전문가들은 여성다움을 칭송했고 대중매체들은 행복한 주부의 삶에 대한 조언을 아끼지 않았다. 전 세계 여성이 부러워하는 미국의 여성들에게 '여성문제'는 더 이상 존재하지 않는다고 한 평론가는 단언했다.

전문가들이 그 존재를 부정했으나 여성들은 내면에 문제를 키워갔다. 혼자 그 문제를 간직한 여성들은 다른 여성들은 생활에 만족하며 살아갈 것이라고 추측했다. 전문가들이 이야기하는 것처럼 부엌 바닥을 닦으면서 만족하지 않는다면 그것은 오로지 자신의 문제라고 자책했고 불만을 갖고 있다는 것을 스스로 부끄럽게 여겼다. 그들이 겪었으나 그 실체를 알 수 없었던 그 문제를 베티 프리단은 '이름 붙일 수 없는 문제'라 명명했다. 베티 프리단은 문제의 근원을 탐색하기 위해 보다 많은 여성을 만나 이야기를 나눴다. 그들은 개인 의지에 따라 삶을 개척하기보다 가족관계 속에서 자신의 정체성을 찾는 관계적이며 의존적 삶을 살고 있었다. 그들은 사회가 여성에게 용인한 역할에 부합하기 위해 노력했다. 그것은 음식을 만들고 아이를 돌보며 가정을 꾸리는 가정주부로서의 역할이었다.

그러나 정형화된 여성상에 부합하기 위해 노력했던 그 여성들이 정체성의 혼란을 경험했다. 사회적으로 규정된 행복한 가정주부로서의 삶을 영위함에도 불구하고 그들에게는 채워지지 않는 공허함이 있었다. "나에게는 인격이라고는 없다는 생각이 들어요. 단지 음식을 제공하고 옷을 입혀주고 잠자리를 정리해주는 사람, 가족의 필요에 응답하는 사람. 그런데 나는 누구죠?" 무엇이든 가족과 함께해야 할 것 같다는 강박관념을 느끼거나 살아있음을 느끼지 못하겠다는 하소연도 있었다. 그들은 문제의 근원이 본인에게 있다고 생각했고 정신과 의사나 심리상담사를 찾아갔다. 정신과 의사들은 원인이 분명치 않은 이 문제를 통상 '가정주부 증후군'이라고 불렀고 우울증 약을 처방했다.

당시 정신과 의사들과 심리상담사들은 '해부학적 원리가 곧 숙명 autonomy is destiny'이라는 프로이트의 정언을 근거로 하여 여성들의 문제를 진단했다. 여성이 고등교육을 받았기 때문에, 혹은 주부 이외의 다른 꿈을 꾸기 때문에 문제가 발생한다는 것이다. 그들이 내린 진단의 핵심은 여성들이 여성 고유의 역할이 지닌 가치를 폄하함으로써 스스로 정체성의 혼란과 역할 위기를 자초하게 되었다는 것이다. 이를 근거로 하여 전문가들은 더 이상 여성에게 4년제 대학 입학을 허가하지 말아야 한다거나 고등학교와 대학에서 가정주부의 역할에 부합하는 교과과정을 확대해야 한다는 처방을 내리기도 했다.

교외의 주부들을 만날수록 베티 프리단은 기존의 이론과 전문가 처방이 여성들의 문제를 설명하거나 해결하기에 부적절하다는 것을 절실하게 느꼈다. 사회가 여성에게 강제한 전통적 이미지는 변화하는 시대를 살아가는 여성들의 열망과 자의식에 부합하지 않았다. 필요한 것은 이론이 아니라 고통받는 여성들과 마주하고 그들의 목소리에 귀 기울이는 것임을, 그때 비로소 해결의 실마리를 찾을 수 있음을 베티 프리단은 차츰 깨달았다.

베티 프리단과 만난 여성들은 '음식으로 해결할 수 없는 허기짐'을 느끼고 있었다. 그 허기짐의 원인은 전문가들이 지적한 것처럼 여성들이 고등교육을 받고 독립을 추구하면서 발생한 여성성의 상실에 있지 않았다. 베티 프리단이 만났던 여성들은 오히려 전문가들의 의견에 따라 결혼과 육아를 최우선으로 여기는 평범한 가정주부로 살기 위해 애썼다. 그들은 통용되는 '여성스러움'의 정의에 부합하기 위해 최선의 노력을 다했으나 오히려 심각한 정체성의 위기를 경험하고 있었다.

'이름 붙일 수 없는 문제'는 사실 베티 프리단 자신의 문제이기도 했다. 여성들과 인터뷰를 진행하면서 그는 사회학적이며 심리학적인 함의 이전에 자신의 모습을 발견했다. 서문에서 그는 자신의 삶에 잘못된 부분이 있다는 것을 감지했던 순간에 대해 이야기했다. 베티 프리단은 작가였으나 또한 아내이며 세 아이의 어머니였다. 대부분의 일하는 여성들과 마찬가지로 그 역시 죄의식에서 자유롭지 못했다. 가정에 헌신해야 할 시간과 노력을 자신의 일에 쏟고 있는 것이 아닌가 하는 생각 때문이었다. 냉전기 미국의 교외 중산층 여성으로서 자신이 적응하려고 하는 이미지와 실제 자신의 모습에 크나큰 간극이 있다는 생각을 하는 순간 그는 문제의 근원을 드러내야 한다는 강한 충동을 느꼈다. 그렇게 책을 쓴 이후 그는 '여성의 신비'가 여성문제를 넘어선 중요성을 갖고 있음을 깨달았다.

"만일 내가 옳다면 오늘날 수많은 미국 여성의 마음을 흔드는 '이름 붙일 수 없는 문제'는 여성성의 상실이나 과도한 교육, 혹은 가정성에 대한 요구 때문이 아니다. 그것은 우리가 인식하는 것보다 훨씬 중요한 문제이다. 그것은 여성들뿐 아니라 그들의 남편과 아이들을 괴롭혀온 새롭고도 오래된 문제의 핵심이며 오랫동안 의사들과 교육자들을 의아하게 만들었던 문제이다. 그것이 우리 국가, 그리고 우리 문화의 미래의 핵심일지 모른다."

행복한 주부, 여주인공

"자유주의 국가 미국의 여성들은 '은폐된' 삶을 살고 있다." 베티 프리
단이 내린 잠정적 결론은 그와 같았다. 19세기 빅토리아 시대에 바람직
한 여성의 이미지는 여성이 지닌 성적 갈망을 은폐함으로써 만들어졌
다. 그렇다면 20세기 중반 바람직한 여성의 이미지는 무엇을 은폐하고
있는가?

베티 프리단은 현대 미국 여성의 사고방식이 사실상 전문가들과 대
중매체에 의해 조작되고 있다는 사실을 지적했다. "여성지, 광고, 텔레
비전, 영화, 소설, 결혼과 가족 전문가, 아동심리학과 성 상담과 사회학
과 심리분석 전문가들의 칼럼과 저서들에 의해 만들어진 이미지가 오
늘날 여성들의 생활을 틀 짓고 그들의 꿈을 반영한다"는 것이다.

당시 미국 여성지 중 가장 구독률이 높았던 여성지 한 호를 선택하여
목록을 일별해 보면 베티 프리단의 주장이 무엇을 의미하는지 알 수 있
다.《맥콜》1960년 7월호에는 다음과 같은 기사들이 실렸다. 대학을 가
지 않은 십대 여성이 똑똑한 여대생을 제치고 남자를 차지하는 방법.
집안에서 할 수 있는 바느질 패턴. 두 번째 남편을 찾기 위한 백과사전.

잡지가 반영한 여성의 활동 공간은 침실과 부엌에 한정되었고 여성
에게 허락된 유일한 목표는 '남성을 차지하는 것'이었다. 잡지는 화려
한 음식과 의상, 화장품, 가구, 젊은 여성의 아름다운 몸매에 관한 정보

로 가득 차 있었다. 사상과 이념의 세계, 지성과 정신적인 생활에 대한 기사는 찾아볼 수 없었다.

《맥콜》1960년 7월호의 기사 목록은 그 시대가 겪은 변화의 맥락에서 볼 때 그 특징이 더욱 부각된다. 1960년대에 미국은 변화의 기로에 있었다. 풍요로운 미국에 대한 미국의 자부심에 의문이 제기되었던 것도 그 무렵이었다. 1962년 노동통계국 발표에 따르면 전체 인구의 4분의 1에 이르는 4천 250만 명이 빈민이었다. 당시 빈민은 연간소득 4천 달러 미만의 4인 가족이나 연간소득 2천 달러 미만의 독신자가 기준이었다. 빈민을 구성하는 인구에 특정 유형이 있다는 것이 밝혀지면서 '두 개의 미국'이 존재한다는 자각이 확산되었다. 당시 노동통계국 발표에 따르면 빈민 대다수는 대도시에 집중되었고 흑인과 멕시코계 미국인, 인디언 등 유색인종이 다수였다. 전체 빈민의 4분의 1이 여성 가장이 이끄는 가정이었다. 당시 미국 여성의 평균 임금은 남성의 60퍼센트 수준이었다.[148]

1960년 대통령 선거에서 존 F. 케네디의 당선은 개혁의 시대를 알리는 신호탄으로 여겨졌다. 아일랜드계 이민자의 후손이자 미국 역사상 최초의 가톨릭 대통령이 당선되었다는 사실 하나만으로도 냉전기 미국이 내세운 '합의'와 '순응'의 정치가 한계에 다다른 것을 증명하는 것으로 보였다. 대통령 선거 유세 중에 케네디는 '뉴 프론티어'를 주장했다. 뉴딜 개혁의 계승을 표방했던 '뉴 프론티어'는 노동친화적인 진보정치를 표방함과 동시에 인종차별 철폐, 노인 의료혜택의 확대, 농민에 대한 연방정부 지원 등을 전면에 내세웠다.[149] 1963년에 케네디가 암살된 뒤 대통령직을 승계했던 린든 B. 존슨은 '위대한 사회' 프로그램을 통

하여 케네디가 미처 이루지 못했던 개혁을 계승하고 실현하려 했다.[150]

이 시기에 1950년대 중반부터 가속화되었던 흑인 민권운동이 남부 지역에서 거세게 일어났고 흑인 젊은이들은 흑백분리가 실시되는 식당 등에 들어가 백인의 자리에 앉는 '싯인Sit In' 운동을 통해 기존 관습과 질서에 도전했다.[151] 미국뿐 아니라 세계 역시 거대한 변화의 기로에 있었다. 1959년 쿠바에선 카스트로가 이끄는 혁명이 성공했고 1961년 소련은 첫 인공위성 발사에 성공했다. 이 거대한 변혁의 시대에 여성지 들은 '가정 밖의 세계'에 대한 한마디 언급 없이 미모를 가꾸고 남성을 매혹시키고 아이를 갖고 남편과 아이들과 가정을 보살피는 일에 지면 을 할애했다.

베티 프리단을 더욱 놀라게 했던 것은 그가 이 문제에 대해 이야기를 나눈 여성지 편집자들의 반응이었다. 그들은 애독자인 전업주부들이 공적 문제에 전혀 관심이 없다고 단언했다. '오직 가족과 가정'에만 관 심을 가질 뿐 사회문제나 국제정세에 무관심하다는 것이다. 편집자들 은 여성지에서 거대한 문제나 사상에 대한 언급도 금기시된다고 지적 했다. 베티 프리단은 자연스럽게 대학 시절 도로시 더글러스 교수의 수 업에서 들었던 '어린이, 부엌, 교회'라는 나치 슬로건을 떠올렸다. 더글 러스 교수에 의하면 나치는 '어린이, 부엌, 교회'라는 슬로건을 반복하 면서 여성의 의무를 찬양했고 사회에 대한 여성의 열망을 차단했다. 외 견상 남녀평등의 위상을 실현시킨 현대 미국은 베티 프리단이 보기에 더글러스 교수가 묘사한 나치시대와 다를 바 없이 하나의 역할, 하나의 직업에 여성을 한정시켰다.[152]

그렇다면 여성을 하나의 이미지에 국한시킨 것은 어느 시점부터인가? 해답의 실마리를 찾기 위해 베티 프리단은 지난 20여 년간 여성지에 나타난 여성의 이미지를 분석했다. 뉴욕 공공도서관에 보관된 여성지들을 일별하면서 그는 분명한 변화가 있음을 감지했다. 1939년 여성지에 나타난 여성들은 1960년 여성지의 여성들과 비교할 수 없이 능동적이며 활기찼다. 그들은 확고한 의지와 신념으로 새로운 정체성을 만들어가는 '신여성'이었다. 그들 역시 사랑에 빠지고 사랑을 받았으나 그들의 매력은 외모가 아니라 정신력과 용기, 독립성과 결연함으로부터 나왔다. 여성지들이 다루었던 신여성의 대부분은 주부가 아니었다. 베티 프리단은 여성들에게 직업career이 단지 돈을 버는 수단 이상의 것을 의미하던 시절을 상기시켰다. 신여성에게 직업을 갖는다는 것은 "무언가를 하는 것, 타인 속에서 타인을 통해 존재하는 것이 아니라 당신 자신이 되는 것!"임을 의미했다.

그러나 1949년에 이르면 '직업: 가정주부'에 대한 찬사가 여성지 전면에 등장했다. 유명 칼럼니스트는 상담 코너에서 주부가 "열 몇 개의 직업에 전문가"라며 어머니이자 주부인 여성의 역할을 찬양했다. 페르디난드 런드버그와 매리냐 파넘의 대중심리 서적 《현대여성: 잃어버린 성》(1947)이 거의 모든 여성지에 권위 있는 설명으로 등장한 것도 이 무렵이었다. 런드버그와 파넘의 책에서 주장하는 것처럼 여성이 주부 이외의 다른 꿈을 꾸는 것은 가정을 파괴하며 사회를 위기에 몰아넣는다는 논지가 여성지 전반에 드러났다.

한때 여성들은 세상 밖에서 남녀평등을 쟁취하고 인간의 위상을 높이려는 원대한 꿈을 품었다. 그러나 냉전기의 여성들은 더 이상 세상을 탐구하는 진취적인 여성이 아니라 가정 안에 한정된 삶을 살고 있었다. 그렇다면 지난 20여 년간 어떠한 변화가 여성들로 하여금 세상을 탐구하는 진취적인 여성으로부터 가정주부의 생활로 회귀하게 했는가? 대체 무엇이 여성들의 꿈을 변하게 했는가? 이 질문에 답하기 위해 베티 프리단은 수수께끼의 벽을 부수고 들어가 복잡한 개념을 들여다보기 시작했다.

수수께끼의 벽 안에 존재하는 복잡한 개념. 베티 프리단은 '여성의 신비'를 그렇게 표현했다. '여성의 신비'는 여성이 추구할 고귀한 가치이자 유일하게 헌신할 목표가 여성다움의 완성임을 설파한다. '여성의 신비'의 주창자들은 여성다움이 "매우 신비롭고 직관적이며 생명의 창조와 기원에 가깝기 때문에 인간이 만든 과학으로는 이해할 수 없다"고 설명한다. 여성다움이 남성의 특징과 다르기는 하지만 결코 열등한 것이 아니며 어떤 측면에서는 더 우월하다는 것이 이들의 입을 통해 강조된다. '여성의 신비'를 높이 평가하는 이들은 서구 문화가 역사적으로 여성다움을 적절하게 평가하지 못했고 그 결과 여성이 자신의 특징을 장점으로 승화하기보다 남성을 부러워하고 나아가 남성과 같은 존재가 되려고 노력하게 되었다고 반성한다. 그러나 베티 프리단은 '여성의 신비'가 제시하는 새로운 여성상이 낡은 여성상과 크게 다르지 않음을 지적한다. '여성의 신비'가 제시하고 있는 여성의 성취는 단 하나, 주부이자 어머니에 국한되기 때문이다.

사실 1980년대 이후에 대두되었던 '차이의 페미니즘'의 경우 여성과 남성이 다르되 남녀의 다른 특징에 우월함이 존재하지 않는다는 입장을 보인다. 심리학자 캐롤 길리건은 그 분야의 고전이 된 《다른 목소리로》라는 책에서 여성들이 '관계중심적' 자아를 형성하고 돌봄의 윤리를 중시한다는 점을 지적했다. 이는 독립성과 평등을 중심으로 발전한 남성의 자아관이 정의의 윤리를 중시하는 것과는 확연하게 차이가 난다. 그러나 중요한 것은 다름을 인정하는 것 그 자체가 어느 한 쪽의 우월함을 증명하는 것은 아니라는 점이다.[153]

여성사학자 조앤 스코트 역시 남성과 여성의 동등함이 남성과 여성의 동등한 특질을 전제로 하는 것이 아님을 지적했다. 평등권을 주장하는 페미니스트들이 성별에 상관없는 평등의 권리를 주장했다면 차이에 주목하는 페미니스트들은 이처럼 여성의 특징과 공통점이 보장되는 대표성을 요구했다.[154]

그러나 베티 프리단이 평등권을 중시했던 것은 나름의 근거가 있었다. 역사적으로 여성의 수동성, 헌신성, 모성은 남성의 능동성, 진취성 등과 대비되었고 남성의 특징은 우성으로, 여성의 특징은 열성으로 취급되었다. 미국의 경우 여성의 다름을 보호하기 위해 제정된 여성노동보호법protective labor legislations은 결과적으로 여성을 특정 직종과 직업에서 배제함으로써 여성에 대한 차별을 강화했다.[155] 과거의 관행과 차별의 역사를 교훈 삼아 베티 프리단은 여성과 남성이 다르지 않음을 부각하려고 했고 여성의 우월성을 부각하는 것이 역으로 여성에 대한 억압기제로 사용될 수 있음을 경계했다.

사실상 1950년대 여성지는 베티 프리단의 의구심을 뒷받침할 만한 기사들로 구성되었다. 직장에 다니는 기혼여성들이 자녀를 돌보지 않아 발생하는 문제는 여성지의 단골 소재였다. 독립을 추구하는 여성과 단란한 가정의 여성이 대비되었고 남편과 아이들을 위해 헌신하는 여성이 바람직한 여성이라는 결론으로 귀결되었다. 베티 프리단은 여성을 주부로 한정하는 그 시대의 노력이 냉전의 산물임을 지적했다. 냉전기 미국이 전 세계의 패권국가로 도약하는 거대한 변화 속에서 여성이 가정주부로 복무함으로써 국가의 사명에 일조한다는 것이다. 그런 점에서 베티 프리단은 "단란함이 국가적 중요성을 띤 운동, 영적 운동으로 고양되었다"고 비판했다. 동시에 그는 여성의 의존성과 수동성을 전제로 하는 한, 단란함이 가정의 일상에 영적 내용을 전할 수 있다는 일각의 주장은 환상일 뿐이며 환상은 곧 정체성의 결여를 상쇄하기 위한 움직임일 뿐이라고 지적했다.

흥미로운 것은 여성지가 '여성의 신비'의 논리를 전파하던 시기에 노동시장의 여성 참여율이 지속적으로 증가하고 있었다는 사실이다. 1950년대 여성의 노동시장 참여율은 30퍼센트에 이르렀고 이후로도 지속적으로 증가했다. 여성의 사회 참여가 확대되던 바로 그 시점에 지식인들과 언론은 가정주부로서의 여성의 임무를 더욱 강조했다. 앞서 지적했던 유명 정치인 아들레이 스티븐슨의 스미스대학 졸업축사가 하나의 사례이다.[156]

여성 고등교육의 유용성을 전통적 역할에 대한 기여로 한정하는 이와 같은 주장은 그 시대에 일정한 역할을 수행했다. 과거에는 여성의 잠재력을 실현하기 어려운 수많은 법적·정치적·경제적 장애물이 존재했다. 여성에게 참정권이 주어지지 않았고 경제적 권리가 제한되었다. 다수 대학이 여학생 입학을 허용하지 않았고 여성의 자유로운 행동에 도덕적 편견과 법적 규제가 부과되었다. 사실상 베티 프리단이 책을 집필하던 1950년대 후반에도 여성에 대한 차별과 규제가 여전히 존재했다. 여성은 다양한 직종과 직업군에서 배제되었고 남성과 동일한 노동을 수행할 경우에도 동일한 임금을 받지 못했다. 경제권에 제약이 있었고 사회보장제도의 적용에서 차별이 있었다. 그러나 과거의 관행과 비교할 때 여성의 사회 참여에 대한 장애물은 상대적으로 약화되었다.

또한 제2차 세계대전 이후 20여 년간 미국은 경제와 사회, 과학의 측면에서 급격히 성장하고 발전했다. 인간 세계의 영역은 우주로 확대되었고 동시대인들은 인간의 삶이 물질적 결핍으로부터 자유로워지는 단계에 들어섰다고 믿었다. 새로운 변화 속에서 미국인들은 지성과 정신의 프론티어를 개척할 과제, 새로운 사상, 비전을 통하여 미래를 만들어 나아갈 과제를 이야기했다.

그러나 논의를 주도하는 것도, 변화에 동참하는 것도 거의 전적으로 남성에 국한되었다. 여성들은 교육을 받고 능력을 갖춘 경우에도 사회에서 자신의 능력을 발휘하기보다 가정으로 돌아가 가정주부의 역할에 헌신할 것을 요구받았다. 무한 가능성의 시대에 여성이 인간 존재의 자유를 스스로 포기하고 자신의 운명을 개척하는 것을 스스로 가로막는 힘, 베티 프리단은 그것이 곧 '여성의 신비'의 힘이자 역할이라고 여겼다.

여성 정체성의 위기

베티 프리단은 젊은 여성들과 인터뷰를 하는 과정에서 하나의 분명한 경향성을 파악했다. 젊은 여성들은 자신의 미래를 고민하지 않았고 미래에 대한 청사진이 없는 것으로 보였다. 과거를 돌이켜볼 때 베티 프리단 역시 미래 자신의 모습이 막연했던 시절이 있었다. 《여성의 신비》에 의하면 베티 프리단은 대학원 시절 박사 과정 장학금을 받을 기회를 얻었음에도 남자 친구의 회유로 학업을 중단했다. 당시 화학 전공 대학원생과 사랑에 빠졌던 그는 박사 과정에 진학할 경우 남자 친구와 헤어지게 될 것을 두려워했다. 그는 진학과 사랑 중 사랑을 선택했다. 그는 자신이 박사 과정을 그토록 쉽게 포기한 것은 '미래를 위한 특별한 계획 없이' 살았기 때문이라고 했다. 대학원을 떠난 후 그는 "삶에서 어떤 목적도 감지할 수 없었고 마음의 평화를 얻을 수 없었다"고 했다.

사실 베티 프리단은 버클리대학원을 떠난 1943년, 곧바로 뉴욕으로 갔고 그곳에서 10여 년간 노동신문 기자로 활동했다. 1947년 결혼한 뒤 일과 가정을 양립하는 어려움 속에서도 노동신문 기자로서 대의에 헌신했다. 그러나 《여성의 신비》에서 그는 이 시기를 "아무런 삶의 목적이 감지되지 않고 마음의 평화를 얻을 수 없었던 시기"로 규정했다. 9장에서 후술하겠으나 베티 프리단은 스스로 자신을 미래의 상을 상실한 냉전기 여성으로 위치지음으로써 자신과 자신이 인터뷰하는 대상, 그리고 독자들의 삶이 다르지 않음을 부각시켰다.[157]

베티 프리단이 대학 캠퍼스에서 만난 졸업반 학생들은 자신이 원하는 것이 무엇인가에 대한 질문을 싫어했다. 누구도 생각하고 싶지 않은 문제라고 했다. 그들이 선망하는 대상은 이미 약혼자가 있는 학생들이었다. 대학교육은 더 이상 그들에게 꿈 꿀 수 있는 인생의 길을 제시해주지 못했다. 그들은 막연하게 결혼 후에 남편이 자신의 인생행로를 결정해줄 것이라고 했다. 그들은 자신이 누구이며 어떤 인간이 되기를 원하는지를 스스로 묻는 것에 익숙하지 않았다.

그렇다면 이 명문대 졸업생들은 어떠한 이유로 자신의 미래를 고민하거나 개척하지 않게 된 것인가? 무엇이 그들로 하여금 성장을 멈추게 한 것인가?

먼저 '여성의 신비'의 대물림에서 찾을 수 있다. 그들은 어린 시절부터 보고 배울 수 있는 롤 모델이 없었다. 어머니는 딸의 롤 모델이 되지 못했다. 오히려 좌절감에 빠진 어머니를 보며 자란 딸은 성장기부터 내면에 자신의 미래에 대한 두려움을 키워갔다. 어머니는 딸이 자신과 다른 모습으로 성장하기를 바랐지만 바람직한 여성상을 제시해주지는 못했다. 딸은 자신이 남과 다르다는 고립감을 갖기를 원하지 않았기에 자신의 자질을 인정하고 발전시키기보다 소위 인기 있는 소녀들의 특징을 모방했다. 결국 뛰어난 재능을 타고난 여성조차 사회적 압박에 대한 두려움을 떨쳐버리지 못했고 사회가 제시하는 틀에 자신을 맞추려고 했다.

두 번째는 20세기 중반 미국 사회가 여성의 내적 성장을 장려하지 않았다는 것에 있다. 오히려 다양한 방식으로 성장을 방해했다. 마치 19세기 빅토리아 시대에 여성의 성적 욕구를 인정하지 않았던 것처럼 20세기 미국 사회는 여성의 내적 성장의 욕구를 인정하지 않았다. 내적 성장을 지속적으로 방해받은 여성은 스스로 성장을 기피하는 자아결핍 상황에 이르렀다. 여성은 굳이 성장에 따르는 고통을 스스로 선택할 이유가 없었다.

심지어 여성에게는 자아의 위기조차 허용되지 않았다. 베티 프리단이 버클리대학원에서 사사한 심리학자 에릭 에릭슨에 의하면 자아의 위기는 성장 과정, 즉 스스로 자신이 어떤 존재인가를 결정하고 관점과 방향, 통일성을 형성해나가는 과정에서 나타나는 하나의 자연스러운 현상이었다. 성장의 고통과 자아의 위기는 도약 혹은 새로운 시작을 의

미한다는 점에서 긍정적으로 해석되었다.[158]

그러나 현실에서 남성이 겪는 자아의 위기와 성장의 고통이 새로운 단계로의 도약으로 권장되었다면 여성이 겪는 자아의 위기는 정신병으로 폄하되었다. 여성에게는 정체성의 모색 과정 자체가 인정되지 않았기 때문이다. 여성의 정체성은 이미 신체구조에 의해 결정되고 따라서 정체성을 모색하는 것은 불필요한 과정으로 여겨졌다.

베티 프리단은 자아의 위기와 성장의 고통을 경험하는 여성들을 만날 때 오히려 희망을 감지했다. 그들이 미성숙한 정체성에서 완전한 인간 정체성으로 형성되는 전환기에 있다고 판단했기 때문이다. 전환을 위해 요구되는 고통 역시 여성이 감내해야 할 몫이라는 점을 베티 프리단은 되풀이하여 강조했다.

열정적인 여행

냉전시대의 여성들은 잠시 망각하고 있었으나 미국의 여성들은 오랫동안 평등한 시민으로 인정받기 위해 투쟁해왔다. 그러나 역사적으로 여성의 투쟁은 늘 사회의 비웃음과 조롱거리가 되었다. 여성운동에 매진하는 여성은 신경쇠약증 환자 혹은 남성이 되고 싶은 사람으로 비난받았다.

이에 대한 여성운동가들의 대응은 여성다움에 대한 부정으로 나타났다. 그들은 남성과 동등하게 사회에 참여하는 자유를 얻기 위해 여성다움으로 간주되는 모든 행위들, 즉 성적으로 수동적이고 모성애에 집착하며 남성의 지배를 받아들이는 행위들을 거부했다. 그들은 '여성도 인간'이며 남성과 마찬가지로 인권이 존중되어야 할 존재임을 인정받기 위한 싸움을 시작했고 존재에 관한 발언권을 확보하기 위해 목소리를 높였다. 그 과정에서 자신의 여성성이 드러나는 것에 대해 스스로 거부감을 갖기도 했다.

그러나 베티 프리단은 페미니스트들이 "남성을 증오하고 여성으로서 사랑받을 수 있는 능력이 없는" 인물이라는 세간의 평가를 부정하기 위해 역사 속 페미니스트들을 호출했다. 여성운동의 역사에서 선구적 역할을 했던 메리 울스톤크래프트와 안젤리나 그림케, 마거릿 생어가 그들이다. 그들은 사랑했고 사랑받았다. 그들은 평등한 인간으로서의 권리와 존엄을 존중받기 위해 투쟁했다. 여성에게도 내적으로 성장하고 잠재력을 발휘할 기회가 주어져야 한다고 주장했다. 마거릿 풀러의 말처럼 "여성으로 행동하거나 지배하는 것이 아니라 자연스럽게 자라고 지식인으로 인정받고 영혼을 가진 자로서 자유롭게 살고 주어진 힘을 간섭받지 않고 펼치는 것"을 원했다.

베티 프리단은 미국에서 여성 정체성에 대한 근본적 질문이 처음 나타났던 1848년 세네카 폴즈에서의 〈감성의 선언〉에서 여성참정권운동, 인보관鄰保館운동, 그리고 1920년 여성참정권 쟁취에 이르기까지 면면히 이어지는 미국 여성운동의 역사를 상기시켰다. 특히 19세기 노예제 폐지운동에 적극적으로 관여했던 여성개혁가들이 여성운동에 매진하게 된 계기는 중요한 시사점을 갖고 있었다. 그들은 노예제 폐지를 위해 싸웠으나 여성이라는 이유 하나만으로 노예제폐지협회의 국제회의에서 발언권을 얻지 못했다. 해부학적 구조를 근거로 형성된 편견 때문에 자유와 권리를 포기했던 여성들은 피부색을 이유로 차별받던 흑인 노예들의 상황이 자신들이 처한 상황과 크게 다르지 않음을 깨달았다.

18세기 시민혁명이 촉발한 자유와 평등에 대한 갈망은 남성뿐 아니라 여성의 마음을 흔들었다. 그러나 여성들은 인간으로서의 권리가 자신들의 것이 아님을 절감했고 〈독립선언〉을 모델로 하여 〈감성의 선언〉을 작성했다. "모든 여성과 남성은 평등하다"로 시작되는 1848년 〈감성의 선언〉은 다음과 같은 내용을 포함했다.[159]

남성은 여성에게 발언권이 허용되지 않는 조직에서 여성의 법 준수를 강요했다. 남성은 결혼한 여성이 민법상으로 죽은 상태에 처하게 했다. 남성은 여성의 모든 재산권과 여성이 벌어들이는 소득을 가져갔다. 결혼의 관습에 따라 여성은 남편에게 복종할 수밖에 없으며 남성은 사실상 여성의 주인이 되었다. 남성은 교육 효과가 없다는 이유로 여성이 대학에 접근할 수 있는 문을 봉쇄했다. 남성은 여성의 의식과 행동을 규정하는 것이 자신의 권리라고 주장함으로써 스스로 신의 특권을 횡령했다. 남성은 여성 스스로 자신감을 파괴하고 자존감을 낮추고 기꺼이 종속적이고 비천한 삶을 살게 하기 위해 모든 노력을 다했다.

위의 내용은 당시 기혼여성에게 가해지는 법적·제도적 제약을 그대로 반영했다. 그러나 세네카 폴즈 선언은 동시대 언론과 성직자, 지식인들로부터 '폭동'이며 '신에 대한 모독'으로 비난받았다. 여성운동가들은 신이 여성에게 부여한 본성을 더럽혔다는 비난을 들어야만 했다. 성직자들은 성경 구절을 인용하여 모든 여성은 남편에게 복종해야 하며 여성의 지배자는 남성임을 증명하려고 했다. 19세기 정치인들은 여성에게 동등한 권리를 주면 "여성의 부드럽고 우아한 천성이 사라질 것"이라고 했다. 그들은 여성이 차세대 남성 시민의 인격을 형성하는 데 지대한 공헌을 하는 고귀한 사명을 지니고 있으며 이 사명은 가정에서 완성된다고 주장했다. 공화주의 시민을 육성하는 '공화주의적 모성'이 강조되었다. 여성에게는 공화주의 사회의 동등한 시민의 권리가 아니라 공화주의 시민을 육성하는 모성의 임무가 부여되었다.[160]

1876년에 한 뉴저지주 상원의원은 "여성의 사명은 애교와 사랑으로 생존경쟁의 장에서 돌아온 남성의 열정을 완화시키는 것이지 남성과 경쟁함으로써 생존경쟁을 더욱 악화시키는 데 있지 않다"고 주장했다. 기혼여성의 재산권에 관한 청문회가 개최되었을 때 뉴욕의 한 정치인은 신이 남성을 인간의 대표자로 창조했고 남성의 갈비뼈로 여성을 만들었으므로 여성이 평등한 경제권을 요구하는 것은 어불성설이라고 했다. 한 성직자는 여성운동 지도자 안젤리나 그림케에게 편지를 보내 "여성의 힘은 신이 여성을 보호하기 위해 부여한 연약함의 의존성에서 나오며 여성이 공적 개혁자로서 남성의 위치와 어투를 취하는 것은 자연을 거스르는 것"이라고 비판했다.

사회 통념에 맞서 여성평등권을 주장했던 이들은 격렬한 사회적 저항을 감수해야만 했다. 여성의 권리를 부정하는 현실과 여성의 굴종을 강요하는 사회 통념에 맞섰던 여성운동가들은 자연을 거스르는 괴물, 신에 대항하는 범죄자로 여겨졌다.

〈감성의 선언〉에 동참했던 여성 중 다수가 고등교육을 받았고 노예제폐지운동과 같은 사회개혁운동에 적극적으로 참여했다. 19세기 초반 공화주의적 시민을 육성하기 위해 확대된 공교육의 수혜자들이었던 이 여성들은 남성들과 마찬가지로 공화주의적 가치를 교육받았다. 그러나 그들은 이상과 현실의 괴리를 절감하면서, 여성을 '분리된 영역'으로 몰아넣는 공화주의 미국의 모순을 비판하기 시작했다. 여성의 생활이 가정을 중심으로 하는 한, 사적 영역에 국한되는 한 독립적 개체로서 여성의 자아발전은 불가능했다.

초기 여성운동가들이 감행한 최초의 행동은 고립을 깨고 소통하는 것이었다. 루시 스톤과 함께 세네카 폴즈에서 〈감성의 선언〉을 주도했던 엘리자베스 캐디 스탠턴은 고립된 주부의 삶은 발전을 불가능하게 한다는 사실을 직시했다. 그는 "처음에는 무엇을 해야 하는지 알 수 없었다. 그러나 분명하게 떠올랐던 생각은 저항과 토론을 위한 회합이 필요하다는 것이었다"고 회고했다. 동등한 시민이 되기 위한 첫걸음이 소통과 회합, 그리고 연대에서 출발한다는 깨달음이었다.

1848년 제1차 여성권리대회가 개최된다는 광고를 보고 각지의 여성들이 마차를 타고 세네카 폴즈로 왔다. 그날 참석한 여성들의 교육 정도나 교육받은 방식은 서로 달랐다. 그러나 여성 역시 남성과 마찬가지로 누구로부터 침해받을 수 없는 자유와 권리가 있다는 신념에는 차이가 없었다. 언론은 세네카 폴즈에 모인 여성들에 대해 남성을 잡아먹는 식인종으로 묘사했다. 그러나 세간의 비난에 아랑곳하지 않고 독립적 인간으로 살아가기를 선택한 여성들은 '안락한 감금'을 벗어나 고통스러운 자유로 나아갔다.

이 선구적인 여성들이 요구했던 속박으로부터의 최소한의 자유는 곧 비웃음의 대상이 되었다. 숨을 쉴 수 없게 옥죄는 코르셋과 페티코트와 블루머 착용을 거부했을 때 사회는 그들이 마치 문란한 여성인 듯 비난했다. 기혼여성이 재산권을 가질 수 있도록 법원에 청원했을 때 남성들뿐 아니라 여성들도 이를 위험한 행위로 여겼다.

거센 비난과 거부에 맞서 19세기 여성운동가들은 각 지역을 돌아다니며 조직가이자 로비스트, 강연자로 활동했다. 그들은 "동등한 교육을 받을 권리, 공중 앞에서 말할 권리, 재산을 가질 권리, 직업을 갖고 전문직에서 일할 권리, 자기 자신의 수입을 통제할 권리"를 당당하게 요구하면서 여성 비하를 당연시했던 여성과 남성들의 의식을 변화시키기 위해 노력했다.

19세기 여성운동이 노예제폐지운동을 계기로 참정권운동으로 이어졌다면 20세기 여성운동은 헐 하우스와 같은 인보관鄰保館운동을 중심으로 성장했다. 20세기 초 여성 노동자들이 처한 열악한 노동조건을 목격한 여성운동가들은 기존 여성운동의 핵심 쟁점이었던 여성의 교육권과 피선거권보다 노동권의 확보가 우선적 사안임을 인식했다. 장기화된 파업 과정에서 굶주림과 추위에 지쳐갔던 여성 노동자들의 곁을 지킨 것은 여성운동가들이었다. 그들은 과거 19세기 여성운동가들이 도망노예들을 돕기 위해 그랬던 것처럼 파업 노동자들의 음식이나 보석금을 마련하기 위해 자금을 조달했다.[161]

여전히 20세기 초반까지도 여성참정권이 여성운동의 중심에 자리했다. 제1차 세계대전을 전후하여 여성참정권 투쟁은 더욱 격화되었다. 투쟁에 참여한 여성시위대가 백악관을 에워싸고 피케팅을 한 뒤 대거 투옥되는 사태가 발생하면서 여성참정권은 다시금 사회의 주목을 끌었다. 대부분 퀘이커 교도와 평화주의자였던 이 여성들은 옥중 단식투쟁에 돌입했다. 그들은 각 주 정부 의회, 정당, 대통령 후보들에게 자신들의 목소리를 전달하기 위해 조직적으로 움직였다. 이와 함께 36개 주 의회에서 수정조항이 통과되었다. 여성참정권 투쟁은 더 이상 소수의 페미니스트들이 주동하는 작은 움직임이 아니었다. 대부분 가정주부와 어머니였던 그들은 그들의 할머니 세대가 19세기 중반에 시작한 투쟁을 이어받아 마침내 1920년 수정헌법 제19조의 결과를 이룩해냈다.[162]

1920년은 여성참정권 투쟁을 위한 기나긴 싸움의 정점이었으며 동시에 하락 지점이었다. 베티 프리단은 "1920년 이후 태어난 여성들에게 페미니즘은 죽은 역사"라고 했다. 이는 1921년에 태어난 베티 프리단에게도 해당되었다. 한때 여성참정권을 획득하기 위해 연대했던 여성들은 각자 자신의 자리로 돌아갔다. 그들의 일부는 더 이상 여성문제에 한정하지 않고 보편적 인간의 자유와 권리를 위해 싸웠다. 그들은 민권운동에 나섰고 노동3권 투쟁에 동참했다. 1930년대 중반 이후 파시즘이 전 세계를 위협하자 파시즘에 대항하는 거대한 인민전선의 일원이 되었다. 여전히 여성차별에 맞서 싸우는 여성운동가들이 있었으나 참정권 투쟁 이전에 비해 여성운동은 상대적으로 축소되었다.

사실 1920년 이후 여성운동의 극적인 하락에 대한 베티 프리단의 묘사가 다소 과장된 측면이 있다는 주장이 제기되기도 한다. 베티 프리단이 지적했던 것과 같이 여성들, 특히 냉전기 여성들은 정치에 무관심했고 교외 지역에서 고립된 삶을 살았다. 그러나 1920년 이후 여성운동가들이 역사의 장에서 일시에 사라진 것은 아니었다. 1916년 건립된 전국여성당National Woman's Party은 1920년 참정권 쟁취 이후 남녀평등권 수정조항 통과에 매진하며 남녀평등을 요구하는 여성운동의 구심점 역할을 했다. 1920년 수정헌법 제19조로 참정권 획득의 목표를 달성한 여성단체들은 자발적 결사체와 정치행동을 통해 평등권 수정조항이라는 새로운 목표를 향해 힘을 모았다.[163]

대공황기에 여성운동이 활발했던 것은 아니나 오랫동안 여성노동보호법을 위해 투쟁했던 프랜시스 퍼킨스와 같은 여성개혁가들이 뉴딜정권 내부로 들어가 활동했고 그들이 형성한 네트워크를 통해 상호 연대했다.[164] 1950년대에는 미국 여성유권자연맹이 각 지역의 여성들이 지역정치에 적극적으로 참여하는 매개체가 되었다.[165]

그 밖에 노조에 들어가서 여성 노동자들의 평등권을 위해 투쟁한 이들, 여성노동보호법의 확대를 위해 헌신한 여성개혁가들이 있었다. 민권운동에 앞장선 흑인 여성운동가들, 도로시 더글라스와 같이 대학 강단에 섰던 페미니스트 교수들, 그리고 베티 프리단이 그러했던 것처럼 공동육아와 마을공동체, 대안교육을 하면서 남성과 여성의 실질적 평등을 실현하기 위해 노력한 여성들이 있었다. 베티 프리단은 그러한 여성들의 존재를 인지했고 본인이 그러한 삶을 살았다. 그러나 그는 1920년 이후 여성운동에 매진하거나 대안적 삶을 실천하던 여성들의 모습을 자신의 책에서 거의 언급하지 않았다.

사실 1960년대 제2차 여성운동의 물결이 일어나기 전까지 미국에서 여성운동은 약화되고 분절화되었다. 특정 쟁점을 부각시켜 사회적 주목을 받거나 정치세력화하는 것 역시 실패했다. 그런 점에서 베티 프리단의 주장이 잘못되었다고 볼 수는 없다. 그러나 이전 여성운동의 명맥을 이어왔던 이들의 입장에서 보면 베티 프리단의 주장은 어렵게 명맥을 이어온 여성운동을 부정하는 것으로 여겨질 수 있었다.[166]

07 ...

'여성의 신비'의 도구들

프로이트의 성적性的 유아론

여성의 운명이 해부학적으로 결정되며 따라서 여성은 남성과 동등한 인간이기보다 아이를 낳고 키우며 남편을 섬기는 사람이라는 오래된 편견은 페미니즘의 대두나 과학과 교육의 확대, 민주주의의 발전 이후에도 쉽게 사라지지 않았다. 오히려 프로이트주의의 유행과 함께·기정사실화되었다. 엄밀히 말하면 여성의 신비를 명백한 진실로 수용하게 한 것은 이 프로이트 이론 그 자체보다는 프로이트 이론의 잘못된 해석 혹은 오용 때문이었다.

사실 베티 프리단은 프로이트 이론이 갖는 근본적 창의성, 그리고 이론적 도구로서의 정신분석의 효용성을 높이 평가했다. 그가 문제시했던 것은 여성성에 적용되는 방식, 특히 프로이트 이론에 대한 전문가들의 해석과 그 해석이 대중매체를 통해 변질된 채 확산된 상황이었다. 프로이트 이론은 그것이 소비되는 과정에서 교육받은 현대여성을 '무기력하게 만드는 초자아'를 만들었고 그것이 여성의 선택과 성장을 방해했으며 나아가 개인 정체성을 부정하는 새로운 당위의 영역을 형성했다.

한때 프로이트 심리학은 성적 충족을 얻기 위한 자유에 초점을 두어 여성해방 이데올로기의 일부가 되었다. 그러나 여성에 대한 프로이트 이론은 어디까지나 빅토리아 시대의 여성에 적용된 것이며 20세기 중반 미국 사회를 살아가는 여성들에게 그대로 적용되기에는 부적합했다. 프로이트가 생물학적이고 본능적이며 변화하지 않는 것으로 상정한 요인들은 특정 문화에 근거를 둔 것이었는데 남근 선망을 예로 들 수 있다.

남근 선망은 여성이 자신에게 결핍되었다고 느끼고 욕망하는 것을 '남성의 성기'에서 찾는다는 개념이다. 남근 선망은 본래 프로이트가 빅토리아 시대 비엔나에서 중산층 여성환자를 관찰한 뒤 나타난 현상을 설명하기 위해 만들어낸 개념으로 성 또는 신체 해부학적 특성으로 여성의 특질을 정의했다.

이처럼 프로이트 이론에서 여성은 '무언가 결핍된 남성'으로 여겨졌다. 남성의 성기가 없는 여성은 끊임없이 비교하면서 자아에 상처를 입는다는 것이다. "그의 눈에 비친 어머니를 비롯한 모든 여성들은 남성의 눈에 비친 것과 마찬가지로 비하되어 보인다. 이것이 계기가 되어 철저한 성적 금욕이나 노이로제 현상을 나타내기도 하고 남근 숭배 활동을 거부하는 남성성 콤플렉스, 여성의 활동이 억압되는 정상 여성성을 초래하기도 한다."

이 이론에 의하면 남성은 거세로 인한 불안감으로 초자아를 발전시켜 지성을 가진 사회적 주체가 될 수 있다. 반면 여성의 초자아는 남성의 것만큼 완전하게 형성되지 못한다. 여성은 심리학적 고정성과 변화

불가능성을 갖고 있고 여성성으로 귀결되는 과정을 통해 개인의 모든 가능성을 소진하기 때문이다. 프로이트는 이처럼 여성에게 나타나는 불완전한 자아, 인간으로서의 정체성의 결여를 남근 선망으로 설명했다. 평등에 대한 여성의 갈망조차 남근 선망으로 설명하면서 여성이 남성과 동등할 수 있다는 전제를 거부했다.

20세기 중반 미국에서 프로이트 이론은 선풍적인 인기를 얻었다. 베티 프리단은 이러한 현상에 대해 제2차 세계대전이 끝난 뒤 "미국인들은 핵폭탄이나 매카시즘과 같은 현실에 대한 불편한 질문으로부터 벗어나기 위해 프로이트 심리학에 의존했다"고 지적했다. 프로이트 심리학은 심리분석뿐 아니라 대중지 작가와 편집자, 광고대행사, 대학과 출판사에 영향을 미쳤다. 사회 곳곳에서 프로이트 이론을 도용한 기능주의자들이 득세하면서 문제는 더욱 심각해졌다. 대학의 기능주의적 결혼 교과서는 프로이트 이론에 따라 여자 대학생들이 여성의 역할을 수행하는 방법을 제시했다. 심리학자들은 남근 선망 이론을 적용하여 여성성을 수동성과, 남성성을 활동성과 등치시켰다. 미국에서 프로이트 이론을 대중화한 논자들은 여성에 대한 프로이트의 무의식적인 편견을 유사과학 수준으로 굳혔다.

기능주의적 고착,
여성성 주장feminine protest, 마거릿 미드

미국에서 사회과학은 여성에 대한 편견을 타파하기보다 기존의 편견에 새로운 권위를 부여했다. 대안적 연구들이 없었던 것은 아니다. 예컨대 정신분석가, 인류학자, 사회학자, 사회심리학자 등 각 분야 전문가들은 프로이트 이론에 대한 재해석을 시도했다. 심리학 분야에서 나타난 신프로이트 학파의 대표적 이론가 중 한 사람이 베티 프리단이 버클리대학원에서 사사했고 또 영향을 받았던 에릭 에릭슨이다. 프로이트가 이드의 역할에 집중했던 것과 달리 인성의 발달에서 자아의 중심적 역할을 강조했던 에릭슨은 인성은 사회적 상호작용과 생물학정 성숙을 통해 일생에 걸쳐 지속적으로 성장한다고 주장했다. 에릭슨은 위기를 극복하는 인간의 능력을 중시함으로써 프로이트식 결정론을 피했다.[167]

그러나 구조기능주의가 미국 사회과학계의 주요 이론체계로 등장하면서 새로운 흐름에 제동이 걸렸다. 구조기능주의는 각 영역이 상호의존적이며 각 영역의 활동이 전체로서의 사회의 기능에 기여하는 것으로 이해했다. 사회학에서 구조기능주의 이론을 체계화한 탈코트 파슨스는 사회 전체의 안정적 유지와 존립을 위한 각 부분의 기능적 분화와 통합 방식에 주목했다. 파슨스가 가족 내부에서 남성은 가족의 생계유지를 책임지는 '도구적 역할'을 수행하고 여성은 가사와 자녀양육을 담당하는 '표현적 역할'을 수행한다고 설명했다. 그러나 구조기능주의는 역사성을 배제한 채 현재의 상태를 기준으로 이론을 정립함으로써 과거와 현재의 편견을 고착화했다는 비판을 피할 수 없었다.[168]

구조기능주의 이론은 여자대학교에서 채택한 교재들에 그대로 반영되었다. '여성과 사회,' '가족과 결혼'과 같은 과목들은 전통사회에서 수용될 만한 방식으로 여성의 사회적 위치와 가정에서의 역할을 규정했다. 일례로 베티 프리단이 살펴본《현대인을 위한 결혼》(1942)이라는 책은 "여성의 기본적 위치는 남편의 부인이며 아이들의 어머니"임을 누 누이 강조했다. 또한 "남성과 여성의 구분은 상호 보조적인 것", "가사 를 직업으로 여기는 젊은 여성은 열등감을 느낄 필요가 없다", "여성이 가정을 지키기 때문에 남성은 직업을 가질 수 있다"라고 설명하면서 구체적 예시를 통해 주부의 역할을 학습하게 했다. 그 책은 1942년에 출간되어 20여 년간 여자대학교에서 교재로 사용되었다. 이와 같은 기 능주의적 교과서들은 체제에 대한 개인의 순응에 일조했다.

베티 프리단은 명백하게 성 역할을 구분했던 탈코트 파슨스뿐 아니 라 세대를 넘나들며 수많은 여성에게 깊은 영향을 미친 마거릿 미드 역 시 기능주의적 역할을 수행하고 있다는 점에서 비판했다. 인류학자인 미드는 뉴기니에 있는 세 개의 다른 원시 부족 집단과 생활하며 그 특 징을 다음과 같이 정리했다. 남녀 모두 온화하고 여성적인 부족 집단, 남녀 모두 공격적이고 남성적인 부족 집단, 그리고 남성이 의존적이고 여성이 독립적인 부족 집단. 이를 토대로 미드는 사회가 규정하는 '남 성성'과 '여성성'은 타고난 것이 아니라는 점을 지적했고 여성성과 남 성성이 생물학적으로 규정된다는 것을 전제로 하는 프로이트 이론을 반박했다. 사회 환경과 역사적 맥락이 인간의 기질과 역할을 규정한다 는 것이다. 미드의 연구는 성에 따른 기질적 차이를 생물학적 차이 이 외의 관점에서 연구하고 재해석해야 한다는 함의를 지녔다.[169]

그러나 베티 프리단은 미드의 연구가 오히려 '여성의 신비'의 불확실 한 구조에 현실성을 부여하는 역할을 했다고 비판했다. 미드가 '인류학 적이며 사실에 근거하여 진술된 프로이트주의'의 개념을 만들었다는 것이다. 남성이 창조적 업적을 성취함으로써 문명사회에서 존경을 받는 것과 마찬가지로 여성이 '아이를 낳는 능력을 갖고 있다는 사실' 하나만으로 원시 부족 집단에서 존경을 받고 있다는 점을 부각시킨 것에 대한 비판이었다. 베티 프리단은 이와 같은 해석이 남성과 여성의 역할을 정의하는 틀을 만들고 사회 적응을 강조함으로써 기능주의 사회과학의 변형으로 작용했다고 주장했다.

실제로 미드는 《남성과 여성》(1950)이라는 책에서 여성이 남성의 특질을 그대로 따를 필요가 없고 여성으로서 자긍심을 갖고 스스로 존중해야 한다고 주장했다. 미드는 남성과 비교하여 불완전한 인격체로 여겨졌던 여성 대신 '완전한 인간으로서의 여성'의 이미지를 제시했다. 여기에서 베티 프리단은 미드가 "자유로운 선택을 통해 아기를 낳고 모유 수유를 하며 정신과 마음을 다해 아기를 돌보는 데 헌신적일 수 있도록" 영향을 미쳤다는 점에 주목하여 미드를 비판했다. 교육받은 여성이 의식적인 인간의 목적으로서 모성을 긍정하게 했다는 것이다. 심지어 미드는 《남성과 여성》 후반부에서 "남성의 영역으로 간주된 분야에 여성이 진출함으로써 남성성과 여성성을 위협한다면 그러한 여성의 재능을 지지하는 것은 바람직하지 않다"고 주장하기도 했다. 이에 대해 베티 프리단은 미드가 남성과 여성의 동등함보다 여성의 유일성을 중시했고 이러한 경향이 결과적으로 여성의 전통적 이미지를 전복시키지 못했을 뿐 아니라 '여성의 신비'에 과학적 권위를 부여하는 데 일조했다고 비판했다.

마거릿 미드는 여성과 남성의 역할 구분을 언급하기는 했으나 사실상 그것을 자연적인 것으로 받아들였을 뿐 비판적으로 접근하지 않았다.[170] 이제 미드는 페미니즘 연구에서 거의 주목받지 않는다. 페미니즘과 관련된 미드의 업적은 오히려 그의 연구에 내재된 인종주의가 미국의 페미니즘에 부정적 영향을 미쳤다는 측면에서 재조명되었다.[171] 그러나 1960년대까지만 해도 미드는 저명한 인류학자이자 생물학적 결정론에 대한 의문을 제기한 선구적 페미니스트로 여겨졌다. 《여성의 신비》가 나오고 2년 뒤인 1965년 대통령 직속 여성위원회 보고서가 발간되었을 때 이를 총괄하고 서문을 썼던 이도 마거릿 미드였다.

그러나 서문에서는 다시 미드의 사고의 한계가 드러났다. 위원회 보고서는 여성이 사회에서 능력을 발휘할 수 있어야 하며 이를 위해 보육시설과 제반 서비스를 제공해 여성이 일과 가정을 양립할 수 있도록 지원해야 한다는 점을 강하게 주장했다. 그러나 서문에서 미드는 가정 밖에서 일을 할 때 가정에 남아 자녀를 돌보고 남편의 문제에 귀 기울일 사람이 누구인가를 질문하여 주부의 역할을 강조했다. 미드는 일하는 여성이 늘어날 때 발생할 수 있는 가정과 사회의 문제를 우선적으로 고려했고 그런 점에서 구조기능주의 이론에 충실했다. 이에 대해 베티 프리단은 1973년에 나온 《여성의 신비》 증보판 에필로그에서 마거릿 미드와 같은 '예외적인' 여성들에게는 단지 남성, 여성, 그리고 예외적인 여성이라는 세 부류의 인간밖에 없는 것으로 보인다며 비판했다. 미드 자신은 인간으로서 성취를 이루었으나 평범한 다수 여성은 여성으로서의 역할에 충실하라고 조언하는 듯한 태도를 견지한 모순을 지적한 것이다.[172]

여성 지향적 교육자들

베티 프리단이 연구·조사를 진행하던 1950년대 중반, 대학에 진학한
여성의 3분의 2가 학업을 중단했다. 그 어느 때보다 더 많은 여성들이
대학에 진학했으나 그들 중 다수는 대학에서 물리학자나 철학자, 시인
이나 의사, 대학교수가 되고자 하는 꿈을 키우지 않았다. 오히려 이전
여성들보다 전문직이나 직업을 가지려는 의향이 적어졌다. 미국의 저
명한 여자 사립대학인 바사, 스미스, 버나드대학의 교수들은 학생들의
흥미를 불러일으킬 만한 다양한 방식을 동원하여 그들의 관심을 이끌
어내려고 노력했지만 여학생들이 결혼 이외에 그 어떠한 야망이나 비
전, 열정도 없다고 난색을 표했다. 일부 여자대학은 경제적 타격을 받
았다고 했고 남녀공학 대학의 교수들 중 일부는 여성에게 대학교육을
제공하는 것은 낭비라고 공공연하게 주장했다.

베티 프리단은 미국 전역의 여자대학생들과 인터뷰를 진행하면서 이
현상의 심각성을 재확인했다. 어떤 과목에 관심이 있는가, 하는 질문을
받은 졸업반 학생들은 주요 관심사가 "다이아몬드 반지를 낀 채 졸업
하는 것"이라고 답했다. 그들이 생활한 대학 기숙사에서는 학과에 관
한 전문적인 이야기가 금기시되었다.

여기에서 베티 프리단은 자신의 대학 시절을 상기했다. "우리가 대학
을 다닐 때에는 진실이 무엇인가를 질문했다. 예술을 위한 예술, 종교,
성, 전쟁과 평화, 프로이트와 마르크스, 그리고 세상의 잘못된 모든 것
들에 대해 우리는 몇 시간이고 논쟁을 이어갔다." 인간의 삶과 사회, 세
상에 대한 호기심과 열정에 넘쳐 치열하게 사고하고 공부했던 지난날

을 회상하면서 그는 달라진 학생들의 모습에 당혹감을 드러냈다. 1950년대의 여대생들은 대학 생활을 '진짜 인생'을 위한 통과의례 정도로 여겼다. 그들은 여성의 인생은 배우자를 만나 결혼하고 자녀를 기르며 사는 그때 시작되는 것으로 생각했다.

베티는 이 젊은 여성들의 표정에서 묘한 긴장과 함께 간섭받지 않으려고 하는 방어적 심리 상태를 읽어냈다. 한 학생은 "사물을 너무 진지하게 대하는 사람은 다소 불쌍하게 여겨지거나 비웃음을 받는다. 괴짜로 취급받는다"고 했다. 또 다른 학생은 "남편이 높은 직책을 가진 사람이 되기를 원한다면 여자가 너무 많은 교육을 받거나 예술에 깊이 관심을 가지면 곤란하다"는 의견을 밝혔다. 대학원이나 로스쿨 진학을 생각했던 한 역사 전공 여학생은 자신의 선택이 "결혼해서 아이를 갖고 멋있는 집을 갖는" 길에 오히려 방해가 될까 두려워 꿈을 포기하게 되었노라고 말했다. 과학에 관심을 갖고 세균학을 전공하여 암 연구자가 되기를 원했던 여학생은 가정관리학으로 전공을 변경했다. 세균학을 전공하는 학생 60명 중 유일하게 여학생이었던 그는 다른 여성들이 자신을 이해해주기를 기대하기보다는 다른 여성들과 같은 길을 선택하는 것이 안전하다고 판단했다.

여학생들이 지적인 생활을 스스로 차단하는 것보다 베티 프리단을 더욱 의아하게 만든 것은 학생들을 탓하는 대학교수들의 태도였다. 주요 원인제공자는 교육을 주도한 대학과 교수들에게 있다고 판단했기 때문이다. 대학은 여성의 역할을 고정시키는 사회의 흐름을 벗어나지 못했고 일부 교수들은 학생들이 창조적 지성을 사용하려는 노력을 오히려 차단했다. 여자대학에서 가르치는 '결혼과 가정 생활' 같은 교과

목은 여성의 역할을 수행하는 기능적 방법을 교육시켰다. 베티 프리단이 보기에 대학의 교육자들은 젊은 지성이 미래에 기여할 수 있는 방향을 제시하는 데 도무지 관심이 없었다.

당시 여자대학교의 전반적 분위기는 여성 지향적인 교육을 강조했다. 지적 훈련의 숙달을 통해 지성을 발전시킨다는 교육의 목표는 구식으로 취급되었다. 대학은 유능한 여성에게 창조적인 지성을 키우는 교육을 제공하여 새로운 영역을 개척하고 넓은 세계로 한발 내딛게 하는 대신 가정과 자녀의 세계에 적응하도록 가르쳤다. 대학은 더 이상 과거의 편견에 대항할 수 있는 진리, 편견에 맞설 수 있는 비판적 사고를 교육시키지 않았다. 한 유명 여자대학은 "우리는 여대생을 학자가 아니라 아내이자 어머니로 교육시킨다"는 슬로건을 자랑스럽게 내걸었다.

베티 프리단은 중세 역사가이기도 한 린 화이트의 책을 소개했다. 그는 한 대학 총장 재직 시절 여성교육에 대한 책을 저술했다. 책에서 화이트는 "남성과 여성의 지적·정서적 경향이 근본적으로 다르다는 사실을 부정하는 낡은 페미니즘 전술을 역전시켜야 여성의 자존심을 되찾을 수 있다"고 주장했다. 책에는 흥미로운 분석이 포함되었다. 그는 '과대평가된 문화적 창조성', '혁신 자체를 좋은 것으로 무비판적으로 수용하는 태도', '이기적 개인주의', '추상적 건설', '양적 사고'를 남자다운 것과 등치시키고 그와 대비하여 '인간의 지각', '질적 관계', '직관', '감정', '선하고 진실하며 아름답고 유용하며 성스러운 것을 소중히 하고 보존하는 모든 힘'을 여성다움으로 간주했다.

린 화이트의 분석은 그 자체로 여성성이 지닌 우월한 측면을 드러내고 있고 그런 점에서 '차이의 페미니즘'의 가치와 일맥상통했다. 그러나 같은 책에서 그는 여성을 위해 행하는 전문적인 훈련을 모두 그만두고 가정주부로 교육시켜야 한다고 주장함으로써 결국 베티 프리단이 비판하고 있는 '여성의 신비'에 일조했다. 린 화이트는 여성을 위해 대학에서 식품영양, 섬유와 의복, 보건, 주택 계획과 실내장식 등 특화된 교과 과정을 '보다 집중적으로, 창의력을 가지고 만들 것'을 제안했다.[173] 사실상 당시 많은 대학에서 린 화이트가 제안한 것과 유사한 실용적인 학과를 만들었다. 문제는 린 화이트가 그 학과들을 여성교육에 한정시켜 제안했다는 것이다. 베티 프리단은 '생활 적응'에 치중한 교육이 여성의 성장에 역행하는 시도는 아니라고 해도 성장을 방해하는 데 일조할 수 있음을 지적했다.

1950년대 당시 미국 고등학생의 상위 40퍼센트 중 대학 진학을 포기한 이들의 3분의 2가 여성이었다. 베티 프리단은 제임스 B. 코넌트 박사를 인용하여 많은 여학생이 중간에 학업을 그만둘 뿐 아니라 학교를 다닌다고 해도 쉬운 교과목만을 골라 듣는다는 점을 지적했다. 이는 여학생들이 여성다움을 강요하는 '여성 지향적 태도'를 체화시켰다는 것을 의미한다. 뛰어난 재능과 지성을 갖춘 여성들조차 여성성의 발달을 방해할 만한 공부를 꺼리는 태도를 보였다. 여성에 대한 교육은 더 이상 폭넓은 시각을 제공하거나 새로운 경험으로 이끌거나 독립적 사고를 가능하게 하는 교육 본연의 모습에 충실하지 못한 것으로 보였다.

베티 프리단은 올바른 교육이 '세상에 대한 이해와 개인성의 통합에 바탕을 둔 확신'을 갖게 할 수 있다는 자신의 신념을 내비쳤다. 이는 독립적 사고를 결여한 순응형 인간들이 무비판적으로 타인의 의견에 동조하고 휩쓸리는 냉전시대에 대한 베티 프리단의 비판이기도 했다. 대중사회에서 자아의 성장을 멈추고 스스로 사고하지 않는 반지성적이며 타인에 휩쓸려 살아가는 인간형에 대한 베티 프리단의 비판은 데이비드 리스먼의 《고독한 군중》(1950), 드와이트 맥도널드의 《미국적 토양에 맞서》(1962), 리차드 호프스태터의 《미국 사회의 반지성주의》(1963)와 공통된 지적이고 시대 진단이었다.[174] 베티 프리단은 내적 성장을 결여한 인간형이 1950년대 순응주의적 '합의의 문화'의 산물이라고 이해했다. 냉전의 시대에는 대학에서 수행하는 연구에서조차 비판적 태도가 금지되어 있었기 때문이다.

베티 프리단이 특히 우려한 것은 여성들의 모습이었다. 여성 지향적 교육은 여성들 스스로 자신에 대한 기대치를 낮추는 데 일조했다. 교육자들은 소년을 잠재력을 지닌 인간으로 바라보았고 그들이 스스로 성장하고 자율성을 얻고 정체성을 확립할 것으로 기대했다. 반면 소녀에 대해서는 그와 같은 성장과 변화를 기대하지 않았다. 성장의 기회조차 제공하지 않았다. 교육자들은 여성이 오직 남성을 통하여 성취와 지위, 정체성을 확립할 수 있다는 사고를 지속적으로 주입했다. 여성성의 성취를 주요 목적으로 하는 유사과학적 교과는 과학이라는 이름으로 권위를 부여받았다. 여성들은 사회의 흐름 속에서 '예외'가 되지 않기 위해 노력해야 했고 순응하기 위해 자신의 성장을 멈춰야 했다. 순응에 지적 도전이라거나 훈련은 필요하지 않았다. 단지 결혼과 가정에 '정상적'으로 헌신하는 것만이 요구될 뿐이었다.

베티 프리단은 이에 대해 여성이 보다 주체적으로 자신의 삶에 대처할 것을 주문했다. 스스로 결정하고 나아갈 지향점을 설정하고 지향점을 향해 나아갈 내면의 힘을 기르라고 했다. '예외'가 되는 것을 두려워하지 말라고 했다. 결혼이라는 도피처에 순응하는 대신 뚜렷한 방향성과 주관성을 가지고 선택하고 행동하라고 했다. 그 과정에서 내적 고통이 따를지라도 회피하지 말라고 했다. "완전한 정체성을 향한 고통스런 성장은 환상을 통해서가 아니라 진실을 직면함으로써 달성될 수 있다. 그렇지 않고서는 자아의 핵심에 이르지 못한다."

잘못된 선택

베티 프리단은 앞서 사회에서 작동하는 '여성의 신비'의 각 측면을 검토했다. 그러나 궁극적으로 '여성의 신비'를 수용하는 주체는 여성임을 상기시켰다. '여성의 신비'는 대공황과 제2차 세계대전이라는 특정 시대의 요구에 부합하면서 힘을 얻었고 그 시대 미국인들의 필요를 충족시킴으로써 수용되었다. 미국인들은 그 시대에 지독한 고독을 경험했고 원자폭탄의 위력을 목격했다. 전쟁의 참상을 경험한 참전 군인들은 전쟁이 끝난 뒤 더욱더 가족에게 돌아가 위안을 찾으려고 했다. 냉전 매카시즘의 엄혹한 현실은 미국인들을 더 절실하게 가정이라는 대피소로 향하게 했다.

대공황에서 전쟁까지 근 20여 년간 계속된 위기의 시간이 끝난 뒤 미국인들이 원했던 것은 평온한 일상이었다. 일상의 핵심은 가족이었다. 그들이 꿈꾸던 가정은 남편은 밖에서 일하고 아내는 아이를 양육하며 가정을 위해 헌신하는 전통적인 유형의 것이었다. 전통적 유형의 가족의 복구에 대한 갈망은 남성뿐 아니라 여성에게도 나타났다. "남자들이 전쟁에서 돌아왔을 때 그들은 서둘러 결혼했다. 장래의 남편감이나 남편들이 전쟁에 동원되거나 원자폭탄 투하로 죽을지 모른다는 두려움에 여성들은 쉽게 '여성의 신비'에 빠져버렸다."

사실 제2차 세계대전 기간에 정부와 여론은 한 목소리로 가정 밖에서 일하는 여성을 찬양했다. 참전 남성들을 대체할 노동력이 필요했기 때문이다. 정부의 선전포스터는 일하는 여성을 애국자로 묘사했다. 전쟁이 지속되던 몇 년간 여성들은 가정과 일의 양립에 적응해갔다. 그러나 전쟁이 끝나고 참전 군인들이 돌아온 뒤 여성들은 직장을 떠나 가정으로 복귀해야만 했다. 복귀가 자발적으로 진행된 것만은 아니었다.

베티 프리단이 경험했듯 많은 여성들이 반강제적으로 직장을 사직하거나 해고당했다. 직장에 남아있던 여성들은 노골적인 차별과 멸시를 감당해야 했다. 심지어 직장여성은 '자신의 성性에 대한 반역자'라는 비난을 받기도 했다. 전쟁 직후 얼마간 직장 내에서 남녀 간 경쟁이 있었으나 케케묵은 여성에 대한 반감이 되살아나면서 여성들의 구직과 승진은 점차 어려워졌다. 이러한 요인들이 여성이 결혼과 가정으로 돌아가게 하는 데 일조했다. 전쟁 이후 1947년까지 전시생산체제에 동원되었다가 해고되거나 반강제적으로 가정으로 돌아간 여성의 수는 3백만 명을 넘어섰다.[175]

사실상 전쟁이 끝난 뒤에도 경제적 필요 때문에 일하는 여성의 비율은 꾸준히 증가했다. 그러나 훈련과 노력, 개인 주도적 업무 수행을 요구하는 전문직에 종사하는 여성의 비율은 거의 증가하지 않았다. 중산층 주부들은 "나는 남편과 아이들을 통해서 산다. 기회가 된다면 여성으로만 사는 것이 훨씬 쉽다"고 공공연하게 이야기했다. 베티 프리단은 이것이 단지 여성의 문제로 끝나지 않음을 지적했다. 여성에게 일어난 일이 전후 미국 사회 전체에 일어난 변화의 일부라는 것이다. 그는 "미국 정신이 이상한 잠에 빠졌고 나라 전체가 성장을 멈췄다"고 했다.

그 시기 미국인들은 성性, 혹은 성적 본능에 몰두했다. 사회현상이나 인간이 겪은 행위, 일탈행위의 원인이 프로이트식 성적 본능으로 귀결되었다. 사실 매카시즘을 비판하거나 원자폭탄 문제를 고민하는 것보다 성에 몰두하는 것이 훨씬 안전하고 편한 선택이었다. 사회를 비판적 시각에서 바라보거나 사회악을 시정하기 위해 행동하던 이들은 수면 아래로 사라졌다. 매카시즘으로 인하여 촉발된 적색공포의 시대에 지식인들은 비판과 논쟁의 전선에서 퇴각했고 대중은 현실로부터 도피했다. 정신과 의사와 상담사들은 그들에게 찾아오는 환자가 겪는 고통의 근원을 찾기보다 성이나 성격, 인간관계를 원인으로 제시하며 치료하는 것을 선호했다. 작가들 사이에서는 정치보다 심리, 공공의 목표보다 개인의 사사로운 동기에 초점을 맞추는 것이 유행이 되었다. 미국 사회의 거대한 도피 과정에 프로이트 이론이 지대한 영향을 미쳤다.

1940년대와 1950년대에 미국 문화권에서 나타났던 프로이트에 대한 열광은 사상이나 국가의 목적, 인류의 문제점을 파악하고 해결하려는 움직임을 대체했다. 사람들은 그들이 느끼는 공허함을 메우기 위해 개인 심리치료에 골몰했다. 이념이나 국가의 목적, 방향성에 대한 질문은 실종되었다. 1950년대에 미국에서 종교가 부각되었던 것 역시 심리분석의 성행과 같은 맥락에서 이해될 수 있었다. 도피처를 추구하는 이면에는 목적 상실이라는 원인이 있었다. "아이를 다섯 갖는 것, 교외로의 이사 물결, DIY와 집 꾸미기들이 평범한 욕구를 만족시켰다. 그것은 가장 지적인 사람들이 한때 관심을 두었던 숭고한 목표를 대체했다. 사람들은 가족, 사랑과 사소한 일에 관심을 가졌다."

전문가들이 프로이트 이론을 적용하여 가족문제를 분석하는 경향이 늘면서 오이디프스 콤플렉스와 형제 간 경쟁이라는 개념이 유행했다. 가족 내 어머니의 역할에 대한 관심이 높아졌다. 알코올 중독, 자살, 정신분열, 노이로제, 발기불능, 동성애 등 많은 문제의 원인이 어머니를 향했다. 신경증이 있거나 불만족스러워하는 여성, 잔소리가 많고 바가지를 긁는 아내, 자식을 과잉보호하고 지배적인 어머니 등. 결국 여성이 문제였다.

여성이 '불필요하게' 고등교육을 받고 직장에 다니면 자녀들이 제대로 성장하지 못한다는 것이 하나의 정설로 자리 잡았다. 바로 이 지점을 베티 프리단은 반박하려 했다. 그는 다양한 자료를 분석한 뒤 어머니가 직장에 나간다고 자녀가 불행하거나 행복하다고 볼 수 없다고 지적했다. 직장여성이라고 특별히 문제가 있거나 혹은 좋은 어머니가 될 수 없다는 명백한 증거는 없다고 했다. 베티 프리단이 만난 상담심리학자는 많은 경우 문제아이의 가정에는 직장에 다니는 어머니보다 불안정한 부모가 있다는 이야기를 전달했다. 베티 프리단은 여성이 일과 가정을 병행할 경우 가정불화와 문제청소년이 증가한다는 논리는 충분한 근거가 없음을 강조했다.

1950년대 당시 프로이트적 해석에 영향을 받은 미국 부모들은 부모의 임무, 특히 어머니의 임무를 거의 종교 수준으로 신봉했다. 전업주부는 전일제로 일하는 직장여성에 버금가는 시간과 노력을 가사와 육아에 할애해야 한다는 강박관념이 여성들의 사고를 지배했다. 육아에서 "한 번 잘못하면 파멸을 의미하는 것"이고 아이들에게 전념하는 것이 정상적인 어머니의 태도로 간주되었다.

벤자민 스포크 박사의 육아법은 이러한 미국 사회의 강박관념을 강화했다. 1946년 출판된 이후 지속적인 베스트셀러가 된 벤자민 스포크 박사의 《유아와 아동육아》는 프로이트 심리학을 적용하여 아이의 욕구가 즉각적으로 충족되어야 함을 강조했다.[176] 스포크 박사는 어머니가 밖에서 일을 할 경우 아이는 어머니의 부재로 인해 욕구가 충족되지 못하고 결과적으로 정서불안과 분노, 열등감을 키우게 될 것이라고 경고했다. 1950년대 스포크 박사의 육아법이 어머니들에게 새로운 경전이 되었고 여성들은 전업주부 이외의 다른 꿈을 꾸는 것이 더 힘들어졌다.

여기에서 베티 프리단은 여성 역시 '여성의 신비'를 수용했다는 점에서 책임이 있음을 지적했다. 여성의 성장을 가로막았던 수많은 장벽들이 사라져가는 시점에서 여성 스스로 가정이라는 보호구역으로 들어갔다는 것이다. "세상에서 자신의 길을 개척하기보다 남편과 아이를 통해 사는 것이 쉽다. 마침내 성장하여 수동적 의존으로부터 자유로워지는 것이 두렵기 때문이다. 여성이 속한 문화가 그에게 성장할 필요도 없고 성장하지 않는 것이 낫다고 이야기하는데 그가 아내이자 어머니 이외의 다른 무엇이 되기 위해 노력할 필요가 있겠는가?" 여성은 주어진 성 역할에 충실하기 위해 가정으로 들어갔다. 스스로 성장하고 개별성을 발현하기보다 안전을 택했다는 것이다.

그것은 여성에게 독립적 정체성을 부여하지 않은 문화의 산물이었다. 그러나 그것은 여성의 선택이기도 했다. 물론 선택을 할 수밖에 없게 만드는 강력한 힘이 지속적으로 작용했던 사실이다. 여성은 끊임없이 성적 판매술의 과녁이자 그 피해자로 방치되어 있었기 때문이다.

성적性的 판매술Sexual Sell

베티 프리단은 여성들이 정체성에 혼란을 느낌에도 불구하고 가정주부로 머물게 하는 가장 강력한 힘으로 비즈니스의 힘을 꼽았다. 여성의 신비와 여성의 내적 성장의 관계에서 비즈니스가 중요한 역할을 했다는 것이다. 광고업자들과 기업인들은 주요 고객인 여성을 '여성의 신비' 속에 머물게 하면서도 마치 성취를 하고 있는 것처럼 느끼게 했다. 이를 위해 기업은 여성이 겪고 있던 '이름 붙일 수 없는 문제'를 자신들만의 논리로 철저히 재해석하여 상품화할 기회를 찾았다. 그 핵심은 여성의 감정을 조작해 '여성의 신비'를 믿게 만드는 일이었다.

이와 함께 20세기 중반 미국에서 새로운 형태의 전문가들이 등장했다. 기업의 필요에 부응하기 위해 잠재적 소비자들의 성향을 분석하고 또 필요하다면 그들의 심리를 교묘히 자극하여 수요를 창출하는 것이 그들의 업무였다. 현대적 용어로 하면 홍보 마케팅 전문가들, 동기 증진 연구자들이라고 할 수 있다.

사회비평가 밴스 패커드는 이들을 '숨겨진 설득자들hidden persuaders'로 명명했다.[177] 베티 프리단은 그들을 '조작자들manipulators'로 불렀다. 베티 프리단은 조작자들 중 한 명을 만날 기회를 가졌다. 조작자는 미국 여성의 감정을 조작하는 대가로 연간 백만 달러의 수입을 올렸다. 그가 베티 프리단에게 보여준 자료에는 대다수 미국 주부의 공허하고 목적 없는 삶이 상세히 묘사되어 있었다. 정체성과 삶의 목적이 결여되어 있는 이 '주부들이라는 저수지'가 소비의 지점에서 달러의 보고寶庫가 될 수 있다고 했다. 적절하게 조작될 경우 미국 주부들은 소비를 통해 정체성과 목적과 창의성과 자아실현, 심지어 성적 희열을 얻는다고 믿게 만들 수 있다는 것이다. 풍요의 사회로 알려진 1950년대 미국에서 가정주부의 구매력은 막강했다. 여성들은 구매력을 가졌으나 사실상 '피해자들'이었다.

1945년 한 여성지에서 수행한 '가사의 심리학'에 대한 사회조사에 의하면 여성은 크게 세 부류로 분류될 수 있었다. 첫째 진정한 가정주부형, 둘째 직장여성형, 셋째 양자를 조화시키는 형이다. 가전제품을 팔 수 있는 가장 큰 시장은 첫째 유형, 즉 진정한 가정주부형으로 전체의 51퍼센트에 이른다. 가사노동은 그들의 존재이유이다. 둘째 직장여성형, 혹은 직장여성이 되기를 원하는 여성은 소수이나 판매자의 관점에서 보면 지극히 '불건강한' 사람들이다. 가급적 이들이 확대되지 못하게 하는 것이 유리하다. 그들에게 가사노동은 시간 낭비이며 여유가 생기면 유익한 일에 시간을 쓰고 싶어 하기 때문이다. 한편 양자를 조화시키는 셋째 유형은 가장 큰 수익을 안겨줄 수 있는 타깃층으로 미래의 잠재적 고객이다. 이 유형은 무한한 구매 가능성이 있으므로 더 많은 수의 여성이 이 그룹에 속하게 만들수록 제조업자에게 유리하다. 여기에서 핵심은 그들에게 굳이 집 밖의 일에 관심을 갖거나 직장여성이 되지 않아도 더 풍부한 지적 영향력에 민감해지는 것이 가능하다고 선전, 교육하는 것이다. 또한 훌륭한 가정을 형성하는 것이 '정상적 여성'의 목표임을 암암리에 주입시키는 작업이 필수적으로 동반된다.

구매력과 구매 욕구가 있는 여성 소비계층을 새롭게 창출하는 과정에서 만나는 장벽을 제거하는 것은 또 다른 과제이다. 그 장벽은 가정밖에서 일을 하려는 경향, 여성 해방의 욕구 증대 등이 포함된다. 따라서 기업은 판매를 위해 여성들이 '현대적' 주부가 되도록 유도한다. 그것은 곧 현명한 소비자가 되는 것, 집안일을 하면서 성취감을 갖게 만드는 것을 의미한다. 그 과정에서 조작자의 도움을 받아 현대 가정주부의 충족되지 않은 욕구, 즉 창조적 활동을 하려는 욕구에 부응할 필요가 있다.

예를 들면 특정 케이크 믹스가 창조적인 노력을 할 수 있는 기초가 된다는 것을 강조해서 구매자에게 호소하거나 그 케이크 믹스로 만드는 케이크가 진짜 케이크라는 것을 인식시키는 등의 방식이다. 케이크를 굽는 시간에 가족들과 더 많은 시간을 보낼 수 있다거나 직접 구운 케이크가 훨씬 맛있다는 것을 강조한다. 결국 케이크 믹스가 가져오는 것은 케이크 자체가 아니라 행복한 여성이 될 수 있는 비법이다. 게으름을 피우면서도 케이크를 만들 수 있다는 식의 광고를 하면 미국 주부들은 거부반응을 일으킨다. 그런 문구는 주부들 내면에 있는 죄책감을 불러일으키기 때문이다. 여성들이 가정에 충실하지 못했을 때 느낄 수 있는 감정들을 최대한 이용해 여성들의 욕구를 충족시킴으로써 물건을 사게 하는 것이 곧 광고업자나 비즈니스를 하는 사람들의 최종 목표이다.

1950년대 중반에 이르러 자기정체성과 평등을 성취하기 원하는 직장여성이 줄어든 반면 사친회 등 집 밖의 세계와 교류하면서도 집안일을 통하여 여성성과 개성을 표현하는 여성이 증가했다. 그들은 과거의 주부들과 달리 자신들이 남성과 동등하다고 여겼다. 광고 담당자는 그 부류의 주부들이 스스로 할 일이 없다는 죄책감에 사로잡힐 가능성을 염두에 두어 창조성에 대한 그들의 욕구를 충족시켰다. 냉동식품 하나를 선전해도 그것을 사용함으로써 보다 자유로워지고 따라서 현대적 어머니와 아내가 수행할 임무를 할 수 있다고 정당화시키는 것이다. 무엇보다 가사를 수행하면서 자신의 능력을 최대한 발휘하여 창조적인 일을 한다고 믿게끔 하는 것이 핵심이었다. "다용도 청소기를 쓰는 것보다 세탁하거나 접시를 닦거나 벽이나 마루를 닦거나 블라인드를 닦을 때마다 각기 다른 청소기를 쓰면서 주부는 자신이 숙련된 노동자이며 기술자이자 전문가라는 느낌을 갖게" 한다면 보다 성공적인 판매가 가능해지는 것이다.

구매를 촉진시키는 또 다른 요인은 주부 스스로 전문가로 인식시키는 것이다. 예컨대 새로운 가전제품을 판매하면서 여성이 현대 과학세계와 접촉할 수 있음을 강조함으로써 주부의 지위 성취 욕구를 충족시켜주는 방식이다. 가전제품은 최상의 심리적 기반을 획득했고 현대의 주부는 전문가의 식견을 갖고 자신의 욕구에 부합하는 가전제품을 적극적으로 찾아 나섰다. 화장실과 부엌을 청소하는 일은 수백만 마리의 세균을 죽이고 가족의 건강과 생명을 보호하는 역할로 고무되었다. 가정주부는 비숙련 노동자가 아니라 지식과 기술을 통하여 집안일을 하는 숙련자이자 전문가로 격상되었다. 새로운 제품을 구매하고 사용할수록 주부들은 자신이 첨단과학과 관련을 맺고 있으며 전문적 지위에 있다는 느낌을 갖게 되고 이로써 성취감을 얻는다.

이처럼 광고주들은 여성이 결혼 생활에서 성취감을 추구하고 자신의 가치를 증명해 보이는 것뿐 아니라 현재와 미래의 새로운 아이디어들을 받아들이고자 하는 욕구를 갖고 있다는 사실에 주목하여 이를 비즈니스에 적용했다. 주부들이 가정 안에 한정되어 시대에 뒤떨어질지 모른다는 두려움을 자극하여 상품을 판매하는 것이다. '아내이자 어머니이자 주부'가 할머니 세대에는 운명이었다면 어머니 세대에는 족쇄였고 새로운 세대에게는 기꺼이 선택할 직업이 된 것이다.

베티 프리단은 동기 증진 연구자들이 가정주부의 생활과 그들이 필요로 하는 것에 대한 통찰력을 제공한 것을 인정했다. 이러한 통찰력은 프로이트–기능주의적 해석을 통해 여성문제를 보려고 하는 학계의 사회학자나 상담치료사들에게서는 발견하지 못한 통찰력이라고 찬사를 보냈다. 그들의 고객인 제조업자들과 동기 증진 연구자들은 가정이 충족시킬 수 없는 여성의 복합적 욕구를 파고들어 판매를 촉진시켰다. 그러나 현대 사회과학의 개념과 기술을 이용하여 기만적인 광고를 만들수록 그들은 전업주부로서의 여성 정체성을 확고하게 했다. 결국 그들은 '여성의 신비'를 영속화시킨 주역들이었다.

08...

'여성의 신비'의 현상들

무한히 계속되는 집안일

베티 프리단은 새로운 과학기술과 정보를 집안일과 접목시킨 '행복한 여성들'을 만나보기로 했다. 이렇게 만난 여성들은 다른 직업을 꿈꾸지 않았다. 그들은 최신 과학기술이 접목된 새로운 상품을 구매하여 직접 빵을 굽고 아이들의 옷을 만들면서 주부와 어머니로서의 삶에 집중했다. 그들은 대부분 집안일로 정신없이 바쁘게 살고 있었고 사회에서 발생하는 변화에 대해서는 무관심했다. 그들은 가정주부로서 성취감을 느낀다고 했다. 그러나 베티 프리단은 그들에게서 '이름 붙일 수 없는 문제'이라는 증상을 찾을 수 있었다.

　그들이 '행복한 주부'에 부합하는가, 라는 질문에는 확답할 수 없었다. 다른 여성들이 부러워할 만한 객관적 조건을 갖추었던 그들은 '여성의 신비'의 그늘에서 벗어나지 못한 채 하루 종일 끝나지 않는 집안일에 시달리고 있었다. 베티 프리단은 그들이 요리나 청소, 세탁 등 단조롭고 고된 일로부터 해방시켜줄 것으로 기대된 과학의 발전과 기계

문명의 혜택을 충분히 보고 있음에도 불구하고 집안일 이외에 다른 일에는 관심이나 가치를 두지 않고 살아가는 모습에 의문을 제기했다. 심지어 그들은 과거 냉장고나 믹서가 없던 시대의 전업주부들보다 더 많은 시간을 여전히 집안일에 할애하고 있었다.

그는 중산층 여성의 장시간 가사노동의 원인이 창조적 에너지와 관심사가 사회를 향해 분출되지 못하기 때문이라는 잠정적 결론에 도달했다. 창조적 에너지를 소모시키기 위해 여성들은 오히려 끝없이 새로운 일을 만들어나갔다는 것이다. 사회에 대한 책임감보다 가족에 대한 책임감이 우선한 것도 한몫했다. 베티 프리단은 여기에서 하나의 패턴을 발견했다. 여성이 사회에서 가치 있는 존재로 인정받지 못한다고 생각할 경우, 좌절감과 박탈감을 더 크게 느낄 경우, 집안일 이외에 다른 일에 관심이나 가치를 두지 않을 경우 집안일은 더 늘어난다는 것이다. 결국 끝없는 집안일은 내면의 공허함과 가정 밖의 세계에 대한 부정의 표현이었다. 그럴수록 여성은 자신의 미래를 외면하게 되고 다시 강하게 찾아온 공허함을 메우기 위해 한층 더 집안일에 매진한다는 것이다.

1950년대 후반에 이르러 전업주부들이 겪는 피로감은 사회적으로 주목받았다. 당시 이 문제를 다룬 여성지 기사에 의하면 수많은 전업주부들이 만성피로를 경험했고 의사의 처방이나 치료가 도움을 주지 못했다. 《레드북》(1959)과 《맥콜》(1957) 등의 여성지는 이 문제를 집중적으로 다뤘고 여러 전문가의 의견을 종합하여 주부들의 만성피로가 고된 노동보다는 반복되는 일과 단조로운 환경, 고립감과 자극의 결핍에서 비롯되는 것이라 진단했다. 특히 일이 요구하는 것 이상의 지능을 가질수록 싫증도 더 커지는데 "싫증과 일상의 좌절감이 남편들이 직장에서 일하는 것보다 정서적으로 더 피곤하게 만든다"고 했다.

베티 프리단 역시 전업주부 여성들이 느끼는 공허함, 일상의 무료함으로부터 도피하기 위한 알코올과 수면제에 대한 의존, 쉽게 가시지 않는 만성피로가 고립된 환경 속에서 자신의 능력에 부합하지 않는 단순한 일을 반복적으로 하면서 나온 결과라고 진단했다. 그러나 그는 자신의 능력에 부합하지 않는 일을 하는 여성에게 다시 일정한 책임을 전가했다. 정체성에 부합하지 않는 일을 하는 것은 '미성숙'의 증거라는 것이다. 물론 '여성의 신비'가 지배하는 사회에서 사는 여성에게는 정체성을 형성할 기회조차 주어지지 않았다는 점에서 여성만의 책임은 아니다. 그럼에도 그는 여성이 독립적 자아와 정체성을 형성하는 데 필요한 세상 밖에서의 시련이 두려워 성장을 회피한 것이 아닌가 하는 의문을 제기했다.

자아를 탐구하고 정체성을 확립할 기회를 상실한 여성은 그에게 부과된 정체성인 전업주부의 일에 매진했다. 여성은 내면의 공허함을 키워갈 수밖에 없었고 그 공허함과 소모되지 않은 에너지를 제거하기 위해 더욱 집안일에 몰두했다.

다이어트 역시 여성의 신비가 불러온 공허함의 결과로 해석되었다. 베티 프리단은 "지적이고 교육받은 미국 여성이 창의적인 인간 에너지를 강제적으로 '제거하기' 위해 분필가루 같은 음식을 먹고 헬스장 기계와 씨름한다는 것은 가히 충격적"이라고 했다. 여성들은 창조적 에너지를 사회의 보다 큰 목적을 위해 사용하는 것을 고민하기보다 에너지를 제거하면서 가정주부의 존재의 핵심을 고수한다는 것이다. 베티 프리단은 '더 가치 있는' 일을 할 능력이 있음에도 창조적 에너지가 필

요하지 않은 일에 능력과 시간을 소비하는 여성들의 행위는 낭비일 뿐
이라고 단호하게 말했다. 그 결과 여성은 좌절과 무기력감, 자기 비하
에 시달리고 있다는 것이다.

성을 추구하는 이들Sex-Seekers

베티 프리단은 그가 만난 교외의 주부들에게서 이상한 징후를 발견했
다. 그들은 '성적인 것'과 관련이 없는 질문을 받아도 성과 관련해서 답
변을 했다. 예컨대 당신의 관심과 야망은 무엇인가, 당신이 받은 교육
이 생활 속에서 어떠한 의미가 있는가와 같은 질문을 하면 성생활과 관
련된 답을 했다. 질문을 하지 않았음에도 그들은 성에 관해 말하려고
애썼다.

　베티 프리단은 '이름 붙일 수 없는 문제'가 성과 관련된 것이 아닌
가 하는 의구심을 가졌다. 베티 프리단이 인터뷰한 '네 명의 아이를 가
진 38세의 어머니'는 성이 자신에게 유일하게 '살아있음을 느끼게' 하
는 것이라고 답했다. 그는 자신에게 무관심한 남편에게 환멸을 느낀다
고 했다. 다섯 아이의 어머니인 또 다른 30대 주부는 연애하던 남성과
멕시코로 도망가려고 했다고 고백했다. 그는 누군가에게 '모든 것을 준
다'는 것이 살아있다는 느낌을 갖게 한다고 했다. '살아있다'는 느낌과
'자신만의 정체성'을 가졌다는 느낌을 찾기 위해 성을 추구하는 것이
전업주부인 여성들에게 어떤 의미일까?

　베티 프리단은 이 여성들을 '성을 추구하는 이들sex seekers'로 명명했

다. 뜬금없이 성적 경험을 자랑스럽게 이야기하는 그 여성들의 비현실적 태도를 이해하기 위해 베티 프리단은 그들이 처한 상황을 보다 면밀하게 들여다봤다. 일에만 집중하는 남편과 일정한 양육기간이 지나서 어머니의 손길이 이전만큼 필요하지 않은 아이들은 여성들이 '불완전함'을 느끼게 했다. 반복되는 집안일은 여성들을 만족시키지 못했다. 그들은 지역사회 활동이나 집안일을 확대하는 것으로 자신의 에너지를 소모하기보다 성에 의지했다.

이 '환상적인 느낌'은 여성들의 새로운 도피처가 되었다. 베티 프리단은 삶의 목적과 광대한 목표를 추구할 통로가 사회적으로 거부되어 발생한 공허감을 메우기 위해 여성들이 성에 집착하고 있다고 판단했다. 성적인 것이 아닌 것에 대한 열망을 대체하기 위해 성적 환상을 이용했던 것이다. 성이 '여성의 신비' 안에서 살고 있었던 여성들에게 열려있는 거의 유일한 영역이었기 때문이다.

베티 프리단에 의하면 여성이 자신의 역할과 활동영역을 가정으로 한정지으면서 성에 대한 갈망이 증가했다. 1950년대와 1960년대에 성과 성적 환상에 대한 몰두는 급속하게 증가했다. 남성뿐 아니라 여성에게서도 그 경향은 마찬가지로 나타났다. 대중매체에서 성관계와 혼외정사가 빈번한 소재로 등장했다. 여성들이 구독하는 베스트셀러 소설과 여성지에서 성에 대한 묘사가 극적으로 증가했다. 소설과 연극, 영화들은 성적 상황을 과장하고 비인격화했다. 베티 프리단은 여성들이 공동체에서 만족을 얻거나 자신의 일에서 성취하지 못한 결과 그들의 성이 '천천히 시들어간다'고 하는 한 정신과 의사의 말을 인용했다. 그들의 성행위는 점차 '기계화' 되고 '비인간화' 되고 있다는 것이다.

여성들은 성적 만족을 얻지 못하더라도 계속적으로 성을 추구했다. 베티 프리단은 이에 대해 '여성의 신비'에 따라 사는 여성들은 성적 성취감을 얻고 바람직한 성적 대상의 지위에 오르고 성공한 부인과 어머니의 정체성을 얻는 것을 제외하면 성취, 지위 그리고 정체성을 획득할 길이 없기 때문이라고 진단했다. 그러나 어느덧 여성들에게 성 자체와 남편, 아이들은 소유이고 대상이 되었다. 그들은 낯선 사람과 이웃에게서 성을 추구하고 남편을 가정의 가구로 만들고 있었다. 한 소설의 푸줏간 주인은 이렇게 말했다. "너, 나, 우리는 모두 가정의 가구들이야. 그러나 우리가 이웃집으로 가면 그 집에서는 영웅이 되지. 그들은 모두 책과 영화에서 배운 낭만을 찾거든. 누군가를 차지하기 위해 그 남편의 엽총 앞에서 기꺼이 위험을 감수하는 것보다 더 로맨틱한 것은 없다니까."

5,490명의 여성들과의 인터뷰를 토대로 나온 알프레드 킨제이의 보고서는 결혼 10년 또는 15년 차의 미국 주부들, 특히 중산층 주부들이 남편과의 관계에서 충족되는 것보다 더 큰 성적 욕구를 가지고 있으며 40대 주부들 네 명 중 한 명꼴로 혼외정사를 하고 있다고 기록했다. 반면 중산층의 교육받은 남편들의 성적 욕구는 부인들과 반대로 약해지고 있다고 했다.[178] 프리단은 성에 대한 여성의 집착을 위험한 징후로 받아들였다. 성취와 정체성에 대한 여성들의 욕구가 성과 관련된 것에 국한되는 한, 여성 스스로의 노력으로 달성할 수 없는 지위를 약속하는 모든 행위에 여성 스스로 쉽게 희생될 수 있기 때문이라는 것이다. 베티 프리단이 만난 여성들은 현실 속에서 자신이 바람직한 성적 대상이 되고자 하는 욕구가 충족되지 않으면 대신 대상을 소유함으로써 지위

를 유지하려고 노력했다.

당시 여성이 결혼과 남편을 통해 지위를 상승할 수 있다는 것은 사회 통념으로 받아들여졌다. 베티 프리단이 만난 대학 졸업반 여학생들이 언급했던 것처럼 그들의 꿈은 멋진 남편을 만나 결혼하는 것이었다. 본인 스스로의 노력과 성취로 지위를 획득할 수 없는 여성들이 남편과 아이들을 지위의 상징으로 삼았다. 자신의 노력으로 성취하는 것이 아니라 타인을 통하여 성취하고 만족하는 삶을 사는 '대리생활'은 필연적으로 건강하지 못한 자아를 확립한다. 여성이 자신에게 결여된 정체성을 찾기 위해 남편을 소유하고 지배할수록 여성은 독립적 개인이기보다 의존적 존재가 된다. 만일 남편이 여성의 지위를 얻는 데 필요한 요건을 제공할 수 없게 되면 남편은 그 순간부터 멸시의 대상이 된다. 그러나 남편에 대한 불만은 사실상 여성 자신이 본인으로부터 충족시킬 수 없는 것에 대한 불만으로부터 나온다.

《레드북》 1962년 3월 호에는 〈젊은 아버지들이 함정에 빠지고 있다〉는 기사가 실렸다. "남편들은 배우자가 자신들의 권위나 견해를 무시한 채 가정 생활에 대한 계획을 세우고 있다고 느낀다. 남편들은 욕구 불만의 주된 원인으로 반항하는 자녀들, 고용주, 금융가, 친척, 지역사회, 친구보다 배우자를 우선적으로 지목한다. 결혼 5년차 남편들 중 상당수가 외도를 저지르며 더 많은 수의 남편들이 외도를 생각한다. 외도는 즐거움의 추구라기보다는 자기 주장의 수단이 된다."

킨제이 보고서에 의하면 결혼 후 15년이 지난 중산층 미국 남성들의 다수가 외도를 했다. 55세의 미국 남성 두 명 중 한 명꼴로 혼외정사를 했다. 남성들은 본인들이 아내가 운영하는 집안의 부속물이 되어가고 있다고 답했다. 그들이 잃어버린 '관계'를 찾기 위해 아내 이외의 여성에게 기대게 된다는 것이다. 베티 프리단은 이 같은 분석에 비판적 입장을 취하지 않았다. 여성이 결혼과 남편을 통해 자신의 정체성과 지위를 추구하는 필연적 결과로 인정한 것이다.

베티 프리단은 '성을 추구하는 이들'의 시대에 성에 대한 집착이 성인뿐 아니라 청소년들에게서도 마찬가지로 나타난다는 점을 지적했다. 그는 동성애의 증가, 혹은 동성애 논란이 가시화된 것 역시 이러한 현상과 무관하지 않은 것으로 이해했다. 그 당시 미국 사회에서 동성애는 비정상적인 것으로 받아들여졌다. 동성애자는 정신병자로 분류되어 치료 대상이 되었으며 동성애 행위는 소도미 법Sodomy Law에 의한 처벌 대상이 되었다. 1950년대 초반 이래로 '매타친 소사이어티Mattachine Society'와 '빌리티스의 딸들The Daughters of Bilitis' 등 동성애 인권단체가 결성되고 동성애자들의 인권을 위한 투쟁이 시작되었다. 그러나 동성애에 대한 보편적 시각은 '비정상적'이며 '위험한' 것이었다. 동성애자임이 발각되면 직장에서 해고되었고 군대에서 강제퇴역 조치를 당했다.

미국 정신질환의학회가 동성애를 정신질환 목록에서 삭제한 것은 베티 프리단의 책이 나온 지 10년 후인 1973년이었다. 페미니스트들 내부에서도 동성애에 대한 시각은 엇갈렸다. 1960년대 후반 레즈비언 페미니스트들의 목소리가 힘을 얻기 이전까지 페미니즘 운동의 중심에서 활동하는 이들조차 동성애를 부정적으로 평가했다. 자기 책에서 동성애를 비정상으로 여긴다는 점에서 베티 프리단 역시 세간의 시각과 크게 다르지 않았다.

베티 프리단은 청소년의 성관계에 대한 집착, 그리고 동성애자의 증가를 '여성의 신비'의 부정적 결과로 해석했다. '여성의 신비'의 시대를 살아가는 여성들의 자녀들이 어린 나이에 비인격적이고 실체 없는 성의 추구자가 될 만큼 약한 자아를 갖게 된 것이 정체성이 결여된 어머니와 무관하지 않다는 것이다. 베티 프리단은 정신과 의사들의 말을 인용하여 문란한 성관계의 핵심은 낮은 자존감이며 낮은 자존감은 어머니와 아이의 지나친 유착관계로부터 나온다고 지적했다. '여성의 신비'에서 벗어나지 못하고 자신의 정체성을 확립하지 못한 어머니를 둔 자녀들은 성적인 측면이나 혹은 그 밖의 다른 측면에서 올바르게 성장할 수 없다는 것이다. 따라서 베티 프리단은 '여성의 신비'를 수용한 결과는 여성의 문제에서 끝나지 않는다는 점을 지적했다. '여성의 신비'는 새로운 세대로 영향을 확대한다는 것이다. 그런 점에서 그는 어머니의 성적 환상을 모방하는 아이들의 비극은 비인간화의 하나의 징후일 뿐이라고 했다.

편안한 포로수용소

1950년대 사회비평가들과 정신분석학자들은 청소년들에게서 나타난 우려할 만한 특징들에 주목했다. 청소년들이 안정적이고 중심 잡힌 자아를 특징으로 하는 인성 대신 '모호하고 무정형적인 인성'을 갖췄다는 것이다. 젊은이들은 열정도 목적도 없고 수동적 자세를 드러냈다. 같은 시기에 청소년 범죄가 급격히 늘어났다.

베티 프리단은 이와 같은 현상들이 서로 관련되어 있다고 판단했다.

"몰상식한 파괴 행동, 폭동, 문란한 성행위, 십대의 성병과 불법 임신의 증가의 배후에 새로운 수동성이 있다"는 것이다. 베티 프리단은 젊은 이들에게서 나타나는 수동성이 지루함 이상의 문제이며 인간성 퇴행의 전조라는 점에서 심각성이 있다고 주장했다.

여성들이 자신만의 꿈과 목표를 포기하고 가족을 통해 살아가도록 권장받았던 시대에 성장한 젊은이들에게서 '모호하고 무정형적인 인성'과 수동성이 나타난 것은 우연의 일치가 아니었다. '여성의 신비' 속에 억눌린 여성의 상태가 젊은이들의 인성에 투영된 것이다. 그는 "프로이트가 성 생물학과 잘못 결부시켰던 여성성의 주요 특질이 바로 수동적인 태도, 약한 자아, 약한 초자아, 적극적인 목적과 야망, 그리고 자기 이해를 포기하는 것, 추상적인 사고를 할 능력의 결여, 내적 활동과 환상을 선호하여 외부세계를 향한 활동으로부터 후퇴하는 것"임을 상기시키면서 아이를 통하여 대리생활을 했던 어머니와 아이의 공생관계가 약한 자아를 형성한 청소년의 상태로 나타났다고 지적한다. '여성의 신비'에 갇힌 대리생활을 하는 어머니가 아이에게 집착하면서 아이가 어머니로부터 분리된 존재가 되는 것을 방해했다는 것이다. 베티 프리단은 이 관계를 '파괴적 공생'으로 정의했다.

'파괴적 공생'의 구도를 정리해 보면 다음과 같다. 여성은 어린 시절부터 성장에 요구되는 고통을 피하는 것이 용인될 뿐 아니라 장려된다. 결혼을 한 뒤 진정한 삶이 기다리고 있다고 부추겨짐으로써 내적 성장의 기회가 차단된다. 내적 자아와 자신감이 결여된 여성은 아내이자 어머니로서 대리생활을 살게 된다. 현실세계와 맺는 고리는 점차 약화된다. 성장하고자 하는 인간의 충동이 근본부터 차단되면서 여성은 생리적·감정적 질병 상태에 놓인다. 성숙하지 못한 어린아이와 같은 자아를 가진 어머니의 아이는 약한 자아를 지닌다. 아이는 현실의 어려움에 맞서기보다 환상 속으로 후퇴한다. '여성의 신비' 속에서 약한 자아를 가진 여성은 "마치 전염병 보균자 같이 자신의 아이들조차 비인간화한다."

베티 프리단은 정신과 의사인 안드라스 안쥐알을 인용하여 성장을 회피할 경우 나타나는 두 가지 현상을 제시했다. 첫째, 일에 헌신하지 못한다. 둘째, 대리생활을 한다. 여기에서 대리생활이란 개인의 인성을 체계적으로 부정하고 다른 인성으로 대체하려는 시도를 의미한다. 대리생활에서 나타나는 특징은 타인에 대한 구조적 의존이다. 흔히 사랑으로 오인된 왜곡된 애착이 극심한 소유욕과 상대방 고유의 생활을 인정하지 않는 방식으로 표출된다. 베티 프리단은 일에 대한 헌신을 거부하고 대리생활에 집착하는 것은 인간 내면의 성장 충동과 새로운 상황에 직면한 두려움 사이에 발생하는 갈등을 해소하기 위한 시도라고 해석한다. 갈등은 종종 극심한 두통, 무기력증, 만성피로, 우울증 등의 방식으로 여성의 몸에 표출된다.

따라서 베티 프리단은 아이를 위해서라도 여성들이 순응적인 어머니가 아니라 "내면의 욕구가 사회의 양심과 통합되는 강한 자아를 가진 성숙한 어머니"가 될 것을 요구했다. '여성의 신비'가 부추긴 공생적 관계와 순응은 사회적 양심과 강인한 인성을 갖춘 자녀를 성장시키기에 적합하지 않다는 것이다. 그는 문제가 있는 아이에 대한 어머니의 대처 방식에 대해 이제까지 통용되어온 상식과 다른 해법을 제시했다. 어머니들로 하여금 아이들을 더 사랑하게끔 종용하는 것이 아니라 어머니 자신의 성장을 용인하라는 것이다. 그때 비로소 여성이 성장할 수 있을 뿐 아니라 아이들에게 나타나는 인간성 상실의 징조들이 사라질 것이라고 했다.

이 지점에서 베티 프리단은 전업주부의 역할을 매우 극단적으로 평가했다. 전업주부의 역할에는 "성인의 지능을 갖춘 여성이 인간적 정체성, 자아의 단단한 핵심, 혹은 '나'에 대한 감각을 획득하기 어렵게 하는 측면이 있다"는 것이다. 또한 그는 전업주부의 삶에 순응하는 사람, 단지 성장하여 전업주부가 되기를 원하는 사람은 "나치 포로수용소에서 죽음으로 걸어들어가면서 포로수용소가 존재한다는 것을 믿기 거부하는 사람들만큼 위험하다"고 경고했다. 수용소의 조건에 적응된 포로들이 자신의 정체성을 포기하고 수용소를 유일한 현실로 받아들이는 것과 마찬가지로 '여성의 신비'에 대한 순응을 강요당한 여성들 역시 안락한 포로수용소인 가정에 스스로를 감금시켰다는 것이다. 가정주부를 나치 포로수용소의 포로로 비유한 이 강력한 표현은 '여성의 신비'가 여성에게 끼치는 부정적 측면을 극단적으로 드러냈다.

독일 다나우 포로수용소에 대한 브루노 베텔하임Bruno Bettelheim의 연구에서 나타난 한 사례는 베티 프리단이 여성에게 던지고자 했던 메시지가 집약적으로 담겨 있었다. 로봇과 같은 상태로 가스실로 향하던 대기 줄에 과거 무용수였던 여성 포로가 있었다. 수용소의 지휘관은 그 여성에게 춤을 출 것을 명령했다. 무용수는 춤을 추면서 지휘관에게 다가간 뒤 총을 빼앗아 그를 쏘아 죽이고 스스로 목숨을 끊었다.

베텔하임은 그 여성의 행동을 다음과 같이 해석했다. "그로테스크한 상황에서도 춤은 그 여성을 다시 한 인간이 되게 했다. 그 여성은 개인으로 지목되었고 한때 그가 선택한 직업을 수행할 것을 요청받았다. 그는 더 이상 숫자나 이름 없는 비인격화된 포로가 아니라 이전에 그러했 듯 무용수가 되었다. 잠시뿐이었지만 그는 자신의 과거의 자아에 응답 했다. 그리고는 자신의 파괴에 결정적 역할을 했던 적을 죽였다. 그 과 정에서 자신이 죽어야만 할지라도 말이다."[179]

박탈된 자아

1950년대 미국 사회과학계는 정상성, 인간의 성장과 같은 개념들에 몰 두했다. 그러나 그 개념들은 거의 전적으로 남성에 한정되었다. 베티 프리단은 그 개념들을 여성에게 적용하면서 자아실현과 자아성취, 욕 구의 문제를 재조명했다. 인간의 욕구에 단계적 범주나 위계가 있다고 하는 에이브러햄 매슬로의 연구는 중요한 이론적 틀을 제공했다.

매슬로는 인간의 욕구를 생리적 욕구 – 안전의 욕구 – 소속감과 사랑 의 욕구 – 자기존중의 욕구 – 자아실현의 욕구와 같은 다섯 단계로 구분 했다. 인간이라면 누구나 갖고 있는 이 욕구에는 우선순위와 단계가 있 다. 가장 기초적인 생리적 욕구가 충족되면 상위 단계의 욕구를 추구하 는 식이다. 하위 단계의 욕구가 충족되면 자신의 잠재력을 극대화하고 발전시키는 가장 높은 단계인 자아실현의 욕구를 충족시키려고 한다.[180]

그러나 매슬로의 욕구론을 적용해 볼 때 여성이 상위 단계의 욕구를 지녔다는 사실조차 사회적으로 인정되지 못했다. 그 시대의 여성성은 여성의 발전을 하위 단계, 즉 생리적 욕구와 안전의 욕구 그리고 사랑 받을 욕구에 한정되었다. '여성의 신비'가 경계를 설정한 영역 내에서 여성은 성적 의무 수행과 모성애, 물질적 소유에 자신의 삶을 한정시켰다. 여성이 높은 차원의 자기실현의 욕구로 나아가는 것 자체가 사실상 쉽지 않았다.

그러나 베티 프리단은 그렇기 때문에 여성이 보다 적극적으로 과감하게 성장의 고통을 감수할 것을 촉구했다. 그는 성장이 본질적으로 고통과 의지를 요구한다는 점을 상기시켰다. "전진하는 모든 발자국은 익숙하지 않은 것을 향해 있고 위험한 것으로 여겨지기도 한다. 친숙하거나 좋고 만족스러운 무언가를 포기하는 것을 의미할 때도 있다. 결과적으로 안주하고 싶은 이상향과 결별하는 것, 외로움과 탄식을 의미하는 것이기도 하다. 단순하고 손쉬우며 덜 힘든 생활을 포기하고 수고롭고 어려운 생활을 요구하는 것이기도 하다."[181]

'여성의 신비' 안에서 살아왔던 여성들은 자신의 잠재력을 성장시키도록 고무되지 않았으며 오히려 성장을 회피하도록 유도되었다. 여성의 신비가 여성으로 하여금 '여성이 되는 것'과 '인간으로서 성장에 따르는 고통을 감내하는 것' 중 하나를 선택하도록 종용했기 때문이다. 그러나 베티 프리단은 여성이 그 족쇄를 과감히 깨고 나아가 성장의 고통을 감수할 것을 촉구했다.

베티 프리단은 매슬로의 연구를 상세히 소개하면서 자신이 이상적으로 간주하는 여성상을 간접적으로 제시했다. 고등교육을 받은 젊은 중산층 여성들에 관한 연구에서 매슬로는 섹슈얼리티와 지배 감정, 자기존중과 자아 수준의 관계를 짚었다.[182] 베티 프리단이 주목했던 것은 지배 감정이 높은 여성의 특징이었다. 매슬로에 의하면 지배 감정이 높은 여성은 자기 확신적이며 자긍심을 갖는 반면 지배 감정이 낮은 여성은 자기 확신과 자긍심을 결여했다. 지배 감정이 높은 여성은 전통적 의미에서 여성적이지 않았다. 그들은 전통에 속박되기보다 자유로운 선택을 중시하고 여성이 아니라 인간으로 대접받기를 원했다. 그들은 바람직하다고 느낄 때 행동했다. 그들은 강인하며 목적의식을 갖고 있으며 규칙이 자율적으로 도달될 수 있음을 전제로 하여 규칙을 준수했다.

매슬로 연구의 또 다른 시사점은 여성이 지배적 위치에 있으며 힘을 가질수록 자기중심적 성향은 오히려 적어지고 외부 문제들에 관심을 갖는다는 것이다. 반면 지배 감정이 낮은 여성들에게 중요한 것은 자기 자신이었다. 지배 감정이 높은 여성의 기호와 태도, 적성과 내적 인품은 전통적으로 '남성적'인 특징들로 규정된 것들인데 여기서 '남성적'이라고 하는 것은 "지도력과 능력, 사회적 목적의식이 있는 것, 하찮은 일로부터의 해방, 두려움과 수줍음이 없는 것" 등을 의미한다. 매슬로는 '여성적' 혹은 '남성적'이라는 구분에 대해 관행을 따른 것임을 밝히며 지배 감정이 높은 남성과 여성을 모두 '남성적'이라고 설명하거나 오해의 소지가 있는 만큼 남성적 혹은 여성적이라는 구분을 없애자고 제안했다.

매슬로가 묘사한 지배 감정이 높은 여성이 심리적으로 자유로운 반면, 지배 감정이 낮은 여성은 타인의 지배를 받으며 산다. 자기비하와 자기불신이 심할수록 타인의 의견을 받아들이며 타인과 같아지기를 원한다. 그들은 권위에 대한 존경심을 갖고 타인을 우상시하고 모방하며 자발적으로 복종한다. 그들은 지속적으로 "미워하고 분노하며 부러워하고 시기하며 의심하며 불신한다." 그들은 화를 내거나 마음속 생각을 말해야 할 경우에도 그렇게 하지 못한다. 자신들의 행동과 말이 비웃음을 받을 것에 대한 부끄러움과 열등감 때문이다.

매슬로가 제시한 자아실현에 성공한 사람들은 소소한 사안에 얽매이거나 개인적 선입견에 사로잡히지 않고 인간세계의 의무에 책임을 다하는 이들이다. "그들은 인류나 국가의 과업을 수행하는 것에 보다 큰 관심이 있기 때문에 개인적이거나 이기적이지 않다. 그들은 작은 것보다 큰 것, 지엽적인 것보다 보편적인 것, 찰나적인 것보다 긴 시간의 가치 속에서 작업한다." 자아실현을 성취한 이들은 사소한 일에 낙담하지 않고 삶의 기본을 신선하고 순수하게 즐길 수 있는 능력을 지녔다. 그들은 성생활을 즐기지만 성은 그들의 삶의 철학에서 중심역할을 하지는 않는다.

안타까운 것은 베티 프리단의 시대에 자아실현을 추구한 여성들이 사라지고 있었다는 것이다. 제1세대 여성운동가들은 사회 참여의 기회와 평등한 교육의 기회를 얻기 위해 투쟁했다. 그러나 그들의 딸들과 손녀들은 고등교육을 받고도 능력을 발휘하지 않았다. 그들은 전업주부라는 직업을 선택했고 여성성에 집착하며 여성성의 성취를 목표로 살아갔다.

베티 프리단은 이것이 잘못된 선택임을 상기시켰다. 여성이 남편이나 자녀를 통해 대리로 살아갈 수 없으며 가사노동이라는 단조로운 일을 통해 정체성을 찾을 수 없기 때문이라고 했다. 그는 여성이 남성과 다름없이 "잠재력을 발휘할 수 있고 이를 통하여 정체성을 찾을 수 있다"고 했다. 그는 생물학적 정언명령을 초월하고 가정이라는 벽을 넘어설 때, 자신의 삶에 몰두할 수 있을 때, 삶을 정면으로 주시할 때, 자신의 존재를 진지하게 받아들일 때 비로소 진정한 자아실현을 향한 여정의 한 발을 내딛을 수 있음을 여성들에게 상기시켰다.

여성들을 위한 새로운 인생 계획

그렇다면 '여성의 신비'의 틀을 깨고 밖으로 나가는 방법은 무엇인가? 마지막 장에서 베티 프리단은 획기적이거나 담대한 제안을 하지는 않았다. 이 장에서 오히려 그는 상담자가 내담자에게 혹은 선배가 후배에게 해줄 만한 이야기들을 하고 있다.

베티 프리단은 원론적인 이야기에서 시작했다. 스스로 자신이 살아 있다고 느낄 만한 일을 하라거나 어머니와 아내이기에 앞서 한 인간임을 자각하라는 조언들이 포함되었다 그러나 핵심은 '장기적 관점에서 목표를 설정'하고 '자신만의 인생 계획을 세우고 실행하라'는 것이었다. 그는 인생 계획의 일부로서 진지하게 선택할 수 있고 그것을 통해 성장할 수 있는 직업을 선택할 것을 제안했다.

또한 '여성의 신비'를 거부할 경우 크고 작은 저항이 나타날 수 있음을 경고했다. 특히 '여성의 신비'를 지속시킴으로써 그로부터 확고한 이익을 얻는 이들이 다양한 방식으로 반격을 취할 수 있다는 점을 상기시켰다. 사실 '여성의 신비'의 가장 강력한 무기는 집 밖에서 일하는 여성은 남편과 자녀들을 '거부'한다는 주장이다. 자녀가 아프거나 남편이 문제에 봉착하면 여성이 가정주부의 역할을 거부했기 때문에 나타난 결과라고 비난받는다. 이때 많은 여성들이 자신과 사회에 대한 헌신을 포기하거나 우회로를 밟는다. 남편들은 자신의 직업에 문제가 발생하면 아내가 '여성의 역할'을 제대로 수행하지 못했기 때문이라고 단정하고 아내에게 '바깥 일'을 포기할 것을 종용한다. 한 정신과 의사가 표현한 것처럼 '직업여성이 갖는 죄의식 징후군'을 압박하는 것이다.

결국 일하는 여성의 다수는 자신의 일을 그만두고 가정으로 돌아온다. 대부분의 남편은 아내가 '여성의 신비'를 거부하는 것에 대해 참지 못한다. 베티 프리단은 그러한 부류의 남성들은 "어머니가 늘 곁에 있어야 한다는 유아기적 환상에 의해 유혹을 받고 자신의 자녀를 통해 그 환상을 되살리려고 하는 사람들"이라고 비판한다. 만일 여성이 진정한 자아를 찾은 뒤 남편의 환상에 따라 행동하는 것을 거부하면 남편은 갑자기 깨어나서 아내를 다시 보게 되고 다른 어머니를 찾아 나설 것이라고 했다.

무엇보다 베티 프리단은 교육의 역할을 강조했다. 교육이 오랫동안 '여성의 신비'를 굳건히 했던 핵심 요인이었던 만큼 그는 해법 역시 교육에서 찾아야 한다고 주장했다. 베티 프리단이 만난 여성들 중 전업주부로 덫에 갇혀 있다고 느꼈던 여성들은 그로부터 벗어나기 위해 부단히 노력했다. 그러나 그들 중 다수가 방향을 잃고 표류했다. 자신들이 하고자 하는 일이나 그것을 수행할 방법을 찾을 수 없었기 때문이다. 대학에 등록할 경우 비용과 시간 모두 문제가 되었다. 기존 교육시설은 전업주부가 감당하기에는 너무 많은 비용과 시간이 들었기 때문이다.

이에 대해 베티 프리단은 학업을 이어나가기 원하는 전업주부 여성을 위해 제대군인 원호법G.I. Bill에 준하는 국가 차원의 교육 계획을 제안했다. 제2차 세계대전이 끝나고 참전 용사들에게 혜택을 줌으로써 정부가 그들의 사회 복귀를 지원했던 것과 마찬가지로 모성으로서의 공적 역할을 수행해온 여성에게 제대군인 원호법에 준하는 정부 지원을 제공해야 한다는 것이다. 그는 자격요건을 충족시킨 여성에게 수업료와 기타 보조금을 지급함으로써 학업을 수행하고 사회에 진출할 수 있게 하는 정부 프로그램을 제안했다.

또한 그는 여성의 생애주기에 맞춘 고등교육기관의 변화를 요구했다. 전업주부의 삶에서 벗어나 사회로 복귀하기를 원하는 여성들을 위한 새로운 교육체계와 교과 과정이 필요하다는 지적이었다. 그는 이 여성들을 위해 기존 고등교육기관과 다른 평생교육기관이 필요하며 이 기관은 여성의 생애주기에 맞추어 가족과 갈등을 빚지 않고 학업을 수행할 수 있는 교과 과정과 교육 이수 과정이 필요함을 지적했다.

베티 프리단은 여성의 권리가 이미 쟁취되었다고 하는 일각의 주장을 비판했다. 미국에서 거의 모든 전문직 분야에서 여성은 차별을 겪고 있다는 것을 상기시켰고 여성이 사회에 진출하기에 앞서 만반의 준비를 할 것을 촉구했다. '여성의 신비'를 거부하는 것은 여성으로서 받았던 특별한 처우를 포기하는 것을 포함한다는 사실을 상기시켰다. 사회에서 겪게 될 편견과 차별, 강요되는 순응에 맞설 힘을 기르라고 했다. 여성성에 의해 부과된 역할에 자신의 일을 국한하지 말고 시민으로서 행동할 것을 당부했다.

베티 프리단이 여성의 삶을 주부에 한정시키지 말라고 했으나 그렇다고 가정이나 결혼 생활을 부정한 것은 아니다. 그는 오히려 결혼과 모성, 명예로운 경쟁과 사회 공헌의 권리를 모두 포기하지 않고 양자의 균형을 잡으라고 했다. 일과 결혼 생활 모두에 헌신하라는 것이다. 이는 이중 부담을 감내해야 하는, 일하는 기혼여성의 고통을 고려하지 않은 주장이라는 점에서 이후 비판되기도 했다. 여성으로 하여금 슈퍼우먼이 되라고 하는 것과 다름없기 때문이다.

베티 프리단의 시대에는 특히 일과 가정을 양립하는 여성들은 '돌연변이'로 여겨졌다. 그 자신 역시 돌연변이에 속했던 베티 프리단은 돌연변이들의 삶이 쉽지 않을 것임을 잘 알고 있었다. 그는 역할 조정을 하는 과정에서 문화적 단절과 역할 갈등, 정체성 위기를 겪을 것임을 언급했다. 그럼에도 그는 여성들에게 돌연변이의 삶을 살 것을 촉구했다. 돌연변이의 삶을 선택하여 겪게 될 고통을 각오하라고 했다.

사회가 여성에게 특별한 것을 기대하지 않을 때 여성이 그들의 인생 계획을 추구하려고 한다면 그들은 엄청난 결단력을 가져야만 한다. 그러나 시간이 지날수록 더 많은 문제에 봉착하는 덫에 걸린 주부들과 달리 이 여성들은 문제를 해결하고 전진한다. 그들은 최소한 사회의 설득에 저항했다. 순응의 안락을 위해 고통스럽기조차 했던 가치들을 포기하는 일은 없었다. 그들은 사적 공간으로 물러서지 않았고 실제 세계의 도전에 맞섰다. 그들은 자신들이 누구인지 안다.

베티 프리단은 '여성의 신비'의 덫을 깨고 세상으로 나아가 새로운 자신을 만나도 또 다른 위기가 닥쳐올 수 있음을 예고했다. '대중사회 안에서 개별적 정체성 찾기'라는 남녀 모두의 문제가 기다리고 있기 때문이다. 그는 정체성의 탐색이 자신을 어느 방향으로 이끌지 알 수 없다고 하더라도 당당히 맞서 나가라고 했다. 정체성을 탐색하기 위해 나섰던 여성들 중 투쟁과 갈등을 경험하지 않은 이가 없었고 그만큼 고통과 노력, 그리고 용기가 필요한 일임을 상기시켰다. 그러나 그 길을 통해 자신을 인간으로 인식할 때 비로소 이미지의 분열이 치유될 것이며 자유로운 자기 자신과 만날 수 있다는 것을, 그들의 딸들이 여성다움에 맞추기 위해 스스로를 격하시키는 삶을 더 이상 살지 않게 될 날이 올 것을 상기시켰다.

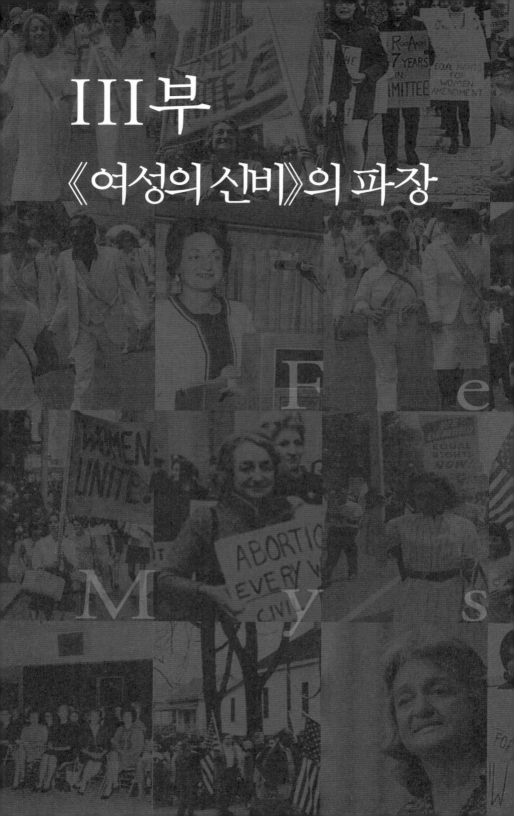

III부

《여성의 신비》의 파장

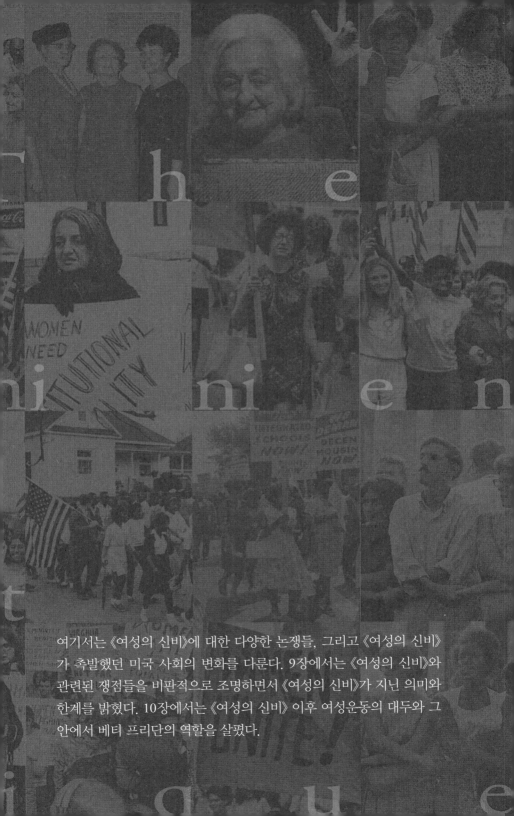

여기서는 《여성의 신비》에 대한 다양한 논쟁들, 그리고 《여성의 신비》
가 촉발했던 미국 사회의 변화를 다룬다. 9장에서는 《여성의 신비》와
관련된 쟁점들을 비판적으로 조명하면서 《여성의 신비》가 지닌 의미와
한계를 밝혔다. 10장에서는 《여성의 신비》 이후 여성운동의 대두와 그
안에서 베티 프리단의 역할을 살폈다.

09...

《여성의 신비》해체하기

《여성의 신비》와 냉전기 미국

1963년 세상에 나온《여성의 신비》는 냉전시대 여성에게 부과된 단 하나의 이미지, 단 하나의 역할이라는 족쇄를 과감히 깰 것을 촉구했다. '여성의 신비'가 냉전시대 미국에서 강요된 순응의 문화의 거대한 틀 안에서 이해되어야 함을 지적했다.

사회로부터 부과된 역할과 자신의 모습 사이의 간극으로 고통받는 여성들에게 그 고통은 그들의 잘못에서 비롯된 것이 아님을, 고통받는 여성이 그 혼자가 아님을 인식시켰다. 여성이기에 앞서 인간임을, 가족과 더불어 사는 '단란함togetherness'을 이룩하기 위한 자아 소멸이 아니라 자아실현과 성장이 우선임을 일깨웠다. 정체성은 남편이나 아이를 통한 대리인생을 통해 얻어지는 것이 아니라는 것을, 내면의 목소리에 귀 기울이고 미래의 자신을 직시할 때, 고통을 감당하며 부단히 헌신하며 나아갈 때 비로소 얻어질 수 있음을 상기시켰다. '여성의 신비'를 따라 용인된 방식으로 사는 안락함이 그들을 편안한 '포로수용소'에 감금

할 수 있음을, 족쇄를 깨고 나오지 못하면 그들의 딸들 역시 '여성의 신비'에 맞춰 잠재력을 포기하고 스스로를 비하하는 삶을 살아가야 할 것임을 경고했다.

《여성의 신비》는 냉전시대 미국 사회로부터 나왔고 그 시대의 모순을 반영했다. 미국은 20세기 중반 세계 패권국가로 진입했다. 소련과의 양극체제로 구성된 냉전 구도, 빠르게 성장하는 자본주의, 국내 안팎으로 확산된 반공주의는 '여성의 신비'가 주조되던 배경이었다. 해외에서는 냉전정책을, 국내에서는 반공주의를 지지했던 합의의 문화가 교외 가족의 이상에 순응토록 주입시켰다. 사회의 긴장관계가 일으키는 사회문제는 개인적으로 해결하도록 권장되었다. 정치적 차원에서는 매카시즘과 반공주의가 문화적으로는 소비주의가 '합의의 문화', '순응의 문화'에 도전할 잠재력을 약화시켰다. 정치적 저항이 아니라 개인의 순응이 1950년대를 특징지었다.

눈부신 과학기술의 발전은 새로운 지식을 필요로 했다. 미국의 영향력이 전 세계로 확산될 뿐 아니라 우주 탐사를 눈앞에 둔 만큼 사회는 세상의 변화를 인지하고 새로운 지식을 습득한 인재를 요구했다. 그러나 그 인재는 철저하게 남성으로 국한되었다. 여성에게 고등교육은 권장되지 않았고 고등교육을 받은 여성이 잠재력을 발휘하고 성장할 수 있는 기회는 차단되었다. 가정을 지키는 아내이자 어머니의 전통적 역할은 20세기 중반 미국에서 그 어느 때보다 강조되었다. 순응의 삶을 살지 못하는 여성은 사회부적응자, 성격파탄자로 손가락질 받았고 그렇지 않으면 혼자 조용히 정신과를 찾아가 우울증 약을 처방받아야 했다. 전업주부들이 과거 어느 때보다 정신과 의사와 상담치료사에게 의존하는 비율이 높아졌다.

미국에서 불평등이 완화되면서 소득격차가 급격히 줄었던 1940년대 중반 이후의 30여 년은 불평등이 심화된 21세기 들어 오히려 새롭게 조명받았다. 소득 불평등이 완화되고 중산층의 시대를 열었기 때문이다. 소위 '대압착시대'에 과거에는 생각할 수 없을 만큼 중산층이 두터워졌다. 뉴딜 노동법과 복지법, 그리고 전시戰時 소득세법 등이 변화에 일조했다. 팽창경제의 효과가 있었던 것도 사실이다. 노동3권의 확립과 높은 노조 조직률이 평등한 소득 분배에 기여했다. 제대군인 원호법의 혜택을 받은 이민노동자의 아들들이 고등교육을 받고 사무직이나 전문직에 진출했다. 고등학교만 졸업해도 안정된 일자리를 얻었고 상층에 있는 육체노동자가 중산층의 삶으로 진입할 수 있었던 시대였다. 미국인들에게 그 시대는 풍요의 시대, 좋았던 시절이었다.

그러나 좋았던 시절의 이면에는 냉전 매카시즘과 강요된 합의가 작동했고 그 폐해는 급진주의자로 분류되는 소수가 아니라 미국인 전체로 향했음을 베티 프리단은 《여성의 신비》에서 설득력 있게 드러내고 있다. 냉전시대를 유지시키는 합의와 순응을 뒷받침하던 문화적 배경에 소비주의와 중산층 가정에 대한 강조가 있었다. 냉전, 곧 차가운 전쟁의 시대에 핵전쟁에 대한 두려움과 안전에 대한 갈망이 컸던 만큼, 안전의 마지막 보루인 가정을 지키는 역할이 중요했고 그 역할이 사회적으로 여성에게 부과되었던 것이다.

《여성의 신비》에 대한 가장 빈번하고도 강력한 비판은 그가 중산층 여성에 초점을 맞춰 여성문제를 분석했다는 것이다. 그 비판은 타당하고 여전히 유효하다. 그러나 베티 프리단이 중산층에 초점을 맞췄던 것은 시대의 맥을 짚어내기 위한 의도된 선택이었다. 흔히 비판자들이 지적하는 것처럼 그가 백인 중산층 엘리트의 삶을 살았기 때문에, 혹은 노동문제에 문외한이었기 때문이 아니다. 그가 책을 집필했던 1950년대 중산층의 경계는 열려 있었고 중산층의 폭은 그 어느 때보다 두터웠다. 베티 프리단뿐 아니라 당대의 많은 지식인들은 미국이 풍요의 시대로 돌입하고 있다고 믿었고 중산층, 그리고 중산층 문제가 미국 사회의 중심에 있게 될 것이라고 진단했다. 무엇보다 베티 프리단은 가장 약한 곳이 아니라 다른 사람들이 가장 행복하다고 여기는 이들의 삶에 초점을 맞춰 그 안에 감춰진 문제를 노출함으로써 역설적으로 미국 사회의 모순을 드러내려고 했다.

더욱이 여성을 하나의 역할로 고정시키고 성장을 불가능하게 하는 것의 폐해가 단지 특권층에 한정되는 것은 아니었다. 당시 중산층뿐 아니라 노동계급의 자녀들 역시 중산층 편입이 이상이자 목표였다. 여성들에게 가장 손쉽고도 안전한 중산층 편입 방법은 커리어나 학업을 통한 '개인의 성취'가 아니라 결혼을 통한 '여성으로서의 성취'였다. 그 지점에서 베티 프리단은 젊은 여성들이 이상적 삶으로 여기는 교외 중산층 여성의 삶이 이상적이지 않음을, '대리생활'의 끝은 공허함과 무력감임을, 그리고 그 무력감은 자녀들에게까지 이어질 것임을 경고했다.

당시 교육은 개인의 성장과 자아실현을 위한 가장 효과적인 도구였다. 또한 새 시대에 부합하는 새로운 인간형에 대한 요구는 전 사회적으로 확산되었다. 그러나 사회가 새로운 인재를 요구하는 바로 그 시점에서 여성이 세상으로 나갈 길은 거의 없었다. 자아실현을 가능하게 하는 동기 부여도 없었다. 여성운동가들이 지적한 것처럼 여성과 남성을 분할하는 제인 크로우Jane Crow법이 사회적으로 작동되었다.[183] 남성이 전 세계와 우주로 뻗어가는 그 시점에서 여성은 가정으로 돌아가 전통적 역할에 충실할 것을 요청받았다. 고등교육은 여성의 정체성을 위협할 것이며 여성의 성취는 오직 가정 안에서 이뤄지는 것이 바람직하다는 논지가 사회 전체에서 반복될 때 이 거대한 담론구조에 비판의 칼날을 세워 여성의 자아실현, 성장, 교육을 강조했던 베티 프리단의 주장을 단지 백인 중산층 여성의 권리만을 옹호한 것으로 이해할 수 있을까?

베티 프리단의 시대 진단과 고민은 1950년대 지식인들의 그것과 맥을 같이했다. 여성뿐 아니라 남성 역시 순응의 시대에 목적을 상실하고 있었다. 데이비드 리스먼은 《고독한 군중》(1950)에서 원자화된 고독한 존재이자 무개성적인 무리의 일원으로 전락한 개인의 문제를 지적했다. 윌리엄 H. 화이트는 《조직인간》(1956)에서 현대 미국의 개인이 개별성과 창의성을 상실하고 있음을 우려했다. 폴 굿먼은 《부조리한 성장》(1960)에서 역시 개인의 성장을 강조했다. 굿먼은 창조성과 공동체성에서 특징적으로 나타나는, "가장 기본적인 객관적 기회이며 가치 있는 목표"가 성장임을 상기시켰고 젊은이들이 가치 있는 일을 할 기회를 갖지 못하는 한 진정한 정체성을 발전시킬 수 없다고 주장했다.[184] 동시대의 지식인들이 성장과 창의성, 정체성의 문제를 남성에 국한시킬 때 베티 프리단은 그 문제들이 남성에 국한된 것이 아님을, 오히려 여성에게 더욱 시급한 것임을 역설했다.

베티 프리단은 여성을 '여성의 신비'에 가두는 거대한 담합구조에 칼날을 들이대었다. 여성도 숨을 쉴 수 있게 하라. 여성에게도 기회를 제공하라. 여성을 가정에 머물도록 만드는 그 모든 조작적 행위를 중단하

라. 여성을 가두어놓은 여성 지향적 교육과 지식을 생산하고 재생산해온 지식인과 교육자부터 반성하라. 여성은 여성성을 부각시킴으로써 여성성을 성취하도록 부추기는 광고와 상품이 지닌 조작적 의도를 직시하라. 젊음을 유지시킨다는 화장품과 다이어트가 아니라 내적 성장에 관심을 기울여라. 사회에 참여하라. 공동체에 헌신하며 공동체와의 관계 속에서 성장하라. 세계를 이해하며 미래를 향한 시각을 견지할 수 있게 교육하고, 또 재교육하라. 정부는 교육과 재교육이 필요한 여성들을 위한 제도적·재정적 뒷받침을 하라.

베티 프리단의 주장의 핵심은 여기에 있었다. 혹자는 베티 프리단의 해법이 직장, 혹은 직업이라고 한다. 그러나 그는 장기적 인생 계획, 창의성, 그리고 성장이 동반되지 않은 소모적 직업은 '이름 붙일 수 없는 문제'에 의해 고통받는 여성들과 다를 바 없는 상태에 놓이게 할 것임을 지적했다. 그에게 방점은 일 그 자체가 아니라 자신의 잠재력과 창조적 에너지를 키워나가는 방식으로서의 개인의 성장, 그리고 사회에 대한 헌신에 있었다.

책의 마지막 장인 〈여성들을 위한 새로운 인생 계획〉에서 보다 분명한 방향이 제시되지 못한 것은 아쉬움으로 남는다. 마지막 장에서 베티 프리단은 여성의 각성, 창의적인 능력을 발휘할 일을 통한 성취, 교육과 재교육, 그리고 제대군인 원호법에 필적하는 교육 지원의 필요성 등 매우 실용적 문제를 열거했다. 그렇기 때문에 이 책이 마치 '자기계발서'와 유사하다는 비판을 받기도 한다. 문화와 교육, 사회과학과 정신의학, 그리고 개인의 경험을 넘나들며 '여성의 신비'를 설득력 있게 묘사했던 책의 마지막 장은 다소 허무하고 성급하게 마무리된다.

베티 프리단 역시 그 문제를 인지했다. 1974년 개정 증보판 에필로그에서 그는 다음과 같이 고백했다. '이름 붙일 수 없는 문제들'에 대한 해결책을 주려고 했다. 새로운 패턴, 갈등으로부터 나오는 방법을 제안하려고 했다. 여성이 자신의 능력을 온전히 사용하고 실존적인 인간 정체성을 찾으며 행동과 결정과 도전을 공유하면서도 동시에 가정과 자녀와 사랑과 섹슈얼리티를 거부하지 않는 방안을 모색했다. 그러나 그 과정에서 아무런 생각이 나지 않았다. '이름 붙일 수 없는 문제'에 새로운 이름을 주는 것은 첫 단계이지만 충분한 해결책은 아니었다."

《여성의 신비》는 베티 프리단이 말했듯, 해결책을 제시한 책은 아니다. 전체 구성의 대부분을 '여성의 신비'를 만들어가는 사회의 전반적 현상에 대한 분석, 그리고 그로 인한 여성의 현재 모습을 보여주는 데 치중했다. 그러나 책은 발화되지 않았으나 여성들의 마음속 깊이 자리잡았던 문제들을 호명하여 '이름 붙일 수 없는 문제들'이라고 명명했다. '여성의 신비'를 깨고 한걸음 나아가라고 했다. 자신을 성장시키고 사회를 변화시키라고 했다. 여기에 여성들이 반응했다.

당대의 반응

베티 프리단은 책이 쉽게 끝날 것으로 생각했다. 그러나 책은 기획 단계에 돌입한 이후 5년 만에 마무리되었다. 출판사는 오랜 기다림에 지쳤고 판매를 기대하지 않았다. 초판 3천 부를 출간했다. 초기 판매부수는 많지 않았다. 책 서평과 광고 역시 베티 프리단의 기대에 못 미쳤다. 책에 대한 평가는 상반되게 나타났다. 몇몇 서평자들은 긍정적으로 평가하기도 했지만 대체로 반복적인 주장을 하는 글쓰기 스타일에 대해서만 비판을 했다. 또 다른 서평들은 베티 프리단이 자신의 결론을 도출하기 위해 자료들을 선별적으로 사용하면서 일반화를 하고 있다고 비판했다. 어느 서평에서는 고대로부터 내려온 인간의 오랜 관습을 무시하고 '억압받는 여성'이라는 이미지와 태도를 창조해냈다고 비판했다.[185]

베티 프리단은 절판을 고려하던 출판사를 설득하여 적극적인 홍보에 나섰다. 베티 프리단 자신이 텔레비전 프로그램과 라디오 토크쇼 등에 출연하여 책의 내용을 홍보하기도 했다. 이후의 반향은 베티 프리단의 기대를 넘어섰다. 여성들은 소모임에서 베티 프리단의 《여성의 신비》를 이야기했고 입소문과 함께 판매부수는 가파르게 증가했다. 베티 프리단이 자신의 책에서 비판했던 바로 그 여성지들이 앞다투어 책의 내용을 상세하게 다뤘다. 초판만 130만 부가 판매되어 그해 비문학부문 베스트셀러가 되었다. 3년 내에 3백만 부가 판매되었고 13개 국어로 번역되었다.

《여성의 신비》를 출간한 뒤 베티 프리단은 말 그대로 수십만 통의 편지를 받았다. 하버드대학교 슐레징거 도서관에 보관된 편지들의 일부를 보면 중산층 전업주부도 있었고 일하는 여성도 있었다. 백인 여성도, 이민 여성도, 흑인 여성도 있었다. 자신만의 문제가 아님을 알게 해줘서 고맙다고 했고, 전업주부로 사는 자신을 돌아보게 했다고 했다. 용기를 내어 다시 공부를 시작했다는 여성들도 있었고 이 책을 좀 더 일찍 알았더라면 오히려 이혼을 하지 않았을지 모르겠다는 고백을 하는 여성도 있었다.

쇄도한 편지에서 여성들은 책에 공감을 표했고 자신들이 경험하는 문제를 명확하게 볼 수 있는 책을 써준 것에 대해 감사를 표했다. 책을 읽고 삶을 변화시킬 용기가 생겼다고 고백하는 독자들도 적지 않았다. 플로리다에 사는 네 아이의 어머니는 다음과 같은 편지를 보냈다. "저는 몇 년간 자아를 찾고 싶다, 목표를 갖고 싶다는 것을 남편에게 이야기하려고 노력했지만 쉽지 않았습니다. 제가 당신의 책으로부터 얻은 것은 주부이자 어머니, 그 이상을 바라는 것에 대해 가졌던 죄의식을 종식시키는 것이었습니다."

책에 대한 이야기가 입에서 입으로, 소모임을 통해 알려지고 학교의 필수 교과목으로 지정되면서 1960년대 미국 여성들의 필독서가 되었다. 딸에게 책을 권유하는 어머니, 젊은 세대들에게 다 읽은 책을 넘겨주는 중년 세대들도 있었다. 자신들은 이미 늦었지만 "너희는 다르게 살 수 있을 것"이라고 했다. 베티 프리단 자신도, 출판사도 예상하지 못할 만큼의 반응이었다. 책에 공감했던 동시대인들이 그만큼 많았던 것이다. 책은 그 시대 여성들이 고민을 하면서도 정확하게 파악하지 못했던 '문제들'에 이름을 부여했고 그로부터 한걸음 나아갈 용기를 줬다.

엄밀하게 말하자면 베티 프리단의 책은 정교한 이론서는 아니다. 그가 책에서 다루는 내용의 일부는 이미 동시대 지식인들의 논문과 책에서 다뤄진 것도 있다. 책은 이론적으로 불분명한 부분도 있고 일반화의 오류도 있다. 기존 질서와 제도에 포함된 젠더적 힘의 관계를 명료화하기 위해 사용된 언어를 해체하고 재구성하는 작업을 진행했던 이후의 페미니즘 이론에 비춰볼 때 《여성의 신비》는 지나치게 평면적이고 초

보적인 단계로 비춰지기도 한다.[186]

그러나 여성학 연구가 학문적 이론체계를 갖추기 이전인 1960년대 초반에 이 책이 나왔음을 기억해야 한다. 여성문제에 대한 관심은 극소수 연구자들과 진보서클 밖으로 나가지 못했던 시기였고 방법론적으로 발전되지 못했다. 이 책은 여성문제에 대한 논의가 소수 전문가들과 여성운동가들에 한정되었던 시절에 일반인이 이해할 수 있는 언어로 풀어나갔다는 것에 그 장점이 있다. 또한 여성이 겪고 있는 문제들을 사회의 다각적 현상들과 연결시켜 사회 전체를 파악할 수 있는 큰 그림을 제시했고 복잡한 내용을 명료하게 이해시켰다.

무엇보다 책은 시대의 결을 읽었고 동시대 여성들이 겪는 문제를 짚었다. 오랫동안 저널리스트로 활동했던 그의 선명한 필치는 독자들의 마음을 움직였다. 그는 책이 전달하는 메시지를 선명하게 하기 위해 여러 번 고쳤고 그 과정에서 내용이 삭제되거나 다소 과장되기도 했다.

하버드대학교 슐레징거 도서관에 보관되어 있는 '프리단 페이퍼'에는 그가 치열하게 사유하고 관련 지식을 흡수하면서 여러 번 고쳐 썼던 글쓰기의 흔적이 고스란히 남아있다. 최종 원고가 나오기까지 포함되었다가 삭제되었던 여러 페이지 중에 그 시대를 보여주는 중요한 분석들이 포함되기도 했다. 책에서는 학생운동에서 노동신문 기자, 마을공동체 활동과 대안학교운동에 대한 자신의 모든 삶의 이력 역시 철저하게 배제되었다. 본인 스스로를 교외 중산층 여성이자 여성지에 기고하는 프리랜서 작가로 묘사했다. 그럼에도 불구하고, 아니 그렇기 때문에 책은 더 많은 독자에게 다가갔고 호소력을 가졌다.

물론 책을 읽은 뒤 빈곤과 인종차별이 최우선의 과제인 본인의 삶과는 동떨어져 공감할 수 없다는 흑인 여성도 있었고, 경제적 걱정 없는 중산층 여성의 무료함에 관한 책일 뿐이라고 냉소하는 이들도 있었다. 체제 내에서 가능한 방식으로의 변화를 주장한, 그런 측면에서 미국의 프래그머티즘 전통에서 벗어나지 않은 이 책을 마르크스의 〈공산당 선언〉만큼 위험한 책으로 간주하는 이들도 있었다. 사회 일각에서는 베티 프리단을 가족 파괴자이자 모성의 적, 미국을 위험에 빠뜨리는 자로 비난했다.

책은 출간되고 몇 년 지나지 않아 오늘날까지 각 대학과 매체가 선정하는 '논픽션 필독서 100선'에 거의 예외 없이 포함되었다.[187] '세상에서 없어져야 할 위험한 책 10선' 등의 리스트에도 빠지지 않았다.[188] 베스트셀러 작가가 된 후 유대인 특유의 그의 외모와 말하는 방식은 늘 조롱거리가 되었다. 그가 여성운동에 본격 개입하기 시작한 1960년대 중반 이래 집을 폭파하겠다는 살해 위협도 빈번했다. 보수적 비판자들은 이 책뿐 아니라 몇 해 뒤 베티 프리단이 작성한 전국여성연합 선언문을 현대판 〈공산당 선언〉 정도로 여겼다.[189]

《여성의 신비》를 읽은 지식인들이 편지를 보내는 경우도 있었다. 비슷한 주제를 고민하고 책을 준비하고 있었다며 공감을 표시하는 학자들과 작가들도 적지 않았다. 대학에서 강의한다고 밝힌 젊은 학자 앤 파슨스는 자신이 겪고 고민하던 고통을 정확하게 짚어준 베티 프리단에게 감사의 표시를 했다. 그는 베티 프리단의 분석에 깊이 공감한다고 했다. 앤 파슨스는 구조기능주의 사회학의 대가이자 하버드대학교 사회학과 교수인 탈코트 파슨스의 딸이었다. 아버지는 기능주의 사회학을 통하여 가족 안에 여성의 역할을 한정시키는 이론을 전파했고 딸은 그 이론을 비판하는 베티 프리단에게 공감했다. 우울증에 시달렸던 앤 파슨스는 베티 프리단에게 편지를 보내고 몇 달 뒤 정신병원에서 스스로 목숨을 끊었다.[190]

미국 여성사의 선구자 거다 러너도 베티 프리단에게 편지를 보냈다. 러너는《여성의 신비》가 이 사회가 진정으로 필요로 하는 역할을 했다고 찬사를 보냈다. 이 책이 확신에 찬 주장들을 내부로부터 동요시키면서 건전한 의심을 일으킬 것이라고 기대했다. 그는 '여성의 신비'를 형성하는 데 지식인들이 일조했다는 베티 프리단의 주장에 동의했고 이 책으로 사회적 논쟁이 시작되고 해결책을 고민하는 사회적 토양이 조성되기를 희망했다.

러너는 책이 지닌 한계도 짚었다. 대학교육을 받은 중산층 여성의 문제가 주로 부각되었다는 것이다. 그는 이 책이 특정 집단의 문제로는 의미가 있겠으나 협소한 관점이 여성 전체의 이익에 오히려 방해가 될 수 있음을 지적했다. "여성 노동자들, 특히 흑인 여성 노동자들은 여성의 신비에 의해 부과된 불이익뿐 아니라 경제적 차별의 불리함을 감수하며 노동하고 있다"는 점을 상기시켰다. 러너는 '이름 붙일 수 없는 문제'를 고려하면서 여성 노동자들을 제외하거나, 해결책을 모색하면서 그들의 공헌을 무시하는 것은 대가를 치를 수밖에 없다고 지적했다. 그는 여성문제가 개별적으로 가정 안에서 해결될 수 없으며 공동체의 단합된 노력에 의해 달성될 수 있음을 강조했다.[191]

사실 책에서는 여성 노동자의 문제가 언급되지 않았다. 그것은 동창 설문조사에서 시작된 우연에 더한 의도적 선택의 결과일 수 있다.《여성의 신비》에서 분석의 초점이 여성 전체였더라면 인종과 계급 지형을 고려하여 다른 방식으로 서술됐을 것이다. 그러나 책은 여성을 아내이자 어머니로 위치지우는 '여성의 신비'의 힘, 그리고 그로 인해 여성이 겪는 '이름 붙일 수 없는 문제'에 초점을 맞췄다.

책이 드러내고자 하는 목표가 아닌 다른 내용이 책에 들어가지 않았다는 이유로 책의 한계를 지적하는 것이 과연 좋은 비판일 수 있는가에 대해서는 논쟁의 여지가 있다. 베티 프리단이 제기한 문제가 여성문제의 전부라고 스스로 독점한 것은 아니기 때문이다. 《여성의 신비》는 여성문제가 수면 위로 올라오는 길을 텄을 뿐, 그 뒤 물길의 방향을 세세하게 제시하거나 하나의 정답을 제시했던 것은 아니다. 오히려 여성 각자의 내면으로부터의 변화를 요구함으로써 미래의 변화 가능성을 열어놓았다.

《여성의 신비》가 나온 뒤 이를 계기로 여성문제가 사회적으로 부각되고 확산되었다. 젊은 시절 이 책을 접한 것이 하나의 계기가 되어 여성학을 전공하게 되었다는 여성학 전공자들도 있었다. 1960년대에 여성운동이 활성화되고 여성문제에 대한 학문적 필요성이 대두되면서 이후 각 학교에서 여성학과를 설치하고 여성학 강의를 개설했다. 1960년대의 사회변화는 학문의 패러다임을 요구했고 역사와 문학, 철학과 같은 인문과학뿐 아니라 사회학, 경제학, 정치학 등 제반 학문에서 젠더가 중요한 분석개념으로 자리 잡았다. 이 모두를 《여성의 신비》한 권의 공으로 돌릴 수는 없으나 그 책이 미국 사회에서 이후 전개되는 페미니즘 연구에 물길을 터주었다는 것은 분명하다.

한 권의 책이 여성문제에 관한 모든 주제를 포괄하거나 변화의 방향을 정확하게 제시해주는 것은 무리일 것이다. 그럼에도 책이 지닌 의미와 한계를 동시에 짚어보는 것은 이후 당대와 이후 미국 문화와 여성운동, 그리고 베티 프리단 개인의 역할을 이해하는 데 필요하다.

《여성의 신비》의 약한 고리들 I: 일

먼저 거다 러너가 제기한 것처럼 주로 중산층 여성에 한정될 수 있다는 주장이다. 베티 프리단은 책의 분석 대상을 여성 전체로 하기보다 자신이 프로젝트를 담당했던 대학 동창생들에 대한 설문조사를 기반으로 삼았다. 책이 중산층 여성들을 주요 대상으로 분석했던 첫 번째 이유였다. 우연히 시작되었던 프로젝트는 사회 전체를 뒤흔드는 책으로 완성되었다.

그러나 사실 《여성의 신비》는 1950년대의 미국 지성계의 관심들을 반영했던 책이다. 정체성에 대한 프리단의 강조는 1950년대 사회비평가들과 지식인들이 공유했던 가설, 즉 미국이 직면한 도전은 빈곤이 아니라 풍요라는 가설에 기반을 두고 있다. 그들이 직면한 사회문제는 더 이상 빈곤이 아니라 풍요로운 대중 소비사회가 인간에게 미친 해악을 파악하는 것에 있었다. 그들은 도시 내부의 흑인이나 농촌 지역의 백인이 아니라 교외 중산층 백인을 관심과 분석의 대상으로 선택했다.

또 다른 이유는 다가오는 사회에서 노동의 역할에 대한 베티 프리단의 '오판'에 있었다. 여성의 자아실현과 성취에 대한 상을 제시하기 위해 베티 프리단은 새로운 사회변화에 민감하게 반응했고 동시대 지식인들의 연구를 자신의 것으로 흡수했다. 그 과정에서 그는 그 시점에서의 사회 진보와 기술 발전을 다소 지나치게 낙관했다.

베티 프리단은 《여성의 신비》에서 다음과 같이 말했다. "인간은 생존하기 위해 하루 종일 일할 필요가 없다. 인간은 자신들이 할 일의 종류를 선택하는 데 전례 없이 자유롭다. 생존을 위해 일하는 시간 이외에 전례 없이 많은 시간을 갖게 되었다. 그리고 인간은 노동의 인간적 중요성을 이해하게 되었다. 그것이 단지 생물학적 생존 수단에 그치는 것이 아니라 자아를 부여하고 자아를 변화시키는 것이며 인간 정체성과 인간의 진보를 가져오는 것임을 이해하는 것이다." 베티 프리단은 노동과 지식의 발전과 함께 환경에 대한 인간의 의존도가 감소했다고 판단했고 따라서 생물학적 생존을 위한 노동이 인간 정체성을 정의하는 데 충분하지 않다는 연구들에 동조했다. 그는 환경에 대한 인간의 의존도 감소가 풍요로운 사회에 더욱 명백해졌다고 본 것이다.

소수의 연구자들이나 진보적인 지식인들 이외에는 크게 주목하지 않았으나 풍요로운 미국 사회에 심각한 경제 불평등이 있었다는 사실은 오래지 않아 드러났다. 빈곤층은 전체 경제인구의 4분의 1에 이르렀고 빈민들 중 다수는 유색인종, 이민자 가족, 혹은 여성 가장의 가족들이었다. 특히 임금과 직급에서 차별받았던 여성이 겪는 경제적 불평등과 여성 가장의 빈곤화는 심각한 문제였다. 마이클 해링턴은 이미 1962년의 책 《미국의 다른 측면》에서 풍요로운 미국 사회의 이면에 자리 잡은 지독한 빈곤의 문제를 다뤘다.[192]

베티 프리단이 이 같은 상황에 무지했던 것은 아니었다. 사실 그는 《여성의 신비》 집필을 마칠 무렵 여성 노동자들이 처한 문제에 관한 책을 구상하기 시작했다. 그러나 《여성의 신비》에서의 초점은 경제적 조건이 충족된다고 해도 여전히 충족되지 못하는 자아존중과 자아실현 문제에 집중되었다. 만일 베티 프리단이 《여성의 신비》에서 유색인종 노동자들을 포함시켰어도 같은 주장을 이끌어냈을지 불확실하다. 확실한 것은 베티 프리단이 이 시점에서 노동문제를 도외시하지는 않았다 하더라도 과거 자신이 그러했듯 노동계급을 더 이상 사회변혁의 주체로 인식하지는 않았다는 것이다. 그것은 1960년대 사회운동을 이끌었던 학생운동 활동가들이나 뉴 레프트 지식인들에게서 비슷하게 나타나는 현상이었다.[193]

미국의 페미니스트 벨 훅스는 '이름 붙일 수 없는 문제'가 미국 사회에서 여성이 처한 상황을 설명하는 데 자주 인용되지만 그것이 거의 전적으로 고등교육을 받은 중산층과 상류층 백인 기혼여성이라는 선택받은 집단에 해당된다는 점에서 한계가 있다고 지적했다. 벨 훅스는 프리단의 분석 대상이 되었던 그 여성들이 "가사노동에서 자유로워지고 직업 면에서 백인 남성들과 동등한 대우를 받을 때 그들의 아이들과 가정을 누가 돌보아야 하는가"라는 질문이 남게 된다는 점을 정확히 지적했다.

과거 그의 삶의 궤도와 글들을 볼 때 베티 프리단이 유색인종 노동계급 여성을 경시했다고 볼 수는 없다. 그러나 《여성의 신비》는 명백히 교외 중산층 주부들에 관한 책이었다. 책에서는 생존을 위해 일하는 여성 노동자는 물론 일하는 중산층 여성들의 고민과 과제들도 언급되지 않았다. 오직 교육과 성장과 창조적 일이 강조되었다. 그렇다 할지라도 《여성의 신비》가 중산층 기혼여성을 중심에 놓음으로써 "남편과 자녀와 가정이 없는 여자에게 필요한 것은 이야기하지 않았다"는 방식으로 비판하는 것은 앞서 밝힌 바와 같은 이유로 그리 적절한 비판이라고 볼 수는 없다. 여전히 남편과 자녀와 가정이 없는 여성에게도 여성을 하나의 역할로 규정하는 '여성의 신비'의 폐해는 심각했기 때문이다.[194]

벨 훅스는 백인 가정주부들이 겪는 특정 문제와 딜레마를 해결하기 위한 과제는 정치와 연관되어 있었으나 민중 여성들의 절박한 정치적 관심사는 아니라고 주장했다. 민중 여성들은 그보다 경제적 생존, 민족적이고 인종적인 차별 등에 관심이 있었다는 것이다. 이는 현상에 대한 묘사로 틀린 것은 아니지만 옳다고 볼 수도 없다.

미국의 흑인 민권운동과 여성 노동운동은 역사의 매순간 법과 제도의 변화를 위해 투쟁했고 변화를 일궈냄으로써 전진했다. 유색인종 여성 노동계급의 경우, 인종과 계급, 젠더의 모순이 중첩되어 치열한 투쟁 끝에 너무 적은 변화를 얻어내는 경우가 다반사였으나 20세기 흑인 여성활동가들과 여성 노동운동 지도자들은 정치를 움직이지 않는 한 한 걸음의 진보도 불가능함을 충분히 공감했고 또 그 길에 동참했다.

《여성의 신비》에 한계가 있다면 벨 훅스가 지적하는 것처럼 단지 "유색인 여성과 가난한 백인 여성, 가정부, 베이비시터, 공장 노동자, 점원, 매춘부의 삶을 이야기하지 않았기 때문"이라기보다 베티 프리단의 분석 대상이 중산층 백인이었던 만큼, '여성의 신비'와 그 해체가 다른 인종, 다른 계층 여성들에게 어떠한 함의가 있는지, 그리고 백인 여성과 유색인 여성, 중산층 여성과 노동계급 여성 간의 관계맺음을 어떻게 설정할 것인지에 대한 시사점과 방향성이 보다 명확하게 드러나지 못했던 것에 있다.

벨 훅스는 그의 여러 책들을 통해 백인 중산층 여성이 주도했던 페미니즘 논의와 여성운동에 대해 신랄하게 비판했다. 특히 기존의 페미니즘이 예컨대 흑인 노동계급 여성이 처한 상황에 대해 무지하고 따라서 그들이 경험하는 불의와 억압을 해소시키지 못한다고 지적한다. 그는 자신이 속한 세계의 향상과 권리에만 관심을 갖는 개인주의적 페미니스트들, 차별을 주조하는 사회의 근본적 변혁에 적극 동참하기보다 '페미니스트적 삶의 방식'을 즐기며 또 다른 게토를 형성하는 페미니스트들에 대해 비판했고 여기에는 새겨들을 중요한 지점이 있다.

그러나 훅스는 자신과 다른 지향점과 성향을 지닌 페미니스트들의 진정성과 노력을 그 자체로 인정하지 않았다는 점에서 문제를 드러낸다. 백인 중산층 여성이 주도하는 자유주의 페미니즘은 기회주의적이며 기득권이므로 언제든 남성 기득권층과 연대하여 기층여성에 대한 억압에 동참한다는 벨 훅스 식의 논지는 여성운동 내부의 연대의 힘을 약화시키고 발전적 변화를 저해하는, 사회운동 안에서 득보다 실로 작용하는 근본주의적이며 분리주의적인 경향으로 전개될 위험성을 안고 있다.[195]

《여성의 신비》에 대한 보다 적확한 비판은 베티 프리단이 여성을 세상 밖으로 나아가도록 독려하면서 여성이 수행해온 가사노동은 폄하하고 있다는 점이다. 베티 프리단은 '여성의 신비'로 인해 수많은 여성들이 가사노동에만 전념하는 것을 비판적으로 접근한 나머지 논란을 일으킬 수준의 발언을 했다.

"확실히 많은 미국 여성이 가정주부로서 행복하게 살고 있고 그들 중 일부는 자신의 능력을 가정주부의 역할에 온전히 쏟는다. 그러나 행복하다는 것과 자신의 에너지를 충분히 쓰는 것은 다른 문제이다. 인간의 지성과 인간의 능력은 정적인 것이 아니다. 가사노동은 그것이 아무리

주어진 시간을 메우려고 해도 평균적인 여성 혹은 평균적 인간 지성을 가진 사람이 주어진 시간을 다 사용하기 어렵다."

그는 평균 이상의 지능을 가진 여성이라면 가사노동을 하는 데 주어진 시간의 50퍼센트도 사용하지 못할 것이라고 했고 심지어 한 전문가를 인용해 가사노동은 여덟 살 아이도 수행할 수 있다거나 한 기관의 몇 십 년 전 보고서를 인용해 정신박약아에게 가사노동이 적합하다는 표현을 비판적 논평 없이 그대로 전달했다.

그렇다면 왜 베티 프리단이 가사노동을 저평가했던 것일까? 그가 《여성의 신비》에서 칼 마르크스나 프리드리히 엥겔스를 언급한 적은 없으나 가사노동에 대한 베티 프리단의 분석은 사실상 프리드리히 엥겔스의 《가족, 사유재산, 국가의 기원》(1884)에 의존하고 있는 것으로 보인다. 베티 프리단 페이퍼에 보관된 《여성의 신비》 집필 자료에는 《가족, 사유재산, 국가의 기원》이 꼼꼼하게 정리된 원고가 포함되어 있다. 미국 인류학자인 루이스 헨리 모건의 《고대사회》(1877)를 비판적으로 재구성했던 엥겔스 책은 모건이 이로쿼이 인디언을 통해 고찰하여 얻었던 결론과 마찬가지로 원시공동체가 모권사회였음을 상기시키면서 가부장제적 가족 구성이 역사적 형성물임을 주장했다. 엥겔스는 사적 소유와 가부장제, 여성 억압의 상관관계를 묘사했고 계급 해방이 여성 해방의 선결조건이라고 주장했다. 그는 여성의 사회적 노동 참여와 가사노동의 사회화를 구체적 방안으로 제시했다. 베티 프리단은 엥겔스 책의 바로 이 부분을 자신의 집필 자료에 포함시켰다.

우리는 여성이 사회적으로 생산적 노동에서 배제되고 제한적인 가사노동에 한정되는 한 여성 해방과 남녀평등은 불가능하다는 것을 알고 있다. 여성 해방은 여성이 대규모로 사회적 생산에 참여할 수 있을 때, 그리고 가사노동의 의무가 최소화될 때 비로소 가능하다.[196]

　벨 훅스가 비판했던 것과 같이 베티 프리단은 중산층 여성들이 가사노동에서 자유로워질 때 그 노동을 담당하는 이들이 누구인가 언급하지 않았다. 그러나 베티 프리단이 중산층 여성의 '여성 해방'을 위해 가사노동을 담당할 대체노동력을 상정했던 것인지는 불분명하다. 그에게 중요한 것은 가사노동의 최소화였다. 미국 사회의 여건상 그가 엥겔스처럼 '가사노동의 사회화'를 전면에 내세울 수는 없었을 것이다. 그러나 그는 기술 발전으로 인하여 가사노동 시간이 최소화될 수 있을 것이라고 기대했다. 무엇보다 그는 가사노동의 의무가 최소화될 때 비로소 남녀평등이 가능하다고 하는 엥겔스의 주장에 동의했던 것으로 보이며 그와 같은 견지에서 주부들에게 가사노동에 전념하기보다 자아실현과 내적 성장을 추구하라고 독려했다.
　그러나 결과적으로 가사노동을 폄하하는 듯한 《여성의 신비》의 묘사는 과거부터 그 일을 담당해온 전업주부의 노고를 훼손하는 것은 물론, 가사노동자들의 노동 가치를 폄하하는 논리를 제공해준다는 비판을 피해갈 수 없었다. 미국의 경우 가사노동 종사자는 과거부터 현재까지 주로 흑인을 포함한 유색인종과 이민 여성 노동자들이었다. 또한 가사노동에 대한 그의 폄하적 발언은 여성 사학자 일레인 보리스가 지적한 것처럼 의미 있는 노동은 가정 밖에 있으며 재생산 노동이 아닌 생산 노동이라는 오래된 편견을 강화하는 데 일조할 소지가 있었다.[197]

《여성의 신비》의 약한 고리들 II: 다양성

베티 프리단이 제시한 '창조적이고 의미 있는 일'은 사실상 불분명하면서도 협소하게 정의되었다. 그는 여성의 일이 인생 계획에 부합되고 잠재력을 발휘할 창조적인 것이어야 한다고 했다. 그 일을 위한 교육과 훈련이 동반되어야 하며 그 일을 통해 사회에 헌신할 수 있는 일이어야 한다고 했다.

그러나 그는 그 일이 무엇인지 구체적으로 명시하지 않았다. 그 일이 과학자, 교수, 변호사, 의사와 같은 전문직을 의미하는 것인가? 그러한 전문직은 베티 프리단이 요구했던 일의 성격을 필연적으로 포괄하고 있는가? 전문직에 종사하던 그 시대의 남성들은 미래 비전을 갖고 잠재력과 창의성을 발휘하며 사회에 헌신했는가?

베티 프리단이 전문직에 관한 환상을 갖고 여성이 미래에 해야 할 일을 낭만적으로 묘사했다고 보이지는 않는다. 그보다 그는 당시 미국 남성들이 겪고 있던 문제들로 지목된 목적 상실과 헌신의 결여, 창의성이 사라진 일, 맹목성, 순응, 조직인간, 이윤 추구에 대한 대안으로 여겨지면서 자신이 바람직하다고 생각한 가치들을 미래 여성의 일에 투영했다. 그는 임금 지급 여부와 상관없이 "진취적이고 리더십과 책임감을 요구하는 일"을 찾을 것을 독려했다. 중요한 것은 평생토록 하는 헌신이며 그것도 사회에 대한 헌신임을 주지시켰다. 여성이 사회에 나가 일할 수 있는 기회가 문화적·제도적으로 봉쇄되었던 당시 상황을 고려할 때 베티 프리단은 여성을 가정 밖으로 나가도록 독려하는 것이 우선적 목표였고 자신이 이상적으로 생각했던 일의 정의를 여성이 추구할 일에 결합시켰다.

크리스토퍼 래쉬는 폴 굿먼의 《부조리한 성장》과 베티 프리단의 《여성의 신비》를 비교하면서 이 두 책의 과제가 "공공의 목적이 사라진 사회 속에서 어떻게 소명의식을 되살릴 수 있는가"에 있었을 것이라고 주장한다. 래쉬는 베티 프리단이 남성처럼 여성 역시 "자신의 능력을 모두 사용하는 일에서만 자신의 정체성을 찾을 수 있다"고 믿었으나 그 시대의 남성이 그러한 일을 찾았을지 분명하지 않다고 의문을 제기했다. 또한 래쉬는 전문직조차 기업경제에 의해 지배되고 있는 상황에서 직업이 남성들에게 그러했던 것처럼 여성들에게도 해방의 수단이 될 수 없다는 것을 정확히 지적했다.[198]

그러나 책을 쓰던 당시 상황에서 베티 프리단에게 우선적 목표는 여성을 이등시민으로 국한시켜 잠재력을 발휘할 수 없게 만드는 사회 전반에 드리운 거대한 '여성의 신비'라는 틀을 깨고 나아가는 것이었다. 굳이 비판자들이 제기하는 것처럼 그가 전문직을 여성 해방이 도달해야 할 최종 목표로 제시했다고 볼 수는 없다.

만일 베티 프리단이 제안했던 '창조적인 일'의 범위에 공동체에 대한 여성의 헌신이 포함되었다면 대안들에 대한 보다 풍부한 논의가 가능했을지 모른다. 사실 그의 책 초고의 한 장은 공동체 활동을 통해 자아실현을 했던 여성들에 관한 내용으로 구성되었다. 베티 프리단이 인터뷰했던 동창들 중 일부는 '여성의 신비'가 강화되기 전 고등교육을 받았고 공동체를 형성했으며 그들의 삶에서 고등교육이 중요한 역할을 했다고 답했다. 결혼한 이후 그들은 직장이 아닌 공동체 활동에 참여하면서 창의성을 발휘했고 사회에 헌신하고 이웃과 협동하는 과정에서 자아를 실현시켰다.

그들은 지역 정신병원과 극장 건립에 힘을 합하거나 공교육기관에서 흑인과 백인 학생들을 격리시키는 분리주의에 반대하는 민권운동에 나서는 등 지역공동체 형성과 지역정치에 적극적으로 참여했다. 응답자의 일부는 양육의 부담이 어느 정도 줄어든 이후 자원봉사자로 하던 일을 본격적인 일로 시작했다고 답했다. 어떤 이는 풀뿌리 정치에 참여하다가 법조계로 진출했고 미술관 자원봉사자를 하다가 다시 학교로 돌아가 예술사를 공부하게 되었다고 답했다. 베티 프리단은 그 사례들을 들어 인생 계획에서 지식의 역할을 중시했고 미국의 새로운 변방은 지식의 영역이 될 것이라고 했다.[199] 그러나 이후 수정 과정에서 그 장은 삭제되었고 일부가 축소되어 마지막 장에 간략하게 언급되었다.

베티 프리단 자신이 결혼 후 교외로 이동한 이래로 마을공동체와 대안육아, 대안교육에 적극적으로 참여하며 창의성과 리더십을 발휘했던 것을 감안하면 대안적 삶에 대한 여성들의 구체적인 모습이 수정 과정에서 삭제 축소되었던 것은 아쉽고 또 그 의도에 의문이 남는다. 여성 사학자 수잔 웨어 역시 《여성의 신비》가 완성되기 이전의 원고에서 발견되는 특징들에 주목하면서 "만일 프리단이 스미스대학 설문조사에 대한 그의 본래 해석을 고수했더라면 그는 1950년대 미국 중산층 여성들이 당면한 현실을 보다 정확하게 묘사할 수 있었을 것"이라고 지적했다.[200]

동성애에 대한 그의 거부는 또 다른 측면에서 비판을 받는다. 사실 베티 프리단이 《여성의 신비》를 집필할 당시 미국에서 동성애자의 권리운동은 초기 단계에 있었고 세간의 시각은 동성애를 사회에 위협되거나 비정상적 정신질환으로 분류했다. 동성애자는 소도미 법Sodomy law의 처벌 대상이었고 동성애자로 알려지면 직장에서 해고되었다. 미국 정신의학회가 동성애를 정신질환에서 삭제했던 것은 1973년에 이르러서였다. 동성애자가 반사회적 인격장애자로 인식되었던 것은 초기의 주류 여성운동 내부에서도 크게 다르지 않았다. 1960년대 후반에서 1970년대 초반까지 레즈비언 페미니즘과 성정치의 관계 설정이 미국 여성운동에서 논쟁과 갈등의 중심축이 되었다.

베티 프리단은 본인이 이성애자일 뿐 아니라 이성애가 정상이라는 생각이 확고했다. 따라서 그는 동성애를 비정상으로 진단한 그 시대의 가치를 그대로 수용했다. 《여성의 신비》에서는 자아를 상실한 무목적적이며 수동적인 여성과 동성애를 연관시켰다. 나이 드는 것을 두려워하고 항상 어린아이 같아 보이려고 하고 성적 매력을 지니면서 젊음을 유지하려는 '성 추구자 여성'과 남성 동성애자의 유사성을 지적했다. 아들에 대한 어머니의 지나친 헌신이 오히려 아들을 독립적 인간으로 성장시키지 못하고 동성애를 유발할 수 있다는 당시의 연구들을 비판적 언급 없이 인용했다. "동성애를 하는 사람들의 성생활의 특징인 비현실성, 미숙성, 난잡함, 오래 지속되는 인간적 만족의 결여 등이 그들의 삶과 관심을 특징 짓는다"고 표현했다.

이후 1966년 그가 전국여성연합 결성에 주도적 역할을 수행하고 여성운동을 발전시키는 과정에서 레즈비언 페미니즘 의제를 포함시킬 것인가 하는 문제는 지속적인 쟁점이 되었다. 전국여성연합의 초대 회장을 맡으며 단체 방향성을 결정하는 데 지대한 영향을 미쳤던 베티 프리단은 레즈비언의 권리를 내세울 경우 여성운동을 분열시킬 것이며 보수

세력의 공격의 표적이 될 것이라는 이유를 들어 반대하는 입장이었다.

또한 그는 성정치에 입각한 급진주의적 페미니스트들이 남성 혐오를 부각시켰던 전략에 대해 동의하지 않았다. 남성은 여성의 적이 아니라 성 평등사회를 이룩하기 위한 동반자라는 것이 베티 프리단의 변함없는 확고한 입장이었다. 때문에 베티 프리단과 급진주의적 페미니즘은 오랫동안 갈등과 반목, 상호 비방의 세월을 보내야 했다. 페미니즘 일각에서 베티 프리단에 대해 기득권 여성의 이해를 대변하는 기회주의 여성, 제2차 여성운동의 물결의 발목을 잡은 주범이라는 프레임을 씌운 것은 베티 프리단의 사유와 행동의 결과 그 이상으로 레즈비언, 성정치 등의 의제를 두고 급진주의 페미니즘과 겪었던 갈등과 반목의 결과였던 것으로 보인다. 그럼에도 불구하고 《여성의 신비》에서 이성애가 정상임을 전제로 하여 동성애에 접근했다는 것은 다양한 성향이 존재하는 페미니즘운동을 수용하지 못하는 기반이 되었을 뿐 아니라 정상과 비정상을 확고하게 구분지음으로써 그가 비정상으로 범주화한 이들의 권리를 오히려 위태롭게 할 여지를 남겼다.

베티 프리단 자신의 주장을 뒷받침하기 위한 일반화의 오류도 나타났다. 그는 여성성의 고유한 특징을 높이 평가하는 이론에 반감을 드러냈다. 그 같은 이론이 여성의 특징을 장점으로 부각시키며 강조함으로써 '여성의 신비'를 강화시키고 있다고 본 것이다. 이는 여성성을 재해석하고 거기에 의의를 부여하는 '차이의 페미니즘'의 입장에서 볼 때 한계가 있는 논의였다. 여성성에 대한 베티 프리단의 인식은 후속 저작들에서 일부 수정되었다. 세 번째 책인 《제2 단계》(1981)에서는 고유한 여성성의 긍정적인 측면, 남성과 여성 모두에게 양성성이 필요함을 인

정했다.[201]

《여성의 신비》에서 결혼과 일의 균형을 이상적인 모델로 제시했던 것 역시 다양한 삶의 선택과 방식에 대한 입지를 좁힐 여지가 있다. 더욱이 가정 안에서 남편의 가사분담에 관한 논의 없이 여성이 결혼과 일을 양립시켜야 한다는 주장은 현실에서 나타나는 여성의 이중부담에 대한 이해 부족이라는 비판을 받을 수 있다. 1981년 출간된《제2 단계》에서는 일하는 여성의 고충문제와 함께 보육정책, 공동주택과 같은 구체적인 대안들을 포함시켰다.

《여성의 신비》의 약한 고리들 III: 과장과 생략

《여성의 신비》에 대한 비판 중 하나는 책이 그 시대에 나타나는 경향을 확대 해석하거나 실제로 존재했던 사실의 의미를 축소한다는 것이다. 조앤 메이어로비츠는 베티 프리단이 분석했던 같은 시기의 여성지들을 검토한 후 여성지들의 전반적 논조가 '가정의 가치'와 '단란함'을 조장한다는 베티 프리단의 주장이 과장되었다고 지적했다. 메이어로비츠는 자신이 검토한 여성지들에는 분명히 가정 밖에서 자신의 꿈을 성취하기 위해 분투하는 여성들을 칭송하는 기사들, 일하는 여성들과 그들의 정치적 참여를 지지하는 기사들이 있다고 했다. 1950년대 여성지들이 여성성과 가정성만을 강조한 것이 아니라 창의성과 독립성 역시 중시했다는 것이다. 그런 점에서 메이어로비츠는 《여성의 신비》가 확산시킨 그 시대 여성의 이미지를 수정해야 한다고 주장했다. 또한 메이어로

비츠는 베티 프리단이 1950년대에 존재했던 대안적인 비전을 폄하하는 문제를 갖고 있다고 지적했다.[202]

메이어로비츠의 논문은 1950년대 여성지가 전통적 이미지를 강조하고 확산했다는 베티 프리단의 주장을 완전히 부정했다기보다 그 이미지가 다른 이미지와 공존했음을 지적함으로써 수정을 요구했던 것이다. 《여성의 신비》에서 나타나는 전반적인 서술의 특징이 강조와 생략에 있었음을 감안할 때 베티 프리단의 책이 그 시대 여성지에 나타난 여성성을 부각시켰다고 해서 1950년대의 사회상을 왜곡했다고 볼 수는 없다. 1950년대 가족과 여성에 관한 수많은 사회과학적 연구들과 역사 연구들이 베티 프리단의 분석을 뒷받침하고 있으며 그 시대를 살았던 여성들의 책에 대한 공감이 그것을 증명한다.

단, 《여성의 신비》에서 '여성의 신비' 이외의 다른 가치들은 생략되거나 축소되었다는 것은 정확한 지적이다. 앞서 기술했던 것처럼 공동체를 형성하는 여성들에 관한 초고의 장이 삭제되지 않고 책에 포함되었더라면 다양한 여성들의 삶의 모습이 공존했음을 보여줘 역사적 사실에 보다 근접할 수 있었을 것이다.

베티 프리단이 책에서 묘사한 자신의 모습과 실제 삶에도 간극이 있었다. 그는 책에서 자신을 교외에 거주하는 평범한 백인 중산층 전업주부로 묘사했다. 사실 그는 유대인 이민자 가정에서 나고 자라 인종차별을 경험했다. 주류 백인이 아니라 주변인으로 열등감에 시달리며 자랐다. 1930년대 후반 대학에 들어가 학생운동을 경험했고 대학신문 학생기자로 활동했다. 초기 민권운동가들과 교류하면서 인종차별 철폐에 동의했고 민권운동에 동참했다. 대학 시절 접했던 페미니스트 정치

경제학자 도로시 더글러스의 수업은 그에게 페미니즘적 시각의 단초를 제공했다. 대학을 졸업한 후 노동신문 기자로 활동하면서 그는 광의의 인민전선 문화 속에서 활동했다. 민주주의와 사회정의의 대의에 헌신했고 불평등과 폭력, 파시즘에 저항했다. 노동기자 시절에는 여성 노동자들의 평등한 권리를 확보하기 위한 기사와 노조 팸플릿을 작성했다. 여성이라는 이유로 《연합신문》과 《유이 뉴스》에서 두 번이나 해고된 이후에도 그는 자신의 삶 속에서 더 나은 삶의 길을 모색했다. 마을공동체 활동과 마을신문 편집장, 공동육아와 대안교육까지 그는 생활 속에서 지속적으로 공동체를 구성하고 대안을 모색했으며 시민으로 참여했다.

그러나 베티 프리단은 자신의 책에서는 이 경험을 드러내지 않았다. 오히려 그는 자신을 철저하게 교외의 중산층 여성으로 규정했다. 여성지 작가로서 '여성의 신비' 담론 생산에 일조했으면서도 여성문제에 문외한이었다고 기술했다. 역사가 대니얼 호르비츠는 베티 프리단이 자신의 과거를 드러내지 않은 이유를 냉전 매카시즘에서 찾았다. 매카시즘의 공격을 피해 가기 위한 의도적 선택이었다는 것이다.

책이 출간되었던 1960년대에 미국에서 여전히 하원 반미활동조사위원회가 위력을 떨치고 있었고 베트남에서 미군은 공산주의와 싸웠다. J. 에드가 후버의 FBI가 마틴 루터 킹 목사를 도청했고 조세프 매카시는 사라졌어도 그 영향력은 아직 사회 곳곳에 도사리고 있었다. 과거의 전력이 알려질 경우 사회적으로 매장되지는 않는다 해도 책의 영향력이 크게 축소될 여지가 있었다. 따라서 호르비츠는 베티 프리단이 의도적으로 자신의 과거 정치색을 감췄다고 주장했다.[203]

《여성의 신비》에서 보이는,
보이지 않는 베티 프리단

베티 프리단에 대해 쓴 여러 권의 전기, 그의 자서전, 인터뷰 기사와 하버드대학교 고문서 자료실에 보관된 '프리단 페이퍼'에 비추어 《여성의 신비》를 다시 읽어볼 때 그가 특정한 목적과 의도로 과거를 감추거나 왜곡했다고 볼 수는 없다고 판단된다. 《여성의 신비》에는 그의 어머니, 이웃, 그가 만난 여성들뿐 아니라 베티 프리단 자신의 삶이 겹쳐진다. 베티 프리단은 뛰어난 능력을 지닌 작가였고 독립적 삶의 영역을 추구했으나 여느 여성들과 다를 바 없이 '이름 붙일 수 없는 문제들'로 고통받는 교외의 중산층 여성이었다. 책은 베티 프리단이 만났던 여성들뿐 아니라 그 자신에 관한 이야기였다.

베티 프리단은 캘리포니아 버클리대학원을 졸업한 뒤 곧바로 뉴욕으로 옮겨 노동신문사 기자 생활을 시작했다. 대의에 헌신하기 위해 젊음을 바친 두 곳의 노동신문사에서 그는 여성이라는 이유로 해고당했다. 한 번은 전쟁이 끝나고 되돌아온 참전용사에게 자리를 내줘야 했고 다른 한 번은 둘째아이의 임신이 이유였다. 언론노조에 문제를 제기했으나 받아들여지지 않았다. 이후 안정된 직장 형태로는 그의 잠재력을 발휘하고 헌신할 기회가 주어지지 않았다.

불규칙한 수입에 의존하는 프리랜서 작가로 일했으나 그의 수입은 대부분 아이들을 돌보는 베이비시터에게 돌아갔다. 그는 자신이 잘 할 수 있는 일, 곧 글쓰기에 매진하기 위해 노력했지만 세 아이의 어머니이자 작가로서 일과 가정의 균형을 잡기 위해 부단히 노력해야만 했다. 안락한 교외 중산층 여성으로서의 생활에 대한 유혹이 있었고 여성에게 부과된 이미지와 맞지 않는 자신의 모습에서 고통받았다. 자주 우울증으로 고생했고 심리치료사와 정신과 의사의 도움을 받았다.

생활에 활력을 불어넣기 위해 혹은 외도하는 남편과의 관계를 개선하기 위해 교외의 큰 집으로 이사를 가기도 했고 인테리어를 바꾸면서 시간을 보내기도 했다. 마을공동체와 공동육아에 주도적으로 참여하기도 했다. 그러나 베티 프리단이 지닌 잠재력과 창의적 에너지가 분출되어 행복하게 헌신할 수 있는 곳은 거의 없었다. 1952년《유이 뉴스》에서 권고사직당한 뒤 그의 책이 나오기까지의 11년 동안 그는 늘 무언가를 하면서 바쁘게 살았다. 그러나 그는 공허했고 자주 정체성의 혼란을 겪었다.

《여성의 신비》에 묘사된 전업주부들의 공허함과 일상에 대한 세세한 묘사가 그들을 비하하는 것이라는 비판이 종종 제기된다. 그렇지만 그 묘사는 최소한 부분적으로는 자기 관찰의 결과에서 나온 자신의 이야기였던 것으로 보인다. 1975년에 쓴 책에서 베티 프리단은 대학을 졸업한 1943년부터 그가 《유이 뉴스》를 떠난 1952년의 시기를 모라토리엄, 즉 정지된 시기라고 규정했다.

그는 호르비츠가 주장한 것과 같이 매카시즘의 영향과 비난을 피하기 위한 의도로 과거를 은폐했던 것이 아니라 과거를 마음에 묻고 떠나왔다. 평등과 사회정의를 표방하던 진보매체는 성평등의 가치를 저버리는 방식으로 그를 해고했다. 소련의 전체주의적 면모, 그리고 노조의 문제들은 사회주의 혁명과 노동계급에 대한 그의 환상이 사라지게 했다.

1950년대에 노조는 조직률의 측면에서 역사상 가장 높았으나 냉전

반공주의의 제약 속에서 거대자본과 담합을 추구하면서 노조의 입지를 굳혀나갔다. 노조는 체제 내에서 노조원들의 이익 추구를 최우선으로 하는 이익단체로 변질되었다. 여전히 평등과 정의의 가치를 가장 앞장서서 구현한 것도 노조들이었으나 몇몇 노조는 노조를 탄압하는 척박한 환경 속에서 살아남기 위해 범죄조직과 손을 잡기도 했다. 1950년대와 1960년대 노조들의 '문제들,' 그리고 노동 보스들을 묘사한 〈워터프론트〉나 〈호파〉 같은 영화에는 과장된 측면과 사실적 측면이 혼재되어 있었다.[204]

베티 프리단이 그가 건너온 세계를 명확히 비판하지는 않았지만 1975년에 쓴 글에서 그의 시각의 일면을 드러냈다. "미국에서 혁명은 (과거 우리가 생각했던) 그런 방식으로는 일어나지는 않을 것이다. 노동계급도 (최신) 압력솥을 원했다. 노조나 체코슬로바키아, 혹은 소련에서 발생하는 일들을 보면서 환상이 사라졌다."[205]

그렇다고 1952년을 기점으로 베티 프리단의 인생관이나 정치관이 완전히 바뀌었다고 할 수는 없다. 그는 마을공동체와 지역신문 편집장, 대안교육 등에 참여하면서 공동체 안에서 자신이 의미 있다고 생각하는 일들을 찾아나갔다. 지역신문 편집장을 하면서 그는 여전히 매카시즘을 비판했고 '월세 파동'을 지지하는 글을 쓰는 등 사회의 편견과 불의에 저항해온 태도를 그대로 견지했다. 대안교육을 통하여 순응사회에 저항하는 시민을 육성하기 위해 노력했다. 단지 그는 그 시기에 일상의 민주주의, 삶과 밀접한 관련이 있는 구체적 변화에 자신의 노력을 쏟았다. 냉전시대 합의의 문화가 양산한 순응적 인간형의 모습을 목격할수록 그는 창의성과 지성을 바탕으로 한 개별성의 발현이 불의한 사회와 맞서 싸우는 기본이라는 생각을 다졌다.

베티 프리단이 《여성의 신비》에서 내적 성장, 창의성과 잠재력의 발현, 독립적 사고를 강조했던 것은 주체의 형성이 사회의 의미 있는 변혁의 전제임을 삶에서 체득했기 때문이다. 그는 스미스대학에서 자신이 받았던 교육이 단순한 지식의 습득 그 이상의 의미를 지니고 있다고 생각했다. 교육을 통하여 그는 세계관을 형성했고 내적으로 성장했으며 독립적으로 사고할 힘을 얻었다. 그것은 이후 삶에서 위기를 겪었을 때, 좌절과 고립에서 헤어나오지 못했을 때, 정체성의 혼란을 겪었을 때, 보이지 않는 길을 찾아 나설 때 그를 지탱해줬던 힘이었다.

또한 대안교육을 실험하면서 그는 교육을 통한 내적 성장과 독립적 사고, 창의성이 사회의 편견과 맞서고 사회를 변화시킬 동력이라는 믿음을 굳혔다. 자신의 인생 경험과 고민을 통해 베티 프리단은 여성 스스로 자각하고 성장하기 위한 부단한 노력이 '여성의 신비'를 타파하는 첫 단계라고 생각했다. 독립적 사고와 성찰이 가능한 '주체'가 동반되지 않는 사회변화는 무의미하고도 위험할 수 있음을 그는 뼛속까지 인지하고 있었다.

10...

《여성의 신비》, 그 이후

개인적 변화들

《여성의 신비》는 베티 프리단 자신의 삶을 변화시켰다. 이후 인터뷰에서 그는 《여성의 신비》를 집필하는 과정이 '초월적 경험'이었다고 표현했다.[206] 자료를 수집하고 관련 이론들을 검토하고 책을 쓰는 동안 그는 어머니와의 오래 지속된 갈등을 되돌아보았고 마음으로부터 화해했다.

《여성의 신비》를 쓰기 전까지 베티 프리단에게 어머니는 "늘 분주하고 거세되고 무익한 여성"이었다. 어린 시절부터 목격했던 어머니가 느끼는 결핍감은 베티 프리단의 마음속에 외면하고 싶은 불편함을 안겨주었다. 《여성의 신비》를 쓰면서 그는 어머니의 삶에 다가갔다. 베티 프리단은 배움의 기회를 빼앗긴 한을 자녀들을 통해 충족시키려고 했던 어머니의 심정을 조금은 더 이해했다.

책이 출간되고 어머니에게 책을 보내려고 준비하던 베티 프리단은 오래전 스미스대학에 입학하기 위해 집을 떠나기 전날 밤 아버지와 나눈 대화를 기억했다. 베티 프리단은 종종 그랬던 것처럼 어머니의 이해할 수 없는 행동에 대해 불평했다. 그러나 아버지는 그에게 어머니를 이해해줄 것을 당부했다. "본인이 하지 못했던 모험을 딸이 할 수 있게 한 사람이 바로 네 어머니다. 너는 여기서 탈출할 수 있지만 네 어머니는 그렇게 할 수 없었단다."

아버지의 이야기를 상기하며 베티 프리단은 어머니에게 편지를 썼다. "어머니와 많은 갈등이 있었긴 해요. 그렇지만 어머니는 제가 '여성의 신비'를 뚫고 나갈 힘을 주셨어요. 이제 '여성의 신비'가 제 딸인 에밀리에게는 더 이상 문제도 안 되겠지요. 그랬으면 좋겠어요. 어머니가 이 책을 그 자체로, 어머니의 삶, 그리고 저의 삶의 가치들을 확인하는 책으로 받아들여주셨으면 해요."[207]

책이 출간된 뒤 남편과의 관계는 더 악화되었다. 부부 갈등은 이미 몇 년째 계속되었다. 베티 프리단이 《여성의 신비》의 저자로 이름을 얻은 후 갈등이 심해졌다. 처음에는 작가인 아내를 자랑스러워하는 듯했던 칼은 점차 자신이 누군가의 남편으로 소개되는 것을 모욕으로 여겼다. 그럴 때마다 칼은 무례한 반응을 보이며 분위기를 경직시켰다. 다시 외도를 하여 베티 프리단에게 상처를 입히기도 했다. 베티 프리단은 더 이상 관계가 악화되지 않도록 노력했다. 그는 자신의 책에서 제시했던 결혼과 일의 균형을 스스로 유지하고 싶어 했다. 그러나 그는 더 이상 자존감을 파괴하는 결혼 생활을 지속시키면서 다른 여성들을 황무지로부터 이끌 수는 없다고 생각했다.

베티 프리단이 부부 사이 갈등의 핵심이 경제문제에 있었다고 생각한 반면, 칼은 베티 프리단이 가정을 등한시해왔다고 비난했다. 1971년의 인터뷰에서 칼은 "그 여자는 결혼 생활 내내 세상 속에 있었다"고 불만을 드러냈다. 그는 베티 프리단이 불평을 하는 선천적 기질이 있고 책에서 묘사하는 것과 같은 "온전하게 아내이자 어머니였던 적은 단연코 없었다"고 했다. 이혼 후 그들은 집을 팔아 나눠 가졌고 베티 프리단이 양육권을 갖는 대신 위자료를 신청하지 않기로 했다. 1969년 5월, 마침내 베티 프리단은 칼 프리단과의 결혼 생활에 종지부를 찍었다. 그의 나이 48세였다.[208]

《여성의 신비》가 나온 후 베티 프리단은 공적 삶에 한발 가까이 다가섰다. 그는 서서히 새롭게 대두하는 여성운동의 기록자이자 비공식 대변자가 되었다. 베티 프리단이 곧바로 여성운동의 세계로 돌진했던 것은 아니었다. 《여성의 신비》의 성공 이후 베티 프리단은 랜덤하우스 출판사와 후속작업 출판계약을 맺었다. 잠정적 제목은 《여성: 4차원》이었다. 그는 4차원이라는 개념을 통해 아내이자 어머니, 주부라는 고정적 역할을 뛰어넘는 새로운 차원을 존재 속에 통합시키는 여성의 모습을 담겠다는 집필 계획을 세웠다. 새로운 차원을 덧붙이는 것은 여성이 자기 스스로를 바라보는 방식과 타인이 여성을 바라보는 방식을 변화시킬 것을 요구하는 것이며 이는 혁명적 의미를 갖고 있다고 생각했다. 《여성: 4차원》의 제목에는 《여성의 신비》 이후의 변화한 여성의 모습에 대한 기대가 담겨 있었다.[209]

집필을 준비하면서 베티 프리단은 《여성의 신비》 독자들을 만나 그들의 이야기를 책에 포함시킬 계획을 세웠다. 당시 독자들은 베티 프리단과 만나 이야기를 듣고 싶어 했다. 가는 곳마다 그의 이야기를 듣기 위해 수많은 독자들이 몰려왔다. 베티 프리단은 순회강연을 통하여 그들을 만났고 생각과 경험을 공유했다. 기회가 될 때마다 그들의 이야기를 듣고 기록으로 남겼다. 마치 인민전선시대에 존 스타인벡과 같은 떠돌이 작가들fellow travellers이 전국을 떠돌아다니며 인민과 소통하고 관찰하면서 그들의 삶을 복원했던 것처럼 베티 프리단은 여성들을 만나고 이야기하고 그들의 삶을 기록해나갔다.

평등한 권리

《여성의 신비》를 읽은 독자들은 변화에 갈급해온 자신을 발견했다고 고백했다. 그들은 밖으로 나가야 할 이유를 알았고 나가기를 원했다. 그러나 길이 보이지 않는다고 했다. 아내이자 어머니, 가정주부의 역할을 하며 3차원적 삶에 머물게 하는 현실을 타개할 방법도, 제도적 뒷받침도 제시되지 않았다.

자녀를 맡길 마땅한 보육시설이나 여성이 차별 없이 일을 할 수 있는 기관, 전문직종도 거의 없었다. 여성이 할 수 있는 일은 불안정한 저임금 노동과 서비스 직종, 가사노동 등에 한정되었다. 여성이 자신의 잠재력을 발휘하기 위해서는 그들의 여건을 고려하고 필요를 충족시킬 만한 보육기관, 교육과 재교육기관, 그리고 재정적 뒷받침이 필요했다. 직종에서의 차별, 임금체계와 승진체계의 변화도 뒤따라야 했다.

사실 《여성의 신비》가 나오기 전 이미 1961년 존 F. 케네디 대통령은 대통령 직속 여성지위위원회를 설치하도록 지시를 내렸고 엘리노어 루스벨트를 위원장으로 한 여성지위위원회가 구성되었다. 위원회는 일하는 여성들이 종사하는 직업, 직종의 임금과 승진체계를 조사한 뒤 보고

서를 제출했다. 보고서는 여성이 남성보다 저임금 직업군에 종사하고 있으며 승진 기회도 차단되어 있음을 밝혔다. 공공기관과 사기업 모두 고용에서 성차별이 있었다. 보고서는 성차별을 종식시키고 일하는 여성을 위한 지원사업을 건의했다.[210] 그러나 여성지위위원회의 보고서가 나온 이후에도 실질적 변화는 없었다.

베티 프리단은 정부의 여성정책에 대한 자료를 조사하기 위해 여성지위위원회 위원들과의 접촉을 시도했다. 그 과정에서 미국 사회의 뿌리 깊은 성차별에 대한 비판의식을 지닌 정부기구 여성전문가들이 여성의 권리증진을 도모할 방안을 모색하기 위해 지속적으로 모임을 갖고 있음을 알게 되었다. 여성부 주정부 위원회 담당자 캐서린 이스트, 대통령 직속 여성지위위원회 소속 변호사 파울리 머레이, 그리고 법무부 소속 변호사 메리 O. 이스트우드 등이 그들이었다. 이후 베티 프리단은 워싱턴 D. C.에 갈 때마다 그들과 회동했다. 그들로부터 알게 된 것은 대통령 직속 여성지위위원회 보고서가 관료들의 책상 속에서 잠자고 있으며 변화는 요원하다는 것이었다. 베티 프리단과 모임의 멤버들은 여성의 평등과 공평성의 확대를 위해 정부의 역할이 필요하다는 생각을 공유했다.

1960년대 초 이미 미국 사회에서 대지각변동이 예고되었다. 냉전기 미국은 외교에 관한 봉쇄정책뿐 아니라 언론과 문화, 지식인의 목소리와 사회적 저항운동에도 봉쇄정책을 취했다. 봉쇄는 합의의 문화를 구성했고 그것은 곧 순응의 삶을 의미했다. 그러나 차별과 불의가 존재하는 한 '합의의 문화'의 균열은 불가피했다. 미국 민주주의의 원칙에 부합하는 진정한 자유와 평등, 차별 금지를 요구하는 목소리가 전국적으로 확산되었다.

사회적 평등권을 가장 효과적으로 앞장서 주창했던 이들이 민권운동
가들이었다. 인종차별이 미국 사회의 가장 오랜, 그리고 극심한 차별이
었기 때문이다. 1863년 노예해방이 선언되고 백여 년이 지났으나 흑인
에 대한 차별은 여전히 사회 곳곳에 뿌리 깊게 남아있었다. 흑인에 대
한 차별이 북부에서 미묘한 방식으로 작동되었다면 남부에서는 보다
노골적이고 가시적인 방식으로 표현되었다. 남부에서 흑인은 이등시민
으로 철저하게 굴종의 삶을 살아야 했다. 굴종의 삶을 거부하는 이들에
게는 죽음에 이르는 린치가 기다리고 있었다. 1877년에서 1950년까지
남부에서 린치로 사망한 흑인은 최소한으로 잡아도 4천 명 이상이었
다.[211] 법과 관습과 문화가 흑인차별을 정당화했고 그들에 가해지는 불
법적인 폭력을 외면했다. 인종분리와 인종차별을 종식시키기 위한 오
랜 투쟁은 흑백 학생 통합교육을 판결한 브라운 판결Brown vs. Board of
Education(1954)과 앨라버마주의 몽고메리 버스 보이콧(1955)의 성공으
로 새로운 단계에 접어들었다. '분리했으나 평등하다separate but equal'
는 짐 크로우 법의 허구를 뒤집을 계기가 마련되었다.

남부를 중심으로 진행되었던 민권투쟁은 1960년대 들어 전국으로
확산되었다. 전국의 흑인과 백인 젊은이들이 미국 시민으로서의 기본
권과 인간으로서의 존엄을 인정받기 위해 싸우는 남부 흑인들과 연대
하기 위해 남부로 몰려들었다. 1961년 여름에 시작되어 몇 년간 지속
되었던 '자유의 버스 승객들freedom riders'이 인종 간 연대의 새로운 장
을 열었다. 1963년 워싱턴 D. C.의 광장에 모인 흑인과 백인 앞에서 몽
고메리 버스 보이콧을 성공으로 이끌며 민권운동의 지도자로 떠올랐던

34세의 젊은 흑인 목사 마틴 루터 킹 주니어가 인종차별이 철폐된 미국을 이야기했다. 그의 '꿈'은 광장에 모인 25만 명을 넘어 미국인들의 마음에 공명했다.[212]

1963년 존 F. 케네디 대통령 암살 뒤 대통령직을 승계한 린든 B. 존슨 대통령은 1964년 인종차별을 금지한 민권법에 서명했다. 1964년 민권법은 인종차별뿐 아니라 고용의 성차별 금지를 포함했다.[213] 1964년 민권법 제정은 인종차별 철폐를 위해 싸워왔던 이들의 오랜 투쟁의 결실이었다.

여성운동은 민권운동의 혜택을 입었다. 직장에서의 성차별과 인종차별을 금지하는 민권법 제7조는 여성정책을 위한 캠페인의 출발점이 될 수 있었다. 민권법 제7조는 최소한 법적으로 고용과 승진에서 성별을 이유로 여성을 차별하거나 결혼과 임신을 이유로 여성을 해고하는 것을 금지했다. 베티 프리단은 이 법과 함께 여성이 주류가 될 수 있는 시대가 열릴 것을 기대했다. 1964년 민권법 제7조는 미국 사회에서 이등시민으로 여겨졌던 여성의 새로운 구호가 되면서 제2차 여성의 물결의 촉매제 역할을 했다.

전국여성연합NOW

1964년 11월 대선에서 린든 B. 존슨이 재선에 성공하면서 변화에 대한 사회적 열망과 기대치가 높아졌다. 존슨 대통령은 그의 정치적 권한을 십분 발휘하여 일명 '위대한 사회'와 '빈곤에 대한 전쟁' 같은 개혁 프로그램에 착수했다. 존슨 대통령은 1964년 민권법 차별금지 조항을 시행하는 데 필요한 후속조치를 취했다. 1965년에 평등고용기회위원회 EEOC가 설치되었다. 존슨 대통령은 행정부 내에 더 많은 여성을 기용하고 여성의 공평한 승진 기회를 보장하겠다고 약속했다.

그러나 새로운 법과 조직이 개편된 이후에도 여성의 평등한 권리는 쉽게 보장되지 않았다. 정부 안에서 일하는 여성전문가들과 지속적으로 소통했던 베티 프리단은 여성의 권리를 위한 정치적 행동주의가 필요함을 절감했다. 여성이 경제적·사회적 평등을 획득하기 위해서는 전국유색인종증진협회NAACP가 민권투쟁에서 수행했던 것과 유사한 역할을 할 여성단체가 필요하다는 것에 베티 프리단과 모임의 멤버들은 의견을 같이했다.

1966년 초 베티 프리단은 여성의 평등권을 쟁취하기 위한 로비단체의 설립에 본격적으로 나섰다. 그는 뜻을 같이할 수 있는 사람들을 찾기 위해 분주하게 움직였다. 여성부 주정부 위원회 담당자 캐서린 이스트는 대통령 직속 여성지위위원회의 각 주 지부대표들이 결성 초기의 주축 멤버가 될 수 있을 것이라는 의견을 제시했다. 마침 1966년 6월에 워싱턴 D. C.에서 대통령 직속 여성지위위원회의 전국위원회가 개최될 예정이었다. 3일간 진행된 회의에서 위원이 아닌 베티 프리단은 하객용 입장권을 받아 참석했다. 이스트와 머레이, 이스트우드와 베티 프리단은 사전에 접촉한 여성들을 전국회의 둘째 날 베티 프리단의 방으로 초대했다. 20여 명의 여성들이 한자리에 모여 여성단체 결성의 가능성에 대해 이야기를 나눴다. 프리단과 머레이가 논의를 주도했고 머레이는 구체적 계획을 제시했다.[214]

참석자 중 일부는 일방적으로 끌려가는 것 같은 느낌을 받아 뒤로 물러섰고 또 다른 참석자들은 여성의 지위를 향상시키는 단체가 위험한 선택이라는 의견을 제시했다. 모임에 처음 참석한 여성들은 단체 결성 이외에 대안은 없는가를 물었다. 논의는 점차 당면 과제에서 다른 대안으로 옮겨졌다. 단순하고 불 같은 기질의 베티 프리단은 이 분위기를 참지 못해 여성단체 결성에 반대하는 참석자는 방을 나가달라고 했다.

전폭적인 지지를 예상했던 베티 프리단과 그의 동지들의 꿈은 여지없이 무너졌다. 모임을 마치기 전 그 자리에 남아있던 참석자들은 이튿날 열릴 평등고용기회위원회 총회에 전달할 결의안을 결정했다. 첫째는 평등고용기회위원회가 성차별에 대해 1964년 민권법 제7조를 즉각 적용하라는 것이다. 두 번째는 평등고용기회위원회 위원으로서 여성 권리를 적극적으로 옹호해온 리처드 그레이엄을 위원으로 재임명하라는 것이었다. 모임의 참가자들은 결의안을 평등고용기회위원회로 전달하여 총회 투표에 부치기로 했다.[215]

이튿날 아침 주최 측은 정부에 압력을 가하는 방식에 대해 우려하며 결의안에 대한 찬반 투표를 거절했다. 주최 측은 그날 모임에 참석했던 몇 사람에게 전화를 걸어 분쟁을 만들지 말라고 경고했다. 소식을 들은 베티 프리단과 모임의 멤버들은 오히려 좀 더 공격적 전술을 사용하기로 결의했다. 같은 날 점심식사 시간에 모인 그들은 새로운 조직의 결성을 앞당기기 위한 구체적 논의를 시작했다. 점심식사를 마치고 모인 스물여덟 명의 여성은 임시조직 결성에 대한 구체적 내용을 결정했다.

그날의 결정에는 여성단체의 명칭을 전국여성연합National Organization for Women(NOW)으로 한다는 것, 단체의 목표는 "여성을 미국의 주류 사회의 온전한 참여자가 되게 하고 남성과 진정으로 평등한 동반자가 되게 한다"는 것을 포함했다. 전국여성연합의 약자인 'NOW'는 지금 여기서의 즉각적인 변화를 요구하는 의미를 내포했다. 단체명을 "of Women"이 아니라 "for Women"으로 선택한 것은 여성권을 향상시키는 (여성과 남성이 포괄된) 조직이라는 의미가 내포되었다. 전국여성연합은 성차별을 철폐하고 평등을 위해 투쟁했으나 여성과 남성의 동반자적 관계를 인정하고 출발했다.[216]

1966년 10월 29일, 전국여성연합이 정식 출범했다. 출범을 주도한 베티 프리단이 초대 회장으로 선출되었다. 그는 흑인 여성변호사이자 민권활동가인 파울리 머레이와 함께 조직 강령을 작성했다. 강령은 국가가 의료보험과 보육시설, 그리고 유급 육아휴직과 같은 지원체계를 확립, 지원함으로써 젠더 민주주의의 확대에 기여할 것을 요구했다. 작업장에서의 여성 노동자의 불평등한 지위를 타파하기 위해 변화와 행동이 필요하다는 점이 강조되었다. 흑인 여성이 인종과 성의 이중적 차별을 겪는 피해자임을 밝혔고 최저임금 서비스직 종사자의 3분의 2가 흑인 여성임을 상기시켰다. 또한 미국의 건국이념이 인권에 바탕을 두고 있음을 지적하며 성평등이 미국적 가치의 일부임을 주장했다. 차별과 배제를 당하는 모든 사람의 평등권을 적극적으로 지지할 것임을 선언했다.[217] 전국여성연합 강령은《여성의 신비》가 출간된 지 3년 뒤에 작성되었다.《여성의 신비》가 개인의 자각과 내적 성장에 초점을 맞추면서 여성의 평등한 권리를 주장했다면 1966년 베티 프리단이 작성한 전국여성연합 강령은 평등을 향해 나아가는 길에 필요한 구체적 조건들을 명시했다.

미국 여성의 삶에 거대한 변화를 가져올 전국여성연합 창립대회를 주목한 언론사는 거의 없었다. 《워싱턴 포스트》지가 〈새로운 여성참정권 운동가들의 행진: 프리단 부인, 지금 여성평등을 위해 싸우다〉라는 짤막한 기사를 한 구석에 게재했다. 《뉴욕 타임즈》는 〈진정한 평등을 요구하기 위해 빅토리아식 저택에서 만나다〉라는 제호의 기사를 실었다. 《뉴욕 타임즈》기자는 "그 누구도 실제로 일어나 울부짖지 않았다. 그러나 방안의 분위기는 '세상의 여성이여 단결하라! 당신이 잃을 것은 오직 족쇄뿐이다"라고 외치는 것 같았다고 전했다. 역사가 사라 에반스가 지적한 것과 같이 전국여성연합은 동등한 참여와 개인의 권리라는 공화주의적 이상을 재현하며 세네카 폴즈의 〈감성의 선언〉을 현대적 방식으로 재해석했다.[218] 역사 속에서 구체화되지 못했던 1848년 세네카 폴즈의 "모든 남성과 여성은 평등하다"는 선언이 120여 년 만에 호출되어 전국여성연합의 강령에 녹아들었다.

1960년대의 사회변화 속에서 여성의 평등한 권리를 옹호하는 시민조직의 출현은 불가피했다. 민권운동과 함께 분출된 '권리 주장rights talk'이 미국 사회의 새로운 경향으로 나타나던 시점이었다. 전국여성연합은 여성의 권리를 주창하고 옹호할 최초의 전국 규모 시민단체였다. 전국여성연합의 가치는 미국 자유주의의 근본원리인 자유와 평등에 입각했고 그런 점에서 온건했다. 그러나 오래지 않아 미국인들은 이 온건한 주장이 이뤄지기 위해서는 기존 질서를 지탱해온 법칙들에 대한 근본적 변화가 요구됨을 감지했다. 전국여성연합의 등장 자체를 위협으로 느끼는 미국인들이 적지 않았다. 전국여성연합의 지향점이 전통적 미국의 가치와 맞지 않는다는 비판이 공공연하게 대두되었다.

'자유주의적' 여성운동 조직이었던 전국여성연합은 자유주의 정치문화가 여성의 평등한 삶을 보장하지 않는다는 문제의식에서 출발했다. 전국여성연합은 여성이 처한 상황, 그리고 그 상황을 개선하는 해결 방식 자체를 변화시키려고 했다.

베티 프리단은 '분리하되 평등하다'는 관행이 지속되는 한 미국 사회에서 여성이 실질적으로 평등한 시민으로 살아가는 것은 불가능하다고 했다. 이는 학교나 공공관서, 대중교통 등에서 흑인과 백인의 분리를 정당화했던 '짐 크로우 법'에 빗대 여성과 남성의 영역을 구분짓는 미국 사회의 관행을 비판한 것이다.[219]

당시 미국에서는 직종과 직업에서는 물론, 신문 구직광고에서조차 여성과 남성의 영역을 구분했다. 여성이 진출할 수 없는 직업은 무수히 많았다. 같은 직장에서도 여성과 남성의 직종이 갈렸다. 여성이 은행에 취직하면 창구직원이 될 수는 있었으나 그보다 높은 직급으로 승진하는 것은 불가능했다. 술집에서 여성은 웨이트리스가 될 수는 있었으나 바텐더가 될 수 없었다. 치과대학은 팔 힘이 약하다는 이유로 여학생을 아예 선발하지 않거나 소수만 선발했다. 여성을 차별하고 거부하는 관행이 사회 전 영역에 확대되어 있었으나 기존의 세계관에서는 여성에 대한 기회 거부가 차별로 여겨지지 않았다. 전국여성연합이 성차별 없는 고용과 처우를 요구하자 일부 남성은 "플레이보이 클럽의 '바니걸'도 남성으로 뽑으라는 것인가"라며 조롱했다.[220] 전국여성연합은 설립 초기부터 평등과 자유를 재정의하고 그것을 통하여 "전체 문화를 전환시킬" 때 진정한 평등이 성취될 수 있다고 주장했다.

전국여성연합을 결성한 여성들은 자신들이 여성운동의 역사의 일부가 되고 있음을 깨달았다. 창립 총회 모임에서 파울리 머레이는 자신이 가져온 메달을 참가자들에게 보여줬다. 그 메달은 여성참정권을 위해 투쟁하다가 투옥되어 단식투쟁을 감행했던 여성참정권운동의 생존자로부터 받은 것이었다. 같은 모임에서 또 다른 초창기 멤버인 사회학자 앨리스 로시는 백 년 전 영국에서 여성참정권운동을 위해 싸웠던 여성들에 대해 이야기했다. 영국 여성참정권자들은 여성참정권을 위한 최초의 탄원서를 가지고 의회에 들어갈 방법이 없어 의원들의 간식으로 준비된 사과 수레의 밑바닥에 숨겨서 운반했다는 이야기였다.

여성운동의 역사에 대한 기억을 나누며 전국여성연합의 창립회원들은 오래전 시작되었으나 미완의 상태로 남은 복잡하고도 미묘한 투쟁에 맞서기 위해 그들에게 필요한 것은 용기와 신념임을 확인했다. 그들은 "미국의 모든 여성의 온전한 평등을 위해, 그리고 남성과 진정으로 평등한 동반자 관계를 위해" 시작한 새로운 운동에 헌신할 것을 다짐했다.[221]

작가에서 시민활동가로

2000년 PBS와의 인터뷰에서 베티 프리단은《여성의 신비》를 쓴 작가인 자신이 여성운동에 나서야만 했던 상황을 언급했다. "내가《여성의 신비》를 썼을 때 그 책의 대의에 행동주의는 없었습니다. 그러나 책을 쓰는 것만으로는 충분하지 않다는 것을 깨달았습니다. 사회적 변화가 있어야만 했습니다. 그 무렵 어딘가 비행기에서 내리면서 어떤 사람이 피켓을 들고 있는 것을 봤습니다. 거기에는 '혁명의 첫 걸음은 의식이다'라고 쓰여 있었습니다. 《여성의 신비》는 의식을 담당했던 것이겠죠. 그러나 조직이 있어야 했고 운동이 있어야 했습니다. 그 후 몇 년 동안 나는 전국여성연합, 전국여성정치코커스, 전국낙태법폐지협회의 설립을 도왔습니다."[222]

《여성의 신비》에서 베티 프리단은 여성 독자들에게 세상으로 나가라고 했다. 내적으로 성장하여 잠재력을 발휘하며 자아를 실현시키라고 했다. 시민으로서 참여하라고 했다. 그의 책에 고무된 여성들이 세상으로 나가려 했을 때 그들이 직면한 것은 여성을 교묘한 방식으로 불평등한 시민의 자리에 묶어놓는 법과 제도 그리고 관습이었다. 자아를 실현하라고, 시민으로 참여하라고 등 떠밀었던 작가는 결국 활동가로 그들 곁에 돌아왔다.

젊은 시절 진보적 대의에 인생을 걸었던 베티 프리단은 가정주부로, 프리랜서 작가로 15년의 세월을 보낸 뒤 다시 시민활동가가 되어 세상에 나왔다. 그는 여성이 평등한 시민으로 사회에 참여하고 자아를 실현할 수 있는 길을 마련하기 위해 열정적으로 활동했다. 그의 열정은 신생 단체인 전국여성연합이 척박한 환경 속에서 생존하고 자리 잡기까지 원동력이 되었다. 그 열정이 지나쳐 함께 일하는 사람들로 하여금 피곤함을 유발한다, 독단적이다 혹은 야망이 과도하다는 비판을 듣기도 했다.[223]

그러나 그의 열정적 선택이 늘 의심할 바 없는 자신감과 신념에 의해 뒷받침되었던 것은 아니었다. 베티 프리단은 1966년 6월 어느 저녁 처음 전국여성연합을 만들기로 합의했던 워싱턴 D. C.의 회동을 다음과 같이 회고했다.

우리는 무엇을 하는지 알고 있었다. 어디로 가야 할지는 몰랐지만 무엇을 해야 할지는 알고 있었다. 그렇지만 왜 꼭 내가, 우리가 해야 하나 하는 생각이 없었던 것은 아니다. 이 과제가 완수되기까지 책임지고 전념하면서 조롱받거나 분노를 사고, 해고될 위험을 무릅쓰기를 원하는 사람이 있을까?

그런 점에서 베티 프리단은 전국여성연합을 결성하기로 다짐했던 그날 그 자리에 함께한 여성들을 '마지못해 행동했던 영웅들'이라고 불렀다.[224] 눈앞에 놓인 그 일을 해야 한다는 사명감으로, 자신이 등 떠밀었던 여성들과 함께 길을 만들어야 한다는 의무감으로 그 일을 맡았던 베티 프리단 역시 '마지못해 행동했던 영웅'이었다.

전국여성연합의 안착과 〈여성을 위한 권리장전〉

전국여성연합은 직장에서의 성차별 근절을 첫 해의 최우선 의제로 설정했다. 그 의제가 기존 회원뿐 아니라 미래의 회원들로부터 광범위한 지지를 이끌어낼 것이라는 기대가 있었다. 전국여성연합은 평등고용위원회를 압박하여 성차별 금지를 조속히 시행하도록 했다. 린든 B. 존슨 대통령이 약속했던 소수자 우대정책affirmative action을 확대하여 여성 고용을 늘릴 것을 요청했다. 당시 분출되었던 여성 승무원들의 권리투

쟁에 힘을 합쳐 여성 승무원이 남성과 평등한 정년과 승진을 보장받도
록 했다.[225]

성차별 금지에 초점을 맞춘 전국여성연합의 첫 해 사업이 성과를 거
두면서 신생 단체가 필요로 하는 가시성과 공신력을 얻었다. 베티 프리
단은 첫 해를 마감하면서 회원들에게 보낸 편지에서 성차별 금지가 명
문화되긴 했으나 평등한 지위를 쟁취하기 위한 길은 요원하다며 미완
의 혁명을 이룩하기 위한 투쟁에 동참해줄 것을 촉구했다. 그는 구체
적 행동강령이라고 할 수 있는 〈여성을 위한 권리장전Bill of Rights for
Women〉을 제안했다. 〈여성을 위한 권리장전〉은 다음의 여덟 가지 조항
으로 구성되었다.[226]

1. 헌법 남녀평등권 수정조항Equal Rights Amendment
2. 고용에서의 성차별 금지 실시
3. 고용과 사회보장 연금에 출산수당 포함
4. 맞벌이 부모를 위한 주거 비용 및 육아 비용의 세금 공제
5. 보육시설 확대
6. 평등하고 분리되지 않은 교육 실시
7. 평등한 직업교육의 기회와 빈곤층 여성을 위한 생활자금 확대
8. 재생산을 통제할 여성의 권리, 즉 합법적 낙태의 권리

전국여성연합은 1968년 초에 〈여성을 위한 권리장전〉을 공식 승인했
다. 전국여성연합이 〈여성을 위한 권리장전〉의 핵심으로 꼽았던 것은
합법적 낙태와 남녀평등권 수정조항이었다. 베티 프리단은 회원에게

보내는 편지에서 낙태의 합법화와 남녀평등권 수정조항이 관철되지 않는 한 여성의 안전, 평등, 그리고 진정한 인간적 존엄성을 기대하기는 어렵다고 지적했다.

평등권과 낙태 합법화는 페미니즘에 대한 반대운동backlash이 가장 격렬하게 반대했던 사안이기도 했다. 합법적 낙태에 대한 요구는 전국여성연합 내부에서도 반발을 샀다. 전국여성연합의 회원들 중 가톨릭 수녀들을 중심으로 낙태 반대pro-life의 입장에 있던 회원들은 항의표시로 전국여성연합을 탈퇴한 뒤 '여성평등실천연맹WEAL'을 결성했다.[227] 남녀평등권 수정조항은 1970년대에 페미니즘에 대한 반대의 선봉에 섰던 필리스 슐래필리의 '이글 포럼'의 형성을 촉발했다.[228]

급진주의 페미니즘/레즈비언 페미니즘과
베티 프리단의 갈등

베티 프리단은 회장직을 맡고 나서 얼마 후 자신이 싸워야 하는 것이 여성의 평등권만이 아님을 깨달았다. 당시 젊은 세대들을 중심으로 형성된 여성해방운동은 보다 급진적 변화를 추구했다. 1960년대 민권운동과 뉴레프트운동으로부터 파생되어 나온 급진주의 페미니스트들은 사회 전반에 스며든 가부장제적 이데올로기와 '성정치sexual politics'의 영향력으로부터 여성을 해방시키기 위한 행동에 초점을 맞췄다.

급진주의 페미니스트들은 그들이 속했던 뉴레프트운동 등 사회운동 세력 내부의 성차별과 남성우월주의의 폐해를 경험하면서 남성이 정치와 문화를 지배하고 규정함으로써 여성을 열악하고 종속적인 존재로 격하시켰다는 결론에 이르렀다. 그들에게 보다 근본적 사회 모순은 계급이나 인종 모순이 아니라 가부장제였다. 급진주의적 페미니스트들은 가부장제에 기초한 제도뿐 아니라 생물학적 성을 여성 억압의 근본 원인으로 파악했고 제도의 변화뿐 아니라 출산과 양육 등 여성의 역할에 대한 근본적인 변혁을 통해서만 여성 해방이 이루어질 수 있다고 주장했다. 그들은 성정치가 여성의 사적인 영역과 공적인 영역을 지배하고 있음을 이해할 필요가 있음을 강조했고 소그룹을 중심으로 '의식 고양'의 방식을 이용하여 사적인 삶의 정치적 측면을 탐색했다. 사적 경험은 남성에 의해 만들어지고 운영된 사회에 뿌리내리고 있고 그런 점에서 "개인적인 것이 정치적인 것"임을 드러내고자 했다.[229]

그들은 가부장제적 사회관계 내에서 개혁을 통한 성평등은 불가능하다고 여겼고 따라서 체제 내의 정치행동은 큰 의미가 없다고 주장했다. 그런 점에서 베티 프리단과 전국여성연합이 주도했던 성차별 근절과 기회의 평등 보장, 여성의 주체적 활동과 선택은 그들에게 충분하지 않아 보였다. 그들은 더 근본적인 변혁을 요구했다. 그들은 법적 투쟁을 통한 제도 개선이 아니라 가부장제의 해체를 원했다.

급진주의 페미니스트들에게 초기에 영향을 미쳤던 이론서에 케이트 밀렛의 《성정치》(1970)가 있다. 사실상 전국여성연합의 초창기 멤버였고 베티 프리단의 《여성의 신비》로부터 영향을 받았다고 고백하기도 했던 밀렛은 콜롬비아대학 박사학위논문을 발전시킨 그의 책 《성정치》에서 문학작품을 통하여 섹슈얼리티에 내재한 권력관계를 분석했고 가부장제적 권력관계가 지식과 담론, 사회제도에 침투해 있음을 지적했다. 이를 통해 밀렛은 섹슈얼리티가 개인적이며 사적인 영역일 뿐 아니라 권력이 작동하는 공적인 영역이라는 점을 부각시켰다.[230]

급진주의 페미니스트들에게 영향을 미쳤던 또 다른 책은 슐라미스 파이어스톤의 《성의 변증법》(1970)이었다. 파이어스톤은 마르크스와 엥겔스의 사적 유물론에 근거한 계급 분석에서 출발하여 마르크스 계급 분석이 간과한 '성 계급'을 제시했다. 그는 '성 계급'이 현존하는 가장 오래되고 견고한 계급제도이며 따라서 모든 계급을 철폐하기 위해 "사회주의 혁명보다 훨씬 큰, 그것을 포함하는 성의 혁명이 필요하다"고 주장했다. '성 계급'은 생물학적 성에 기반하고 있고 성 계급을 존속시키는 여성 억압의 핵심에 출산과 양육이 놓여 있다. 파이어스톤은 성의 혁명, 경제적 혁명, 문화적 혁명이라는 세 가지 차원의 근본적 혁명을 통해서만 여성 해방이 완성될 수 있다고 주장했다. 특히 그는 성 계급의 철폐를 위하여 여성 스스로 신체에 대한 소유권을 가지며 생식 조절을 점유해야 한다고 주장했다.[231]

한편 베티 프리단은 성정치와 성 계급의 전제에, 그리고 의식 고양이 여성 불평등을 종식시킬 촉매자라고 하는 여성해방운동 집단의 주장에 동조하지 않았다. 그는 변화를 가져올 보다 실현 가능한 구체적 방안을 모색했다. 그는 젠더관계의 실질적 변화를 가져오기 위해서는 남성을 적으로 돌릴 것이 아니라 협력자이며 동반자로 받아들여야 한다는 입장을 견지했다. 그는 남성 역시 체제의 피해자이며 그런 점에서 남성은 적이 아니라 불평등한 사회를 타개할 동반자라고 생각했다. 그는 공적 영역에서 평등권이 보장될 수 있는 제도의 변화를 추구하고 사적 영역에서 남성에게 평등한 책임을 요구하는 것이 변화를 가져올 현실적 방식이라고 생각했다.

　현실적 판단에 기초해 베티 프리단은 전국여성연합이 레즈비언의 권리를 공개적으로 지지하는 것에 대해 반대하는 입장이었다. 그가 작성했던 〈여성을 위한 권리장전〉에는 본래 레즈비언의 권리가 언급되지 않았다. 베티 프리단뿐 아니라 주요 멤버들은 전국여성연합이 레즈비언의 권리를 공개적으로 지지할 경우 받게 될 타격을 우려했다. 이에 당시 회장이었던 베티 프리단은 레즈비언의 권리에 대한 공개적 지지 표명을 반대하는 세 가지 이유를 밝혔다.

　첫째, 신생 단체인 전국여성연합이 레즈비언의 권리를 공개적으로 지지할 경우 '남성 혐오자들'로 낙인 찍혀 잠재적 회원을 잃게 될 것이다. 둘째, 비정상의 프레임에 갇힐 것이다. 여성운동의 비판자들이 여성운동을 '비정상'의 프레임에 가두어 세력을 약화시키는 방식은 오랜 여성운동의 역사에서 반복되었다. 셋째, 현실적 측면에서 전국여성연합은 여성을 위한 평등한 법과 정책의 안착에 초점을 맞춰 그 부분에 정치적 영향력을 발휘해야 한다. 특히 남녀평등권 수정조항의 통과를 위해 여성운동의 힘을 결집시키고 주변의 지지를 이끌어낼 시점에 레즈비언의 권리에 대한 지지를 부각시키면 평등권 수정조항은 물론 여성운동 자체가 실패로 돌아갈 것이다. 베티 프리단에게 여성 해방은 남녀평등이었다.[232]

　전국여성연합에 소속된 레즈비언 페미니스트들은 레즈비언의 권리에 대한 전국여성연합과 베티 프리단의 입장을 비판했다. 1969년에는 전국여성연합 뉴욕지부 회원인 레즈비언 페미니스트 리타 매 브라운이 레즈비언과 관련한 사안이 전국여성연합 회의에서 거론되지 않는 이유

를 공식적으로 질문했다. 전국여성연합은 이에 대한 공식 답변을 거부
했고 브라운을 포함한 레즈비언 회원들의 탈퇴가 이어졌다. 전국여성
연합을 탈퇴하지 않았던 레즈비언의 권리 지지자들은 베티 프리단이
아닌 다른 지도자를 원했다. 결국 1970년 베티 프리단은 전국여성연합
회장직에서 물러나야만 했다.[233]

　1971년 전국여성연합 전국회의에서 레즈비언들과 동조자들은 레즈
비언 〈페미니스트 해방헌장〉(이하 〈해방헌장〉)을 제시했고 그 헌장이 전
국여성연합의 목표에 포함되어야 한다고 주장했다. 그들은 〈여성을 위
한 권리장전〉에서 레즈비언의 권리가 언급되지 않았다는 것을 근거로
전국여성연합이 레즈비언의 권리를 거부하고 있다고 비판했다. 〈해방
헌장〉은 레즈비언이 처한 이중적 억압을 전국여성연합이 인정할 것을
요구했다. 〈해방헌장〉은 여성의 권리가 여성의 성적 자기결정권을 포
함하고 있으며 레즈비언이 겪는 억압이 페미니즘의 정당한 관심사임을
천명했다. 전국여성연합은 투표로 〈해방헌장〉을 수용하기로 결정했고
이후 전국여성연합의 공식 의제에 레즈비언의 권리가 포함되었다.[234]

　회장직을 물러난 이후에도 베티 프리단은 레즈비언의 권리를 주창하
는 '라벤더 위협Lavender Menace'과 몇 년간 적대관계에 있었다. '라벤더
위협'은 레즈비언 페미니스트들의 비공식적 조직으로 제2차 여성의 물
결에서 레즈비언 이슈가 제외된 것에 저항하면서 1970년 뉴욕에서 결성
되었다. '라벤더 위협'이라는 표현은 베티 프리단이 처음 사용했는데 그
는 레즈비언주의가 전국여성연합으로 대변되는 새롭게 대두하는 여성운
동에 부정적 영향을 미치고 있다며 이를 '라벤더 위협'이라 표현했다.[235]

　한 급진주의 페미니스트는 "근본적인 문제가 눈앞에 있음에도 베티

프리단은 개혁이 답인 듯 호도하고 있다"고 비판했다. 다른 젊은 페미니스트는 베티 프리단이 "지배층에 이야기함으로써 문제를 해결하려고 하고 가정부가 있으며 유명 인사라고 하는 것에 반감을 가진다"고 했다. 그들은 베티 프리단과 "심각한 세대 차이가 있다"고 느꼈고 베티 프리단을 기껏해야 다음 단계로 가기 위해 딛고 넘어서야 할 징검다리 정도로 생각했다.[236]

레즈비언 페미니스트들을 포함한 급진주의 페미니스트들은 1970년대 초반 여성운동의 최전선에서 가장 적극적으로 여성에 대한 폭력과 성폭력에 맞서 싸웠다. 그들은 성폭력을 테러의 한 형태로 규정했고 성폭력 피해여성을 위한 상담전화와 지원단체를 설립했다. 데이트 강간과 배우자 강간, 가정폭력에 대한 문제를 지속적으로 제기한 것도 그들이었다. 이제까지 이성애자들이 분명하게 보지 못했던 여성문제를 그들이 객관적으로 지적했던 측면이 있다. 그러나 레즈비언 페미니스트들의 일부는 본인들이야말로 진정한 페미니스트이고 이성애 여성은 그들의 적들, 곧 남성의 협력자들이라고 규정했다. 이러한 시각은 불가피하게 여성운동의 분열을 야기했다.[237]

유색인종 여성운동, 노동계급 여성운동

급진주의 페미니스트들은 모든 여성을 포괄하는 조직을 추구했다. 그들 중 일부는 급진주의적 민권운동인 '블랙 파워'의 분리주의 전술을 모델로 자율성과 자매애를 강조했다. 그러나 급진주의 페미니스트는 이후 등장하는 유색인종 여성운동과 노동계급 여성운동으로부터 그리 환영받지 못했다. 급진주의 페미니스트들은 젠더가 삶의 핵심적인 결정 요인이라고 했고 여성성에 대한 자신들의 경험이 모든 여성을 대변한다고 여겼다. 그들은 '보편적 자매애'를 내세웠고 젠더가 인종과 계급에 앞선다는 전제를 받아들이지 못할 경우 원칙을 버린다고 비판했다.[238]

유색인종과 노동계급 여성들은 이와 같은 분석에 격렬하게 반대했다. 여성운동에 적극적으로 참여했던 파울리 머레이와 엘리노어 홈즈 노턴 같은 흑인 여성들은 인종주의의 중요성은 간과될 수 없으며 억압에 맞서 싸우는 (남성을 포함한) 모든 이들과의 연대는 부차적인 것이 될 수 없다고 주장했다.[239]

많은 흑인 여성들은 급진주의 페미니스트들이 내세우는 보편적 자매애에 공감하지 않았다. 그들은 백인 여성들이 유색인종 여성들이 처한 상황과 그들이 감당해야 하는 억압에 무지하며 유색인종에게는 인종적 불의가 근원적 특수성의 상징임을 이해하지 못한다고 비판했다. 흑인과 라티노 여성활동가들은 대부분 급진주의 페미니즘의 분리주의를 거부했다. 그들은 자신들을 자매라고 부르는 백인 페미니스트들과 공유하는 바가 크지 않으며 오히려 인종차별에 맞서 오랜 시간 함께 싸워왔던 남성과의 연대가 더욱 절실하다고 했다.

흑인 여성들은 전국여성연합과 같은 개혁적 여성운동의 경우 작업장의 불평등을 개선하기 위한 법과 정책에 초점을 맞춘다는 점에서 최소한 그들에게 현실적인 혜택을 제공한다고 생각했던 반면 가부장제 철폐와 성정치를 논하는 급진주의 페미니즘은 자신들의 삶과 유리되어 있다고 여겼다. 특히 미국 사회의 뿌리 깊은 인종차별에 맞서 투쟁해

온 흑인 여성들에게 흑인 남성은 적이 아니라 차별에 맞서 함께 싸우는 동지라는 생각이 강했다.[240]

1970년대 들어 유색인종 여성들과 노동계급 여성들은 그들의 상황에 부합하는 여성운동에 착수했다. 라티노 계열의 미국 여성들은 1972년에 텍사스 휴스턴에서 최초의 전국여성대회를 개최했다. 이 대회에서 그들은 자신들의 상황과 필요에 부합하는 결의안을 채택했다. 1973년에 흑인 여성들은 전국흑인페미니스트단체를 결성했고 흑인 여성들이 지닌 특수적 상황이 반영되는 여성운동의 방향을 모색했다. 노동계급 여성들 역시 대개 남성을 배제하는 분리주의 여성운동을 거부했고 노조 혹은 공동체 단체를 통하여 여성의 권리를 쟁취하는 방식을 선호했다. 노동계급 여성들은 1974년에 '노조여성연대'를 결성했다.[241]

1970년대 이후 유색인종 여성들과 노동계급 여성들이 자신들의 요구를 반영하는 조직을 결성하고 목소리를 내기 시작하면서 기존의 페미니스트들은 여성 안의 차이를 인식하고 또 인정했다. 그들은 차이에 대한 인정이 여성운동을 더욱 강하게 할 잠재력이 될 수 있음을 이해했다. 백인 중산층 페미니스트들의 일부는 경제 정의와 인종 정의를 위한 싸움에 매진했다.[242] 여성운동 내부에서 다양한 시각과 주장이 대두하면서 페미니스트들은 모든 여성을 포괄하는 단 하나의 페미니즘은 존재하지 않는다는 사실에 동의했다. 다양한 계급과 인종, 성적 지향성의 여성에게 서로 다른 이해관계가 존재하고 다양한 상황에 처한 여성들의 문제에 대한 세부적이고 서로 다른 접근 방식이 필요하다는 '교차성 페미니즘'이 대두했던 이유가 여기에 있다.[243]

《여성의 신비》 이후의 저작 활동

베티 프리단은 《여성의 신비》 이후 총 5권의 책을 단독 집필했다. 노년에 접어들면서 노인문제를 다룬 《노년의 샘》(1993), 인류 보편의 문제를 다룬 《젠더를 넘어서》(1997), 그리고 자서전 《이제까지의 삶》(2000)을 제외할 경우 여전히 여성문제를 천착한 책은 《그것이 나의 삶을 변화시켰다》(1976), 《제2 단계》(1981)였다. 그러나 그 어느 책도 《여성의 신비》와 같은 반향을 일으키지는 못했다. 오히려 1960년대 이후 급진주의 페미니스트들과 여성운동의 방향에 대한 의견이 충돌하면서 그의 책이 나올 때마다 여성운동 내부에서조차 낯선 반응이 나왔다. 책이 지닌 논쟁적 성향도 한몫했으나 베티 프리단과 여성운동 일각의 갈등 역시 비판적 반응에 영향을 미쳤다.

1970년 전국여성연합 회장직을 물러난 뒤 3년간 베티 프리단은 여성잡지 《맥콜McCall》에 〈베티 프리단의 노트북〉이라는 고정칼럼을 연재했다. 지면을 통해 베티 프리단은 여성권의 주요 쟁점들에 대한 자신의 견해를 밝혔다. 그는 제2차 여성의 물결의 핵심 목표가 일·가정 양립을 원하는 여성의 요구에 부합하는 법과 정책의 도입임을 지속적으로 주장했다. 그는 급진주의 페미니스트들의 시각에서 볼 때 지나치게 온건하게 보일 수 있는 이 같은 주장을 통해 여성 대중에 호소하고 그들의 의식을 일깨우기 위한 의식적 노력을 하려고 했다.

칼럼을 통해 그는 자신과 입장이 다른 페미니스트들을 비판하기도 했다. 그는 조급함과 이상주의로 무장한 급진주의 페미니스트들의 주장이 오히려 잠재적 여성운동 세력을 와해시키고 있다고 주장했다. 그와 갈등을 일으켰던 이들이 급진주의 페미니스트들에 한정된 것은 아니었다.

1972년 9월에 기고한 〈여성 쇼비니즘이 위험하다〉라는 제하의 칼럼에서 그는 자신과 척을 진 전국여성정치코커스의 벨라 아브저그와 글로리아 스타이넘을 천박한 여성 쇼비니스트로 묘사했다. "그들이 평등을 위한 우리의 운동을 타락시키고 지난 수년간 우리가 얻은 진정한 성취들을 위험하게 만드는 반발을 불러일으키고 있다"고 했다.

벨라 아브저그와 글로리아 스타이넘은 베티 프리단과 함께 전국여성정치코커스를 함께 결성했던 이들이다. 그러나 그들과 베티 프리단은 전국여성정치코커스가 대변하는 여성이 누구인가에 대해 이견을 보였다. 베티 프리단은 중도적 입장의 평범한 여성들의 이해와 권리도 배제되지 않는 여성정치조직의 필요성을 강조했다. 반면 벨라 아브저그와 그의 지지자들은 전국여성정치코커스가 보다 선명한 여성주의적 정치관을 지향하며 진보주의적 여성들의 이해를 대변하는 정치조직으로 성장해야 한다는 입장을 고수했다. 이견은 쉽게 좁혀지지 못했다. 베티 프리단은 이 칼럼에서 역시 "여성은 말 그대로 인간이므로 인간으로 그리고 미국인으로서의 권리로서 모든 특권과 기회와 의무를 누릴 자격이 있다"고 주장했다.[244]

결국 베티 프리단은 전국여성연합뿐 아니라 전국여성정치코커스의 중심으로부터도 배제되었다. 비판자들은 베티 프리단을 자신들과 다른 세계에 속한 사람으로 선을 그었다. 베티 프리단이 중산층 기득권자 프레임이 갇히게 된 것은 이 시기부터였다. 비판자들은 그를 조직 생활을 해본 적이 없는 개인주의 성향의 작가로 묘사했다.

베티 프리단이 여성운동 내부에서 고립감을 경험할수록 그의 필봉은 더욱 거침이 없었다. 비판의 절정은 1973년에 기고한 《뉴욕 타임즈 매거진》 칼럼에서 나타났다. 베티 프리단은 1970년대를 전후하여 남성 혐오와 남녀 간 계급전쟁을 설파하는 여성들이 전국여성연합을 장악하려 시도하고 있음을 경고했다. 그는 남성 혐오자들이 평등의 가치와 가족의 가치를 소중하게 여기는 평범한 여성들을 여성운동으로부터 멀어지게 하고 있다고 주장했다. 심지어 그는 '남성 혐오자들'이 여성운동을 분열시키려는 목적을 갖고 있는 것이 아닌가 하는 의구심을 드러내기도 했다.[245]

서로의 차이를 수용하지 못했던 것은 베티 프리단이나 급진주의 페미니스트들 모두 마찬가지였다. 상호 비방과 갈등은 여성운동 세력의 성장에 걸림돌이 되는 것은 물론, 각 진영이 보다 개방적이고 유연한 입장으로 나아갈 여지를 스스로 차단한 결과를 가져온 것으로 보인다.

1971년에 전국여성연합의 주요 의제에 동성애자의 권리를 포함시킬 것을 주장했던 이들이 1974년에 전국여성연합의 지도부가 되었고 그들은 '메인 스트림에서 혁명으로'를 전국여성정치코커스의 새로운 슬로건으로 선택함으로써 운동의 방향을 전환할 것을 제시했다. 베티 프리단은 여성운동의 이러한 변화가 여성 대중을 소외시키는 방향으로 가고 있다고 비판했다.[246]

여성운동 내부에서 베티 프리단 개인과 그의 글에 대한 거부감이 표출되었음에도 여성지들은 그의 기고를 환영했고 출판사들은 그의 후속작을 기다렸다. 그러나 베티 프리단의 집필 계획에는 차질이 빚어졌다. 베티 프리단은 1964년에 랜덤하우스 출판사와 계약을 맺고 선수금 3만 달러를 받았다. 계약 조건은 3년 이내에 《여성의 신비》가 미국 여성들의 삶과 여성운동에 어떠한 영향을 미쳤는가에 관한 리포트를 책으로 출간하는 것이었다.

그는 본래 변화한 여성의 모습을 담은 《여성: 4차원》이라는 책을 구상했고 그에 따라 전국 각지의 여성들을 만나 기록했다. 그러나 시간이 지나면서 그는 기획 의도가 더 이상 유용하지 않다는 것을 깨달았다. 그는 단지 《여성의 신비》라는 책 한 권이 아니라 제2차 여성운동이 자신을 포함한 동시대 여성들의 삶을 어떻게 변화시켰는가에 관한 책을 쓰기로 마음먹고 수정안을 출판사에 제시했다. 랜덤하우스는 이를 수용했고 계약기간을 1975년까지 연장했다. 이렇게 나온 책이 그의 두 번째 책 《그것이 나의 삶을 변화시켰다It Changed My Life》(1976)였다.[247]

《그것의 나의 삶을 변화시켰다》에서 베티 프리단은 자신을 페미니즘으로 이끌었던 변화의 계기들을 되돌아보았다. 1960년대 이래 그가 경험하고 개입했던 여성운동의 변화와 쟁점, 그리고 여성운동 내부 논쟁에 대한 자신의 해석을 담아냈다. 책은 지난 몇 년간 지속되었던 베티 프리단과 급진주의 페미니스트들 사이의, 비판을 넘어 비방 수준에 이르렀던 논쟁의 일면과 그의 칼럼이 그대로 담겨 있었다. 책에서 그는 급진주의 페미니즘으로 선회한 전국여성연합에 대해 우려했고 전국여성정치코커스가 특정 정치 성향을 띤 여성들만 대변한다고 비판했다.

출간 직후 서평은 책에 우호적이지 않았다. 다른 노선을 추구하는 페미니스트들을 비방하는 내용을 지적한 서평도 있었다.[248] 전국여성정치코커스의 회원들 중 스물여섯 명이 랜덤하우스 출판사에 항의 문서를 보내 베티 프리단의 글이 "사실적인 오류를 갖고 있으며 자신에게 유리한 '소설'을 쓰고 있을 뿐 아니라 인종주의적 가설과 인신공격을

하고 있다"고 비판했다.[249]

《그것이 나의 삶을 변화시켰다》가 제2차 여성운동의 물결을 조망하는 데 도움을 주는 자료 중 하나로 평가되기까지는 시간이 필요했다. 책에 베티 프리단 개인의 입장이 반영되어 있고 집필 당시 베티 프리단이 급진주의 페미니스트들과 격렬한 논쟁을 벌이고 있었음을 감안해 거리 두기를 한다는 전제하에 비로소 그 책을 1970년대 중반까지 진행된 미국 여성운동의 변화를 이해하는 유용한 사료의 하나로 읽을 수 있다.

《여성의 신비》가 촉발했던 여성운동과 여성정책이 나아갈 방향에 대한 베티 프리단의 보다 구체적 견해가 담겨있는 책은 《제2 단계*The Second Stage*》(1981)이다. 책은 《여성의 신비》 이후 베티 프리단이 관여했던 여성운동의 궤적을 일정 정도 반영했고 전국여성연합의 강령과 〈여성의 권리장전에〉서 밝혔던 내용들이 포함되었다. 《제2 단계》는 베티 프리단이 당시 여성운동의 여러 갈래 안에서 자신의 위치를 보다 명확히 자리매김함으로써 또 다른 논쟁의 불씨를 제공했다.[250]

'제2 단계'는 곧 여성운동 제2 단계를 의미한다. 여성운동 제1 단계에서 단일한 이슈와 그릇된 이분법에 초점을 맞췄다면 제2 단계에서는 양자택일의 방식에서 양자 모두를 취하는 방식으로 이동해야 한다는 것이 책의 주요 주장이었다. 그렇게 함으로써 좌와 우, 남성과 여성, 일과 가족, 자원봉사와 전문성이 함께 갈 수 있는 여지가 생긴다는 것이었다. 베티 프리단은 단지 여성의 권리가 아니라 인간의 권리 안에서 근본적인 변화를 가져올 수 있도록 남성과 여성이 함께 투쟁해야 한다는 점을 부각시켰다.

책에서 그는 가정을 '새로운 페미니스트 프론티어'로 명명했다. 그는 정부 통계를 참고하여 아버지가 가족경제를 책임지고 어머니는 전업주부이며 한 명 이상의 자녀가 있는 소위 전통적 가정 유형이 전체 가정의 11퍼센트에 그칠 뿐임을 밝혔다. 이는 곧 개인적 열망에 의해서든 경제적 필요에 의해서든 다수 여성이 가정주부이자 직장인이라고 하는 두 가지 '직업'을 갖고 있음을 의미했다.

따라서 베티 프리단은 미국 여성 다수의 고민과 과제는 여전히 일과 가정의 양립에 있음을 지적했고 여성운동과 여성정책은 그 고민에 답을 제시해야 한다고 주장했다. 그는 아내이자 어머니로서의 역할과 사회에 기여할 수 있는 사회인으로서의 역할을 통합시키는 방안이 모색되어야 하며 남녀평등은 미국 사회에서 여전히 미완의 과제이자 이룩해야 할 목표임을 상기시켰다.

《제2 단계》에서 베티 프리단은 '가정 친화적' 정책과 프로그램에 대한 구체적 사례들을 제시했다. 기업의 복리후생제도는 육아휴직과 유연한 근무시간, 직장 탁아센터를 포함해야 하며 노동시간 단축이 직위나 승진에 위협을 가하지 않아야 함을 지적했다. 주정부와 연방정부는 다자녀 가정에 세금을 감면하고 우수한 탁아시설을 갖춘 기관에 재정적 지원을 해야 한다고 주장했다. 이는 오늘날 미국의 기업과 정부에서 시행되고 있지만 1980년대 초반에는 요원한 과제였다.

《제2 단계》에서 역시 급진주의 페미니즘에 대한 베티 프리단의 비판적 시각이 드러났다. 그는 분리주의와 단일한 주제에 초점을 맞추는 급진주의 페미니스트들의 운동 방식이 반페미니즘을 촉발시킬 수 있음을 지적했다. 그는 급진주의 페미니즘의 방식이 여성 내부에서 '피해자 문화'를 촉진시킬 수 있음을 우려했고 남성을 적으로 규정하는 운동 방식이 "친근함, 섹스, 생식과 같은 인간의 기본적인 욕구를 침해할 소지가 있다"고 주장했다. 무엇보다 그는 급진주의 페미니즘의 성정치가 여성에게 놓인 과제를 실현시킬 관심을 다른 곳으로 돌리는 결과를 가져올 수 있다고 경고했다.[251]

《제2 단계》는 《여성의 신비》에서 결여했던 여성운동의 보다 구체적 과제와 정책, 방안에 대한 고민이 담겨 있다는 점에서 진일보했다고 평가받는다. 또한 여성성을 '여성의 신비'의 틀에서 부정적으로 해석했던 그의 고정적 시각의 변화를 반영한다. 그러나 여성운동 내부에서는 《제2 단계》가 페미니스트 일각을 소외시키고 있으며 이성애적 여성의 삶만을 바람직한 것으로 묘사하고 이성애자 여성이 당면한 문제를 해결하는 것이 곧 페미니즘의 주요 과제인 것으로 상정하고 있다고 비판하기도 했다.[252]

여성운동가 베티 프리단

여성운동가 베티 프리단의 비판자들은 베티 프리단이 자신의 성향과 관심에 따라 의제를 설정했고 따라서 급진적인 젊은 페미니스트들을 소외시켰다고 주장했다. 실제로 전국여성연합 회장으로 재임했던 시기부터 그는 급진주의 페미니스트들이 드러냈던 남성 혐오가 전국여성연합의 향후 발전에 부정적 영향을 미칠 것을 우려했다. 또한 그는 레즈비언 의제가 전국여성연합의 전면에 부상하지 않도록 노력을 기울였다. 베티 프리단 개인의 가치관도 작용했겠으나 그의 결정과 판단에는 여성운동 전체에 미칠 정치적 고려가 우선되었다.

당시 그는 신생 조직인 전국여성연합이 척박한 토양에서 생존하면서 여성 다수의 이해와 권리를 대변하기 위해서는 여성의 평등권을 위한 제도 변화에 초점을 맞춰야 한다고 판단했다. 《여성의 신비》 이후 그가 만났던 평범한 여성들의 열망 속에서 그는 제도 개선의 필요성이 우선되어야 한다고 확신했다. 그들의 열망이 베티 프리단을 여성운동에 매진하게 했던 동력이었다. 베티 프리단이 전국여성연합 앞에 놓인 과제는 법과 제도의 개선이라고 일관되게 주장했던 이유가 거기에 있었다.

베티 프리단은 평등권 수정조항의 통과와 주정부 추인이라는 긴 관문을 앞둔 상황에서 급진주의 페미니즘과 레즈비언 페미니즘이 전국여성연합의 얼굴을 대표할 경우, '남성 혐오'와 동성애가 일반인에게 유발하는 이미지가 여성운동에 대한 부메랑으로 돌아올 것을 우려했다. 이후 베티 프리단은 평등권 수정조항의 통과를 위해 매진하면서 1977년 여성단체 연합회의에서 레즈비언 페미니스트들에게 공식 사과했고 평등권 수정조항을 위한 싸움에 힘을 합할 것을 당부했다.[253] 그러나 여성운동의 전체 방향에 대한 베티 프리단의 생각은 근본적으로 변함이 없었다. 그의 선택과 판단은 명과 암을 동시에 갖고 있었다.

베티 프리단이 이끌었던 여성운동이 차별적 법과 제도를 철폐하는 데 기여했다는 사실은 의심할 여지가 없다. 그러나 레즈비언 의제를 포함하는 것을 거부한 그의 입장은 차별받는 여성의 권리를 보호해야 한다는 페미니즘의 기본 전제를 부정할 위험의 소지를 내포했다. 또한 레즈비언 의제를 배제하는 것이 여성의 성적 자기결정권에 대한 존중의 정신을 위배한다는 비판도 피해갈 수 없었다. 베티 프리단은 여성운동이 급진주의적 의제를 전면에 내세울 때 나타날 정치적 결과들을 우려했고 여기에는 일면의 타당성이 있었으나 동시에 한계도 존재했다. 무엇보다 서로의 차이를 인정하면서 공존의 길을 모색하지 못했던 급진주의 페미니스트들과 베티 프리단의 갈등과 반목은 이후 오래도록 지속되었다.

전국여성연합의 방향성이 사실상 유색인종과 노동계급 여성에게 큰 혜택을 주지 못했다는 비판이 제기되기도 했다. 베티 프리단은 전국여성연합 결성 초기부터 노동계급 여성과 소수 인종의 이해관계를 반영하려고 노력했다. 전국여성연합 강령에 흑인 여성의 문제를 특별히 길게 언급했던 것 역시 백인 중산층 여성을 넘어선 여성조직을 구상했던 결과였다. 그러나 그 노력은 크게 성공하지 못했다. 중산층 여성들에게는 호소력이 있었던, 직종에 대한 차별 없는 진입의 요구와 교육문제가 유색인종과 이민 노동계급 여성들에게는 상대적으로 크게 와닿지 않았다. 그러나 시간이 지나면서 베티 프리단과 전국여성연합이 목표로 삼았던 여성에 대한 차별 철폐와 여성의 평등한 권리의 효과가 가시화되면서 미국 사회에서 가시화된 성차별은 이전과 비교하여 획기적으로 감소했다.

1970년대 후반에 이르러 정부와 대학, 대중매체와 대기업에서 전국여성연합이 추구해온 목표들은 대부분 수용되었다. 직장에서의 성차별 금지, 보육시설의 확대, 여성에 대한 차별 금지 등이 포함되었다. 그 공을 오롯이 베티 프리단 개인에게만 돌릴 수는 없으나 그의 열정과 노력, 지도력을 간과할 수는 없다. 베티 프리단은 초대 전국여성연합 회장으로 재직하면서 여성이 동등한 시민권을 획득할 수 있는 법

개정을 요구했고 민권법의 차별 금지조항이 여성에게도 적용될 것을 요청했다. 그는 남성 전용 레스토랑에서 항의 시위를 벌였고 여성을 배제하는 구인광고, 여성의 권리에 일말의 관심도 없는 정당정책, 여성의 역사를 배제한 교과서 등 사회 전 영역에서 여성에 대한 가시적 혹은 비가시적 차별에 저항했다. 직장여성을 위한 보육시설의 확대를 위해 로비했고 동등한 고용기회의 확대를 요구했다. 베티 프리단과 전국여성연합의 행동이 성과를 거두면서 여성을 배제하는 구인광고의 관행이 철폐되었고 소수자 우대정책에서 인종뿐 아니라 성별sex이 고려 항목으로 자리 잡았다.[254]

베티 프리단은 과거 학생운동가, 신문기자, 작가, 대안공동체 활동가로 살았던 모든 경험을 되살려 특정 사안을 주목받게 하고 기금을 모금하고 혁신적 대의를 위해 대중적 지지를 이끌어내는 데 특출한 능력을 발휘했다. 특히《여성의 신비》가 그에게 달아준 날개를 활용하여 각지의 여성들을 만나 설득하고 조직하고 다시 각 조직을 거대한 네트워크 안에 포함시켰다. 전국여성연합은 1960년대에서 1970년대에 극적으로 성장했다.

1966년에 3백여 명의 중도적 중산층 여성을 중심으로 출발했던 조직은 1970년에 이르러 다양한 인종과 계급, 성적 지향성과 정치관을 가진 회원 5만 명의 조직으로 성장했다. 1980년대 중반에는 회원 수가 50여 만 명으로 증가했다. 1968년에 전국여성연합이 발표했던 〈여성을 위한 권리장전〉의 요구는 1970년대 중반 무렵 대부분 법과 정책에 반영되었다. 그 과정에서 베티 프리단은 연좌농성, 행진, 저항을 적재적소에 적용하며 여성운동에 대한 대중매체의 관심을 이끌어냈다.

1970년에 전국여성연합 회장직을 물러난 이후에도 베티 프리단은 여성운동에 매진했다. 고별사에서 그는 여성에게 참정권을 부여했던 수정헌법 제19조 50주년을 맞아 여성평등을 위한 총파업을 제안했다. 그는 여성들에게 하루 동안 가사노동을 멈추자고 했다. 베티 프리단은 이 파업을 계기로 분열된 여성운동 진영이 협력적 관계를 회복하여 여성의 권리를 되찾는 운동에 함께 설 수 있기를 고대했다. 1970년 8월 26일의 '여성평등 총파업'에 다양한 주장과 성향을 지닌 페미니스트 집단이 대거 참여했다. 42개의 주에 위치한 90여 개 도시와 마을에서 여성들이 파업에 동참했다. 뉴욕시에서만 2만여 명의 여성이 참여했다. 각 도시에서 행진에 참여한 여성들은 고용과 교육의 평등한 기회, 낙태의 권리, 24시간 가동되는 보육시설이라는 세 가지를 공통적으로 요구했다.

　　베티 프리단은 밤낮 없이 일에 몰두했다. 전국여성연합 회장을 맡으면서 로비를 하고 조직을 하고 기금을 모으면서 전국의 여성들을 정치 행동으로 이끌었다. 노조를 방문하고 유색인종 여성들과 협력하면서 그들을 여성운동에 끌어들이기 위해 노력했다. 베티 프리단의 헌신과 그만의 독특한 개성은 1960년대와 70년대 미국에서 제2차 여성의 물결이 하나의 거대한 변화를 이끌어내는 데 일조했다. 베티 프리단은 제2차 여성의 물결의 상징으로, 여성운동의 대모代母로 여겨졌다.[255]

　　여전히 세상은 여성운동가들을 조롱했다. 1970년대 들어 페미니즘을 반대하는 이들은 평등권 수정조항과 낙태 합법화 등의 쟁점을 중심으로 정치세력화를 이뤘다. 공화당 지지자 필리스 슐래필리는 1972년 '이글 포럼'이라는 단체를 만들고 가족의 가치를 내세워 평등권 수정조항 반대투쟁의 구심적 역할을 했다. 임신 초기 낙태를 합법화한 1973년 대법원 판결 Roe vs, Wade은 생명과 선택이라는 쟁점을 놓고 페미니즘을 반대하는 또 다른 보수세력의 정치화를 이끌어냈다.

여성운동에 대한 사회적·정치적 저항은 거세졌다. 전국여성연합을 비롯한 여성운동이 낙태 합법화와 평등권 수정조항에 지나치게 큰 비중을 뒀다는 비난을 받기도 했다. 1980년대 레이건시대 이래로 전국여성연합은 방어적 자세를 견지하면서 영향력이 축소되었고 시민이 회원인 시민단체의 역할보다 로비와 소송에 집중하는 애드보커시 그룹의 역할에 치우쳤다는 비판을 받기도 했다.

그러나 베티 프리단이 초기 조직 과정에 깊이 관여했고 이끌었던 전국여성연합과 여성운동이 미국의 젠더 지형을 변모시켰다는 점에는 의심의 여지가 없다. 여성운동이 추진한 차별금지법의 결과 여성은 교육과 직업에서 보다 평등한 기회를 갖게 되었다. 이제까지 개인의 영역으로 간주되어 발설이 금지되었던 사적인 문제들은 공적인 논의의 장으로 이전되었다. 급진주의 페미니스트들의 슬로건 '개인적인 것이 정치적인 것'이 현실이 되었다.

오늘날 전국여성연합은 미국 전역에 5백여 개의 지부, 50만 명이 넘는 회원을 거느리는 단체로 성장했다. 이 조직이 수행했던 여성에 대한 조직화의 노력과 여성을 위한 법률 개정은 일하는 여성들의 지위를 향상시켰다. 성별에 기반한 고용과 임금차별과 기존 관행은 금지되었고 성별에 따른 직업구분이 무너지기 시작했다. 베티 프리단의《여성의 신비》가 나온 이듬해인 1964년에 여성은 남성 시급의 59퍼센트를 받았으나 2014년 현재 여성의 시급은 남성 시급의 83퍼센트 수준으로 증가했다. 학사 학위를 가진 노동인력 중 여성 비율은 1970년 11.2퍼센트에서 2014년 40퍼센트로 증가했다. 여성의 고학력자 증가율은 남성의 두 배에 이르렀다.[256]

여성운동의 성과가 일하는 여성들에게 예기치 못한 새로운 딜레마를 가져오기도 했다. 여전히 성평등은 이룩되지 못했고 여성의 다수는 저임금 직종에 종사한다. 일하는 기혼여성이 가사와 양육의 대부분을 담당하면서 1960년대의 여성운동이 돈 벌어오는 슈퍼우먼을 양산했다는 이야기가 나오기도 했다. 과거에 비해 나아지기는 했으나 '유리천장'은 여전히 존재한다. 베티 프리단이 해방시키고자 했던 여성들의 경계 밖에는 여성운동의 직접적 혜택을 받지 못하는 여성들이 있다. 여성들은 과거 '여성의 신비'의 실체는 인지했으나 변형된 형태의 '여성의 신비' 속에서 살고 있다.

그러나 이 모든 한계에도 불구하고 최소한 베티 프리단의 책과 그가 이끌었던 운동은 인간의 자각과 그에 뒤따르는 참여와 행동이 사회를 진일보시킬 수 있음을 증명했다. 개개인의 의식변화가 연대로 이어질 때 보다 평등한 사회로 한 걸음 내딛을 수 있다는 희망을 후세대에게 안겨주었다.

에필로그

1963년에 나온 《여성의 신비》는 미국에서 여성운동을 촉발했다. 앨빈 토플러의 표현을 빌자면 이 책은 "역사의 방아쇠를 당겼다." 그러나 이후 발전된 페미니즘의 시각에서 보면 이 책은 충분히 이론적이지 못했다.

가부장제적 구조 내면에 깊이 자리 잡은 권력관계를 면밀히 이해하기 위해 언어를 해체하고 재구성하는 포스트모더니즘 이론을 차용한 페미니즘 연구들, 여성성이 지닌 힘을 재해석하는 성적 차이 페미니즘, 가사노동의 재평가를 기반으로 한 돌봄의 민주주의, 다양한 인종과 계급, 성적 지향성에 다른 접근 방식이 필요함을 인정하는 교차성 페미니즘의 잣대로 볼 때 그렇다. 《여성의 신비》는 구조를 해체시켜 재구성하지 않았고 여성성이 지닌 힘을 새롭게 발견하는 노력이 없으며 생산과 재생산 노동의 분리에 대한 기존의 시각에 도전하지 않았고 《여성의 신비》의 분석 대상인 중산층 백인 여성 이외의 다른 계급, 다른 인종의 문제를 조명하지 못했다. 이미 베티 프리단의 시대에 급진적 페미니스트들은 그들이 열광하던 케이트 밀렛의 《성정치》(1970)가 제시한, 섹슈얼리티 내면에 자리 잡은 가부장제적 권력관계를 잣대로 하여 《여성의 신비》를 비판했다.[257]

그러나 《여성의 신비》가 세상에 나왔던 1960년대 초반 페미니즘은 이론적 정교함은 차치하고 학문적으로 자리 잡지 못했음을 기억해야 한다. 《여성의 신비》가 주목받으며 여성문제에 대한 사회의 관심이 생성되었고 이 관심이 여성운동으로 이어졌다. 《여성의 신비》와 여성운동이 있었기에 젠더를 중심 개념으로 삼는 학문적 패러다임의 변화가 가능했고 《여성의 신비》를 읽고 자란 여성들이 이후 미국에서 여성 노동문제와 흑인 여성사를 전공했다. 그들이 여성학 전문가가 되어 다양한 계층과 인종을 주인공으로 하는 여성사 책과 페미니즘 이론을 쓰고 가르쳤다. 거대한 변화가 시작되는 지점에 《여성의 신비》가 있었다.

또한 《여성의 신비》는 이론서가 아니라 대중서로 기획되었다. 덕분에 동시대 여성들에게 설득의 힘을 발휘할 수 있었다. 베티 프리단은 여성들이 겪고 있던 문제의 본질을 파악하기 위해 그 시대의 교육, 문화, 여성지, 광고, 프로이트의 영향을 받은 정신분석과 상담학에 이르기까지 사회 전반에 걸친 여성에 대한 담론과 해석을 철저하게 조사했다. 여성에 관한 광범위한 설문조사와 인터뷰를 종합했고 여성들이 겪었던 '이름 없는 문제들'을 파헤쳐 그 문제들이 생산되고 유지되게 만드는 '여성의 신비'의 실체에 접근했다. 일단 문제의 본질을 밝힌 뒤 그는 '여성의 신비' 안에서 고통받는 여성들의 모습을 생생하게 재현했고 여성들로 하여금 스스로 족쇄를 깨고 나갈 것을 촉구했다.

《여성의 신비》는 이론을 전면에 내세우지 않았지만 미국 사회에 대한 동시대 지식인들의 고민과 분석들을 녹여냈다. 전후 미국 사회의 순응주의 문화를 비판한 데이비드 리스먼의 《고독한 군중》(1950)과 윌리엄 화이트의 《조직인간》(1956), 인간의 욕망을 자극하여 이익을 채우는 조작적 세력을 분석한 밴스 패커드의 《숨겨진 설득자들》(1959), 빈곤한 사회가 아니라 풍요로운 사회에서 발생하는 여러 문제를 분석한 존 케네스 갤브레이스의 《풍요로운 사회》(1959)는 이름을 드러내지 않은 채 책의 곳곳에 숨겨 있다. 베티 프리단의 책 이전에 여성문제를 연구했던 엘리자베스 하웨스의 《여성은 왜 우는가?》(1946), 시몬 드 보브와르의 《제2의 성》(1949), 미라 콤라브스키의 《근대 세계의 여성》(1953)이 책 안에 녹아 있다.

베티 프리단은 지식인들 내부에서 주로 통용되었을 이 논의들을 차용한 것에 그치지 않고 그가 고민해오던 문제들을 설명하기 위해 자신의 것으로 소화시킨 뒤 사회현상에 적용했다. 그런 점에서 《여성의 신비》는 이론을 앞세워 현상을 그 틀에 맞춘 것이 아니라 사회에 대한 면밀한 관찰 속에서 기존 지식과 이론의 도움을 받아 여성의 내면을 건드리는 강력한 메시지를 제시한 책이다.

거대한 담론이나 이론, 혹은 변하지 않는 진리를 상정하기보다 특정 사회 안에서 당면한 문제를 찾고 해결방안을 모색했다는 점에서《여성의 신비》는 프래그머티즘의 전통 안에 있다. 개인의 실천을 통해 실현되는 민주주의의 열린 결말, 공동체와의 관계 속에서 이뤄지는 개인의 성장, 창의성과 지성에 대한 강조에서는 존 듀이의《민주주의와 교육》(1916)이나《자유주의와 사회적 실천》(1935)에서 나타나는 교육철학과 사회철학의 일면이 엿보인다.[258] 책에서 존 듀이에 대한 언급은 없으나 베티 프리단이 1950년대 중반부터 기존 교육제도의 문제를 절감하고 대안교육과 혁신교육운동을 주도했던 것을 감안하면 존 듀이의 혁신교육 이론이 교육과 성장을 강조하는 이 책에 담겨 있다는 판단이 틀리지 않을 것으로 본다.

《여성의 신비》에 대한 흔한 비판 중 하나는 베티 프리단이 제시한 해결 방안이 겨우 개인의 자각과 성장인가 하는 것이다. 가부장제적 구조의 해체나 구조의 변화, 구체적 정책 제안이나 관계의 재구성을 요구하기보다 개인의 노력으로 환원시키는 결론이 책의 약점으로 비판된다. 그 비판에 타당함이 있는 것은 사실이지만 앞서 9장에서 지적한 것처럼《여성의 신비》는 구체적인 해결 방안을 제시하는 책은 아니다. 책은 여성의 신비를 지탱시켜온 힘, 그리고 여성의 신비로 인하여 발생하는 제반 문제들과 현상 규명에 초점을 맞췄다. 베티 프리단이 10년 뒤 개정증보판 에필로그에서 밝힌 것과 같이 책은 문제 제기에 더 큰 의미를 두었다.

그러나 다른 한편 이 책이 개인의 변화를 강조했던 것은 오히려 강력한 힘을 발휘했다. 마치 19세기 미국에서 제1차 여성의 물결의 배후에 대각성Great Awakening운동이 있었던 것처럼 제2차 여성의 물결의 배후에는 베티 프리단의 각성awakening에 대한 촉구가 있었다.[259] 19세기 중반의 종교부흥운동이었던 대각성운동이 인간의 내면을 변화시키고 변화된 인간으로 하여금 사회개혁을 추진하게 했던 것처럼 20세기 중반 베티 프리단은 자아를 상실한 여성들에게 스스로 성찰하고 깨우치고 성장할 것을 촉구함으로써 사회변화를 이끌어냈다. 개인의 자각과 자기성찰이 전제되지 않는 역사 전개는 개인이 사라진 전체주의나 무목적적이고 순응을 강요하는 소비사회의 공허함과 비인간화로 귀결될 수 있음을 베티 프리단의 책과 그의 삶은 역설하고 있다.

흔히 지적되는 것처럼 베티 프리단이 특권적 삶을 살았던 백인 중산층 여성이었기 때문에 개인의 자각과 성장을 중시한 것은 아니다. 그는 오히려 주변인에 가까운 삶을 살았다. 그는 유대인 이민자 가정에서 태어나 인종차별을 경험하면서 어린 시절부터 자신과 주변을 관찰하고 기록하는 습관을 갖게 되었다. 인민전선시대에 학생운동과 학생기자, 노동신문 기자를 거치면서 주류의 가치에 도전했고 제도변화의 중요성을 인식했다. 그의 대학 시절 영향을 미쳤던 교수들은 선구적 페미니스트 경제학자인 도로시 더글러스와 진보적 심리학자 제임스 깁슨이었다. 그의 대학 시절 영향을 미쳤던 책은 진보적 사회학자 부부인 로버트 린드와 헬렌 린드의 《미들타운》(1933)이었다. 버클리대학원 시절에도 전공 학문보다 주변 동료들과의 마르크스주의 이론과 대안적 이론에 더욱 관심을 가졌다.

베티 프리단은 젊은 시절 구조의 변화를 중시하는 진보적 학문을 흡수했고 대학원을 졸업한 뒤 노동신문과 노조신문 기자로 활동하며 사회변혁에 헌신했다. 그가 개인의 문제로 회귀했던 것은 제도나 개혁의 중요성에 대한 무지나 무관심 때문이 아니었다. 그것은 오히려 그가 진보의 시대를 치열하게 거쳤고 깊은 개인적 고립감과 무기력감, 정체성의 위기를 경험한 뒤 나온 성찰의 결과였다. 개인의 잠재력과 창의성을 발휘하고 키워갈 수 있는 환경이 주어지지 않는다면, 인간이 외부로부터 부과된 하나의 정체성에 의해 살아갈 수밖에 없다면, 공동체 안에서 이뤄지는 헌신을 통한 성장이 동반되지 않는다면 사회개혁과 그 결과로 나오는 경제성장이 행복한 삶을 보장할 수 없으며 오히려 또 다른 족쇄가 되어 공허하고 무목적적인 삶으로 귀결될 수 있음을 지적한 것이다.

베티 프리단이 개인의 자각과 성장을 중시했다고 해서 공동체의 이익을 고려하지 않은 개인의 권리나 사적 자유를 추구한 것은 아니다. 그는 자신이 젊은 시절 헌신했던 급진주의와 결별했으나 전향하지 않았고 과거의 가치를 발전적으로 승화시켰다. 1930년대 후반에서 1950년대 초반까지 노동운동과 더 가까웠던 베티 프리단은 1960년대 시민의 시대에 시민운동가로서 여성운동을 일궈내는 중심에 있었다.

《여성의 신비》의 시대적 배경이 오늘날 '행복했던 시절'로 칭송되는 대압착시대였다는 사실이 시사하는 바가 크다. 뉴딜 노동법과 복지제도, 임금체계 및 조세제도의 변화와 높은 노조

조직률의 결과 대압착시대에 다른 어느 시대보다 공정하고 균등한 소득분배가 이뤄졌고 두터운 중산층이 형성되었다. 그러나 베티 프리단은 미국 역사상 가장 풍요롭고 행복한 시절, 그중에서도 행복의 상징으로 여겨지는 교외 중산층 가정 안에서 여성의 삶이 행복하지 못했음을 설득력 있게 밝힘으로써 그 시대 미국 사회의 불합리성과 강요된 순응 안에 은폐된 억압을 효과적으로 폭로했다.

무엇보다 《여성의 신비》가 지닌 장점은 이 책이 아니었다면 자신이 처한 상황을 여성문제로 인식하지 못했을 평범한 독자들에게 다가갔다는 것이다. 이 책은 전문가들만의 용어jargon가 아닌 평이한 언어로 기술되었고 여성들의 일상생활 속에 나타나는 구체적 현상과 여성문제를 연결시켰다. 《여성의 신비》를 쓴 뒤 베티 프리단은 이 책이 자신의 삶을 변화시키는 '초월적 경험'이었다고 했다. 책을 읽은 수많은 독자들이 같은 경험을 했다. 그들은 이 책이 자신의 삶을 변화시킨 책이라고 했고 이 책이 없었으면 지금과 다르게 살았을 것이라고 했다.

이 책 덕분에 소수 지식인과 페미니스트 활동가들 사이에서나 공유되었을 여성문제가 그 시대를 살아가는 여성들의 관심사로 떠오르게 되었다. 베티 프리단은 소수 페미니스트들의 경계 밖에 있는 여성들에게 말 걸기를 했고 그들을 설득하는 데 성공했다. 베티 프리단의 《여성의 신비》는 앞길을 향한 큰 그림이나 프로그램을 제시하지 않았다. 그러나 각 개인의 마음에 다가가 그들로 하여금 자각하고 성찰하고 변화할 수 있도록 자극하여 그들을 시민으로서 새로운 길에 동참할 수 있도록 길을 열었다.

베티 프리단은 책을 쓴 지식인으로 머물지 않았다. 그는 내적 변화를 경험한 여성들이 사회로 나가는 길에 맞닥뜨린 장벽을 발견했을 때 그 길에 함께 나서 장벽을 무너뜨렸다. 여성의 평등한 경제권과 사회권을 획득하기 위해 힘을 보탰다. 그 과정에서 전국여성연합을 만들었고 평등권 수정조항 투쟁에 앞장섰다. 정부가 1964년 민권법 제7조 차별조항을 실행하도록 압력을 넣었고 전국여성정치코커스를 형성하여 여성의 정치 세력화에 일조했다. 《여성의 신비》에서 언급하지 않았던 구체적 대안들을 행동을 통해 제시했다.

베티 프리단은 여성운동에 나선 이후 내부의 비판과 분열을 경험했다. 그가 지향하는 운동의 방향뿐 아니라 그의 기질도 비판받는 원인을 제공했다. 반페미니즘 세력의 대결집 이후 보수세력의 거센 반격을 경험했다. 그러나 그는 일관되게 실질적 법과 제도의 변화를 통한 여성의 평등권 추구라는 목표에 매진했다. 남성은 적이 아니라 동반자라는 입장도 변함이 없었다. 1960년대와 1970년대에 베티 프리단과 그의 책《여성의 신비》가 없었다고 해도 세상은 달라졌을 것이고 보다 평등한 여성의 권리를 얻게 되었을 것이다. 그러나 소수 페미니스트와 여성활동가, 진보적 학자만의 페미니즘이 아니라 경계를 넘어선 이들을 향한 글쓰기를 지향하고 그들과 함께 길을 만들어갔던 베티 프리단이 아니었다면 변화의 방향과 속도는 달라졌을 것이다.

1940년대 중반에서 1960년대 초반의 미국 사회 여성문제를 관찰했던 베티 프리단의《여성의 신비》는 오늘날 미국 사회보다 대한민국 사회에 더 근접해 있다. 대한민국 여성이 과거에 비해 보다 평등한 기회를 얻게 되었다고 하지만 2017년 현재 OECD 국가 중 남녀 임금격차는 가장 크고 공공부문에서 여성의 참여도는 평균보다 낮으며 민간 영역의 여성관리자 비율은 OECD 국가 중 가장 낮다.[260] 여성 일자리는 저임금 비정규직에 과도하게 몰려 있으며 유리천장 지수는 OECD 국가 중 가장 낮다.[261] 서비스직에 종사하는 여성 노동자는 과도한 감정노동에 시달리며 생산직에 종사하는 여성 노동자는 종종 본인이 건강과 생명을 위협하는 노동조건에 노출되고 있다는 사실조차 스스로 인지하지 못한다. 말하자면 21세기 현재 대한민국 여성의 정치적 대표성과 공적 참여율은 과도하게 낮고 경제적 평등은 이루어지지 않았으며 그들은 인간으로서의 존엄과 권리가 지켜지지 않는 일터에 방치되어 있다.

여성이 있어야 할 자리, 여성이 지켜야 할 사회적 규범과 가치, 여성에 대한 이미지는 과거와 크게 변하지 않았다. 여성의 정체성에서 어머니이자 아내로서의 역할과 책임이 무엇보다 우선시된다. 다소곳하고도 자기헌신적인 여성성이 칭송된다. 여성, 특히 젊은 여성에 대한 시각은 우선적으로 성적 대상으로 고정된다. 한 인간으로서의 자아실현보다 여성성의 실현이 암암리에 더 높은 가치로 여겨진다. 대통령이든 국회의원이든 범죄자든 그가 여성이라는 사실 하나만으로 여성으로 소비된다. 남성이 야망을 가지면 바람직한 것이고 여성이 야망을 가지면 더럽고도 위험한 것이 된다. 여성에게 부과된 사회적 규범이나 가치와 다른 선택을 할 때, 혹은 아무 이유 없이 여성혐오의 표적이 된다.

강남역 살인사건과 미투Me Too운동은 대한민국에서 여성으로 살아가기가 얼마나 위험천만하고도 고통스러운 일인가를 새삼 확인시켰다. 이 사건들에 다수의 여성들이 본인이 당한 일처럼 공감하는 것은 일상생활 속에서 크고 작은 성추행과 성폭력, 안전에 대한 위협을 경험하지 않은 이가 없기 때문이다. 적지 않은 남성들이 이 움직임에 반감을 갖는 것은 일상생활에서 이뤄지는 그들의 말과 행동이 성추행이고 성폭력일 수 있으며 여성의 안전에 대한 기본적 권리를 침해하는 행위임을 인식하지 못하기 때문이다.

베티 프리단은 에이브러햄 매슬로 욕구 5단계설을 제시하면서 '생리의 욕구-안전의 욕구-소속과 애정의 욕구'라는 하위 3단계를 성취한 미국 여성들에게 '자기존중-자아실현'이라는 상위 단계의 욕구로 이동하라고 했다. 여성이 아니라 인간으로서 성취하라고 했다. 세계의 변화를 읽고 미래를 바라보고 공동체 안에서 잠재력을 성장시키라고 했다. 그 메시지는 우리에게도 여전히 유효하다.

그리고 대한민국의 기성세대 역시 젊은이들에게 자주 그와 유사한 메시지를 전한다. 미래를 바라보고 사회 안에서 자신의 잠재력을 성장시키라고. 21세기의 새로운 변화를 준비하라고. 그러나 우리는 종종 기본적인 생리와 안전의 욕구조차 충족시키지 못한 젊은 그들의 삶을 망각한다. 전근대적 상황 속에 살게 하면서 후기 근대를 꿈꾸라는 메시지가 또 다른 정체성의 혼란을 부추길 수 있다는 사실을 고려하지 않는다.

페미니스트 일각에서는 베티 프리단이 주도한 여성운동의 방향이 법과 제도 안에서 여성의 평등한 권리를 확보하는 것에 집중되었다는 사실을 비판했다. 여성운동이 가져온 변화의 혜택을 거의 받지 못하는 사각지대에 놓인 유색인종 여성과 노동 계급 여성들이 존재한다는 것이 비판 이유 중 하나이다. 베티 프리단이 이끈 주류 여성운동의 방향이 가부장제적 가치가 스며든 사회구조 전체를 개혁하기보다 그 구조에 편입할 기회를 엿보았을 뿐이라는 것, 결과적으로 상층부 여성의 이익을 도모했을 뿐이라는 비판도 제기된다. 그러나 직업과 직종, 임금체계와 승진체계에서의 차별을 철폐하기 위해 노력했던 미국의 여성운동이 없었다면 오늘날 미국 여성 앞에 더 심각한 불평등이 기다리고 있었을 것임은 분명하다. 기존 여성운동의 한계에 초점을 맞춰 선을 그을 것이 아니라 성과를 인정하되 그 한계를 안고 그 너머로 나가는 것이 필요하다. 여전히 한국 사회의 여성문제의 중심에 베티 프리단의 시대와 다를 바 없는 남녀 불평등 문제가 있음을 염두에 두어야 한다.

우리에게는 베티 프리단의 《여성의 신비》가 전달하는 내용 그 이상으로 그가 움직였던 방식이 더 필요할지 모른다. 그는 '여성의 일상적 삶의 사적이며 구체적 현실' 안에서 지속적으로 과제를 도출해냈다. 여성 안에 억눌렸던 정치적 세력화의 열망을 일깨웠다. 여성의 권리를 일보 전진시키기 위해 '전선戰線'에 섰다. 전선에 선다는 것이 이데올로기적으로 가장 급진적이거나 가장 최신 이론을 생산·재생산하는 것이 아님을 알고 있었다.

그는 적과 아의 선을 가르고 더욱 선명한 이론으로 무장하며 자기만족적 고립을 자초하는 급진적 사회운동가가 되기보다 경계 밖에 선 이들에게 다가가 그들의 삶을 관찰하고 그 안에서 목표를 설정하며 그들의 언어로 설득하는 길을 택했다. 더 평등한 사회, 더 정의로운 사회에 대한 이상을 목표로 열린 결말을 향해 함께 나아갔다. 남성은 적이 아니라 평등한 사회를 함께 이룩할 동반자로 여겼다. 베티 프리단의 《여성의 신비》와 그가 이끌고 참여했던 여성운동은 그 시대의 맥락 속에서 그들 앞에 놓인 과제를 수행했다.

베티 프리단의 해결 방식이 여성문제의 모든 것을 해결해주지는 못했다고 해도, 그것은 여성에 대한 차별을 부수고 보다 평등한 길을 향해 전진할 기반이 되었다. 그것은 버리고 갈 구시대의 유물이 아니라 찬찬히 들여다보고 보듬고 갈 미완의 혁명의 유산이다. 우리시대 일상적 삶의 구체적 현실 속에서 길을 찾아 나설 때 복기할 역사의 기록이다. 그렇게 할 때 비로소 베티 프리단과 《여성의 신비》의 한계를 넘어 우리의 과제를 해결할 수 있을 것이다. 미완의 혁명을 완수할 것이다.

보론
'물결론'에 따른 여성학/페미니즘 계보

I. '물결론'의 의미와 그에 대한 비판

미국 여성운동의 각 단계에서 영향을 미친 페미니즘 이론을 짧은 지면 안에서 정리하는 것은 사실상 거의 불가능하다. 더욱이 1960년대 여성 운동과 사회운동이 촉발한 사회과학계의 패러다임의 변화 이후 여성학 (젠더학)이라는 학문 분과가 생성되었을 뿐 아니라 철학, 역사학, 문학, 정치학, 경제학, 사회학, 심리학 등 인문/사회과학의 거의 모든 학문 분 야에서 젠더를 분석개념으로 결합시킨 연구들이 등장했음을 고려하면 더욱 그러하다. 역사, 그중에서 미국사 분야로 한정해도 여성사와 여성 운동사뿐 아니라 인종, 문화, 노동, 공공정책과 결합된 주목할 만한 저 서와 논문은 헤아릴 수 없을 만큼 많다.

이 장에서는 페미니즘의 주요 이론을 상세하게 포괄하기에는 한계가 있음을 전제로 하여 독자의 이해를 돕기 위해 다음의 조건을 전제로 페 미니즘의 흐름을 간단하게 정리해보려고 한다. 첫째, 주로 이 책에서 언급되었던 저서를 중심으로 한다. 둘째, 미국 사회에서 페미니즘 논의가 전개되어온 전반적 구도를 드러내는 주요 저서들을, 논의의 편의상 여성운동의 물결론에 따라 설명한다. 셋째, 주로 미국에서 진행된, 혹은 미국에 반향을 일으켰던 페미니즘 연구에 한정하여 흐름을 설명한다.

여성운동의 '물결론'은 1968년 《뉴욕 타임즈 매거진》에서 처음 언급된 이래로 미국 여성운동의 변화를 보여주는 하나의 틀로 사용되었다.[262] 그러나 '물결론'은 특정 운동에 대한 대중적 열망의 분출에 초점을 맞춤에 따라 사실상 사회의 한 곳에 자리 잡았던 페미니즘의 쟁점들이나 운동이 간과될 수 있다는 문제가 꾸준히 제기되어왔다. 예컨대 여성사 연구자 낸시 콧은 1920년대에 여성운동과 페미니즘이 역사의 장에서 일제히 사라졌다는 주장을 비판하며 오히려 1920년대 여성운동을 조명했다.[263] 여성사학자 낸시 휴잇은 물결론이 급격한 대중운동이 표출되는 시기를 중심으로 구성됨으로써 지속적으로 이어졌던 제도개혁이나 여성운동의 역사가 간과되고 있음을 지적했다.[264] 여성노동사가 도로시 수 코블은 물결론의 도식에서 간과되어온 여성 노동자들의 역사를 성공적으로 재현했다.[265]

그 밖에 제1차 여성운동의 물결이 종결되기 직전에 있었던 인보관鄰保館운동을 통한 여성운동, 모성을 중심으로 형성된 미국의 독특한 복지정책의 역사, 노동운동을 지지했던 중산층 여성들, 20세기 초반 피임과 출산 조절 등 여성의 몸에 대한 논의, 제2차 여성운동이 시작되기 이전 인민전선과 결합된 여성운동, 민권운동 및 유색인종 여성들의 투쟁, 여성정치연합과 연계된 여성운동 등에 대한 연구논문과 저서들이 물결론에 대한 효과적 비판이자 여성사 연구에서 간과해온 지점에 대한 보완적 시각을 제공했다.

오히려 낸시 휴잇이 제안한 것처럼 'wave'를 시작과 끝이 있는 물결이 아니라 '파장'으로 이해하는 것이 보다 의미 있는 시도가 될 수 있을지 모른다. 또한 하나의 물결이 지나가고 새로운 물결이 도래했다고 해서 지나간 물결의 핵심 과제가 완성되었거나 과거의 것이 된 것은 아니다. 예컨대 제2차 여성운동의 물결의 핵심 목표였던 남녀평등 실현과 여성의 몸에 대한 권리 주장은 여전히 현재진행형이다. 각 물결의 목표와 성취를 한국 사회에 적용해 보면 여성참정권을 제외한 거의 모든 이슈들이 현재진행형인 미완의 과제로 남아있음을 확인할 수 있다. 그런 점에서 각각의 물결은 상호 연관되어 있을 뿐 아니라 오늘날에도 특정 시공간에서 여전히 현재적 의미를 지니고 있다.

그럼에도 불구하고 물결론을 통해 페미니즘과 여성운동의 계보를 정리한 이유는 이미 알려진 물결론을 통하여 짧은 글 안에서 페미니즘의 다양하고도 복잡한 내용들을 이해하기 쉽게 정리할 수 있으리라고 판단해서다. 사실 이 글에서 언급되는 각각의 책은 몇 줄로 요약될 수 없는 복합적 의미를 함축하고 있다. 또한 여성운동과 페미니즘 논의가 제1차 여성운동의 물결에서 제3차 여성운동의 물결로 직선적으로 진화하며 전개되었던 것도 아니다.

또한 보론에서 언급되지 않은 수많은 전 세계 페미니즘 연구서들과 페미니즘 운동이 존재한다. 특히 제2차 여성운동의 물결이 서구의 백인 여성에 의해 주도된 한계를 지적하면서 나타난 제3 세계 페미니즘 연구, 생태와 결합시킨 에코 페미니즘 연구, 그리고 한국 사회의 여성 문제에 대한 고민에서 출발하면서 다시금 부각된 페미니즘 논쟁과 연구서들은 각별히 주목할 필요가 있으나 보론에 포함시키지는 않았다. 보론은 이 책의 맥락과 페미니즘의 전반적 흐름을 이해하기를 원하는 독자들을 위한 길 안내 정도의 역할을 기대한다.

II. 제1차 여성운동의 물결(1830년대~1920)

1830년대에서 20세기 초반까지 진행되었던 미국 최초의 여성운동. 19세기 초 대각성운동에서 촉발된 거대한 개혁운동에 참여한 여성개혁가들이 주축이 되어 출발했다. 남녀불평등에 대한 자각에서 출발하여 여성참정권 투쟁과 재산권 획득, 동등한 교육의 기회와 같은 법적 권리의 확보에 초점이 맞춰졌다. 마르크스주의적 페미니즘 역시 이 시기에 등장했다.

1. 주요 사건 및 역사적 맥락
세네카 폴즈 선언(1848): 미국 최초의 남성과 여성의 평등선언
수정헌법 제19조 통과(1920): 여성참정권 획득

* 주요 텍스트
메리 울스턴크래프트, 《여권의 옹호》(1782)[266]
천부인권설을 옹호한 계몽주의 사상가들조차 시민으로서의 여성의 권리를 인정하지 않았다. 계몽사상가 존 로크는 "여성은 합리성을 결여했으므로 시민으로 인정할 수 없다"고 했고 장 자크 루소는 남성의 동

반자로서의 여성의 미덕을 내세웠다. 이에 대해 울스턴크래프트는 여성과 남성은 평등하게 태어났으며 이성의 담지자로서 역시 여성과 남성이 평등하다고 주장한다. 다만 교육 기회의 결여, 여성적 특질을 강조하는 담론과 같은 사회 여건이 여성을 비이성적이며 남성보다 열등한 존재로 '만들었음'을 지적한다. 그는 여성의 이성이 발휘되기 위한 교육의 필요성을 강조했다.

존 스튜어트 밀, 《여성의 종속》(1869)[267]

《자유론》(1859)의 저자이기도 한 존 스튜어트 밀은 《자유론》에서 다수에 통합되지 않는 개별성, 다른 의견을 가질 개인의 자유가 곧 개인의 행복을 보장할 뿐 아니라 사회의 발전의 초석이 될 수 있다고 주장한다. 그 개인에 여성과 남성이 포함되었다. 밀은 여성의 남성에 대한 법적 종속은 그 자체로 잘못된 것이며 인간사회의 발전의 장애물로 작용한다고 주장했다. 밀은 여성 종속의 부당함을 지적했고 나아가 사적 영역과 공적 영역에서의 남성과 여성의 평등을 역설했다.

프리드리히 엥겔스, 《가족, 사유재산, 국가의 기원》(1884)[268]

미국 인류학자 루이스 헨리 모건의 《고대사회》(1877)에 대한 비판적 독해를 바탕으로 한 책이다. 모건은 아메리카 이로쿼이 인디언을 고찰하여 원시공동체 사회에 모계제가 자리 잡고 있으며 가족과 소유관계가 사회구조의 핵심임을 밝혔다. 엥겔스는 일부일처제로 진화하는 과정을 설명하기 위해 유럽의 씨족사회를 살펴보았고 부의 축적과 가부장제적 가족의 형성관계에 주목했다. 엥겔스는 가족제도의 발전을 사적 유물론을 통해 설명했고 계급론적 관점에서 여성 해방을 제시했다. 그는 여성 해방의 선결조건으로 계급 해방을 제시했다. 구체적으로 그는 여성 전체의 사회적 노동 참여, 가사노동의 사회화, 개별가족이 더 이상 사회의 경제적 단위로 존재하지 않을 수 있는 정책 등을 제시했다. 한편 엥겔스는 남녀 간의 사랑을 '순수하고 자발적이며 비정치적 영역'으로 간주함으로써 이후 슐라이머스 파이어스톤의《성의 변증법》(1970) 등에서 비판받는다.

III. 제2차 여성운동의 물결(1960년대~1980년대)

제2차 여성운동의 물결은 1960년대 초 미국에서 시작되어 약 20년 동안 지속된 여성운동과 페미니즘 사상을 가리킨다. 1960년대에 여성운동은 서구 세계로 빠르게 확산되었고 1970년대에서 1980년대에 아시아와 아프리카 등 전 세계에 영향을 미쳤다. 여성평등의 증진이 목표가 되었던 자유주의 페미니즘과 사회구조에 스며든 가부장제를 철폐해야 한다는 급진주의적 페미니즘이 거의 동시대에 나타났다. 제1차 여성운동의 물결과 달리 피임과 낙태의 권리 등 여성의 몸에 대한 권리가 주요 쟁점이 되었다. '개인적인 것이 정치적인 것이다'와 '자매애는 강하다'가 이 시대 여성운동의 물결을 상징하는 슬로건이 되었다.

1. 주요 사건 및 역사적 맥락

민권운동(1950~1960년대)

뉴 레프트 및 반전운동(1960~1970년대)

전국여성연합 결성(1966)

전국여성파업(1970)

반ERA 단체 '이글 포럼' 결성(1972)

낙태 합헌 판결(1973)

ERA 주정부 비준 실패로 폐기(1982)

2. 자유주의 페미니즘

여성의 주체성을 강조하고 사회의 혁명적 변화보다 차별 철폐 및 법적 평등을 당면 과제로 한다. 자유주의 페미니즘은 공공 영역에서의 성 평등을 중시한다. 여기에는 평등한 교육 기회, 동일임금, 직종 및 직업 분리 폐지 등이 포함된다. 낙태권, 생식 조절과 같은 사적 영역에 대한 여성의 권리 역시 공공 영역에서 평등을 실현하기 위해 실현되어야 할 과제로 이해한다.

* 주요 텍스트

시몬 드 보브와르, 《제2의 성》(1949)[269]

제2의 여성의 물결의 이론적 배경을 제공했다고 평가받는다. 시몬 드 보브와르는 역사 속에서 여성이 주체가 되지 못하고 타자로 살아왔음을 지적했다. 그러나 이는 필연적 결과가 아니라 사회문화적 산물이라고 주장했다. 그는 여성이 태어나는 것이 아니라 만들어지는 것임을 주장했다. 한편 그는 "자신의 성을 무시하고 자기를 주장하려고 하면 반드시 자기기만에 빠진다"고 지적함으로써 여성성의 근원을 부정하지는 않았다. 또한 그는 지배와 예속의 전복이 아니라 남녀 간 '겸손한 상호 인정'을 통한 공존관계로의 전환을 제안했다.

베티 프리단, 《여성의 신비》(1963)[270]

냉전기 미국 사회에서 여성을 주부의 역할에 한정시키는 작동기제들을 '여성의 신비'로 명명하고 이를 분석했다. 프리단은 '행복한 교외의 중산층 주부'라는 이미지는 냉전시대 미국에서 특정한 의도로 유포, 전파되었으며 이러한 이미지에 따라 살아가는 것은 여성 자신뿐 아니라 가족, 그리고 미국 사회를 병들게 하는 것이라고 주장했다.

3. 급진주의 페미니즘

급진주의 페미니즘은 남녀불평등과 남성에 의한 여성의 사회적 지배를 가부장제를 통해 설명한다. 가부장제가 남녀의 권리와 특권, 권력을 다르게 배분하며 결과적으로 지배적인 남성의 피지배적인 여성에 대한 억압으로 본다. 가부장제적 사회구조 내에서 진정한 성평등은 불가능하다고 주장한다. 기존 정치와 사회조직이 가부장제와 긴밀히 연결되어 있다는 점에서 현 체제 내의 정치 행동에 회의적이다. 여성 해방은 단순히 기회의 평등이나 여성의 주체적 활동과 선택으로 이뤄지는 것이 아니라고 보고 따라서 전체 문화를 포괄하는 보다 근본적인 변혁을 요구한다. 즉, 법적 변화를 통한 제도 개선보다 가부장제의 해체를 목표로 한다.

* 주요 텍스트

케이트 밀렛, 《성정치》(1970)[271]

페미니스트 문학 비평의 시초로 평가받는다. 밀렛은 섹슈얼리티에 내재한 가부장제적 권력관계를 파헤쳤고 이 가부장제적 권력관계, 즉 '성정치'가 문학과 철학, 심리학과 정치에 침투해 있다고 주장했다. 밀렛은 헨리 밀러, 노먼 메일러, D. H. 로렌스 등의 문학작품에서 섹슈얼리티의 정치성을 분석했고 성이 개인적이며 사적인 영역일 뿐 아니라 권력이 작동하는 정치적 영역임을 밝혔다.

슐라미스 파이어스톤, 《성의 변증법》(1970)[272]

파이어스톤은 마르크스와 엥겔스의 사적 유물론을 근간으로 하되 마르크스 계급분석이 간과하고 있는 '성 계급'을 제시했다. 그는 '성 계급'이 현존하는 가장 오래되고 견고한 계급제도이며 따라서 모든 계급을 철폐하기 위해 "사회주의혁명보다 훨씬 큰, 그것을 포함하는 성의 혁명이 필요하다"고 주장했다. 파이어스톤의 '성 계급'은 생물학적 성에 기반하고 있고 여성 억압의 핵심에 출산과 양육이 있다.

　파이어스톤은 성 계급이 약간의 개혁으로 혹은 여성을 노동력에 완전히 포함시킴으로써 해결할 수 있는 피상적 불평등의 차원이 아니며 성의 혁명, 경제적 혁명, 문화적 혁명이라는 세 가지 차원의 근본적 혁명을 통해 완성될 수 있다고 주장했다. 성의 혁명은 여성을 생물학적 생식의 지배로부터 해방시키고 출산과 양육을 사회 전체가 분담하는 것을 포함한다. 그는 여기에서 인공생식을 하나의 방안으로 제시했다. 경제적 혁명은 노동 분업에 기초한 계급사회의 사회주의 사회로의 이행을 목표로 하며 모든 인간의 경제적 독립과 자결권을 보장하는 상태를 지향한다. 문화적 혁명은 기존 문화의 범주가 파괴되고 예술과 현실이 일치되는 것을 목표로 한다.

4. 문화주의 페미니즘

가부장제에 대한 근원적 변혁을 추구한다는 점에서 급진주의 페미니즘과 맞닿아 있다. 여성은 본질적 특질을 타고 났으며 이것은 특별하고도 축복받은 것이라고 주장한다. 여성의 '본질적 특질'을 중시한다는 점에서 차이의 페미니즘 역시 문화주의 페미니즘으로 지칭되기도 한다. 본질적 특질에는 협동, 관계, 평화를 중시하는 경향 등이 포함된다. 문화주의 페미니스트들은 전통적으로 남성의 특질로 간주되어온 공격성, 경쟁, 지배와 같은 가치가 궁극적으로 사회에 해로우며 돌봄, 협동, 평등주의와 같은 여성적 특질이 사회를 이롭게 할 것이라고 주장한다. 가치관으로서의 페미니즘뿐 아니라 삶의 스타일로서의 페미니즘을 받아들이고 여성성의 긍정적 측면이 지배하는 공동체를 지향한다.

* 주요 텍스트

메리 데일리, 《부인/생태학》(1978)[273]

페미니스트 여성신학자 메리 데일리는 여성의 힘을 높이 평가하고 가부장제를 비판했다. 데일리는 여성이 베일로 가려진 허구의 영역에 던져져 있으며 여성의 진실이 대두하기 위해서는 허구의 영역이 파괴되어야 한다고 주장한다. 그는 모든 방향에서 급진주의적 페미니스트의 의식이 돌아와 과거를 발견하고 현재와 미래를 창조하고 드러낼 것을 제안했다. 데일리는 현실이 언어를 통해서 구축된다는 점에서 자신의 방식으로 언어를 해체시키고 재구축한다.

데일리는 이 책에서 여성 형태적gynomorphic 언어를 사용함으로써 가부장제 사회의 거짓 이미지를 파괴하고 새로운 여성적 실재에 대한 인식을 일깨우는 것을 시도한다. 그는 전통적으로 여성을 부정적으로 묘사했던 단어들, 예컨대 못생긴 여자hag, 쭈그렁 할멈crone, 노처녀 spinster, 표독한 여자fury, 레즈비언 등을 새롭게 해석하고 의미 부여하여 남성주의적 헤게모니에 사로잡히는 것을 거부하는 '여성 정체성을 지닌 여성'에 대한 긍정적인 원형으로 재해석한다.

5. 블랙 페미니즘

인종주의와 성차별주의에 반대하는 다양한 페미니즘을 일컫는다. 백인 지배체제의 백인 우월주의와 인종주의를 비판하는데 여기에는 백인 여성이 중심이 된 페미니즘에 대한 비판이 포함된다. 블랙 페미니즘의 주요 이론 중 하나가 교차성 페미니즘이다. 교차성 페미니즘을 이론화한 것은 패트리셔 힐 콜린스와 킴벌리 크런셔 같은 블랙 페미니스트들이 었으나 교차성 페미니즘의 핵심 내용은 이론화되기 이전에 블랙 페미니스트들에게 공유되었다. 그들은 린치 반대, 민권과 교육권에 대한 투쟁 등을 하면서 인종차별과 성차별이 떨어질 수 없이 동시적으로 진행되고 있다고 여겼다.

* 주요 텍스트
안젤라 데이비스, 《여성, 인종, 계급》(1981)[274]

민권운동가이자 공산주의자였던 안젤라 데이비스는 이 책에서 여성 참정권 투쟁에 참여한 백인 여성들의 인종차별주의가 진정한 평등의 성취를 어렵게 했다고 비판했다. 또한 그는 백인 여성이 주도하는 여성운동이 흑인공동체가 처한 상황을 이해하지 못하고 있음을 지적했다. 안젤라 데이비스는 흑인 여성이 겪는 다중적 고통과 불평등을 성차별과 인종차별, 자본주의적 억압의 측면에서 접근했다.

책에서 그는 흑인 여성이 노예 생활에서 해방되었음에도 여전히 노예와 다르지 않은 열악한 노동을 수행해야 하는 상황을 상세하게 묘사했다. 데이비스는 경제불평등이 페미니스트들의 주요 아젠다였음에도 불구하고 실제로 백인 중산층 페미니스트들은 자본주의적 불평등에 철저하게 도전하지 못했다고 비판했다. 백인 페미니스트들은 궁극적으로 자본주의적 조건을 수용함으로써 기존의 경제질서에 도전하지 않았다는 것이다. 그런 점에서 그는 중산층 백인 중심의 여성운동이 충분히 급진적이지 못했고 그로 인하여 불평등 문제를 해결하지 못했다고 주장한다.

벨 훅스, 《페미니즘: 주변에서 중심으로》(1984)[275]
백인 중산층 여성 중심의 여성운동을 강하게 비판해온 벨 훅스는 이제까지 페미니즘운동이 인종적 위계와 백인 여성학자들의 헤게모니에 의해 영향을 받았던 결과 심각한 문제를 지니고 있다고 지적한다. 그는 백인 중산층 여성들이 유색인종 노동계급 여성들이 겪고 있는 억압의 현실을 도외시하고 있고 따라서 그들이 주도하는 페미니즘운동이 유색인종 여성들의 불평등 문제를 근본적으로 해결하지 못하고 있다고 비판했다. 또한 그는 백인 중산층 자유주의 페미니즘이 개인주의에 입각하여 평등이라는 개념에 집착함으로써 사실상 유색인종 노동계급 여성이 겪는 성차별적 억압을 종식시키기 어렵게 한다고 주장했다. 훅스는 페미니즘의 방향이 평등권의 쟁취가 아니라 성차별적 억압에 대한 종식에 맞춰질 때 비로소 지배체제, 그리고 성·인종·계급의 억압의 교차성에 관심을 집중할 수 있다고 지적했다.

6. 행위 주체로서의 여성

기존 페미니즘이 억압받는 여성을 강조했던 것에 대한 비판적 시각에서 행위 주체로서의 여성이 부각되는 연구들이 대두했다. 특히 역사 연구에서 미국의 역사를 일궈나간 여성들을 복원하는 시도가 나타났다.

* 주요 텍스트

거다 러너, 《다수가 과거를 찾았다: 역사 속에 위치한 여성》(1979)[276]

거다 러너는 앞서의 페미니스트들과 달리 여성은 결코 소수minority가 아님을 강조했다. 그는 이 책에서 여성이 세계를 형성하는 적극적 주체이며 여성만의 문화를 형성했다고 주장했다. 러너는 이후 《가부장제의 창조》(1990), 《왜 여성사인가》(1997) 등을 통하여 역사 속의 역사적 행위 주체로서의 여성의 모습을 복원시켰고 여성의 힘을 강조했다.

IV. 제3차 여성운동의 물결(1980년대 후반~현재)

제1차 여성운동의 물결과 제2차 여성운동의 물결의 시기와 내용에 대해서는 어느 정도 합의가 이뤄져 있는 것과 달리 제3차 여성운동의 물결은 시기뿐 아니라 구성하는 내용이 여전히 논쟁의 대상으로 남아있다. 이는 제3차 여성운동이 일어난 상황 및 그 특징과 무관하지 않다.

제3차 여성운동의 물결은 앞서의 여성운동에 대한 일종의 반작용으로 나타났다. 여성 해방이 완성되었고 더 이상 페미니즘이 필요하지 않다고 하는 '포스트페미니즘' 및 여성운동에 대한 사회적 반격backlash에 대한 비판으로 여전히 여성 해방이 필요하다는 의미에서 나타났던 것이 한 가지라면, 제2차 여성운동의 물결에서 나타난 페미니즘 담론의 한계를 지적하며 그것을 뛰어넘기 위한 시도가 또 다른 한 편에 자리한다. 기존 페미니즘의 '무게'를 이어받지 않으면서 페미니스트이고자 했던 젊은 세대의 선언은 제3차 여성운동의 물결이 지향하는 또 다른 변화를 대변한다.

제3차 여성운동의 물결은 다양한 주장과 성향을 드러내지만 대체로 제2차 여성의 물결이 편협하고 그 자체로 전제주의적 성향을 띠고 있다고 비판하고 있고 그런 점에서 여성 주체의 선택과 행위를 강조한다는 특징을 지닌다. 전 세계적인 페미니즘의 확산과 함께 트랜스내셔널리즘과 결합된 페미니즘 연구, 대중매체에 대한 분석 등이 제3차 여성운동의 물결에서 증가했다.

1. 주요 사건 및 역사적 맥락

1980년 로널드 레이건 당선 및 레이거노믹스

지구화

인터넷의 등장 및 대중매체의 다기화

아니타 힐 사건(1991)[277]

2. 차이의 페미니즘

남성과 여성이 같다고 하는 전제를 비판하고 여성의 다름을 부각시키면서 동시에 다름의 가치가 인정되어야 한다고 주장하는 페미니즘이다. 차이의 페미니즘이라는 용어는 1980년대에서 1990년대 미국에서 있었던 '차이와 평등 논쟁'에서 발전했다.[278] 차이의 페미니즘의 텍스트는 문화적 페미니즘의 텍스트로 분류되기도 한다.

문화적 페미니즘은 남성과 구별되는 여성의 특질을 바탕으로 하여 여성 공통의 정체성이 강조된다. 문화적 페미니즘은 여성 고유의 영역과 문화에 주목하고 여성을 역사의 피해자로 규정하는 것을 거부한다. 문화페미니즘 안에서 여성의 행동반경이 한정되었던 사적 영역조차 권력을 재형성하는 공간으로 해석된다. 한편 문화페미니즘 연구가 여성의 역사를 지나치게 낭만화하며 여성의 행위를 구성했던 억압적 제도에 대한 초점을 흐리고 있다는 비판을 받기도 한다.

* 주요 텍스트

캐롤 길리건, 《다른 목소리로》(1981)[279]

캐롤 길리건의 책은 이후 여성의 다른 특질에 주목하며 페미니즘 이론을 발전시키는 이들에게 이론적 정당성을 제공했다. 그러나 캐롤 길리건의 문제의식이 페미니즘에서 출발한 것은 아니다. 그는 발달심리학 분야의 대가 로렌스 콜버그의 도덕 심리발달 이론에 동의하기 어려운 지점을 발견했고 그에 따라 임상실험을 통하여 여성이 관계를 중시하는 '돌봄의 윤리'를 지니고 있다는 점을 밝혔다. 이는 콜버그가 주로 남성을 관찰하며 정립했던 독립성과 평등을 중시하는 '정의의 윤리'와 차별화되었다. 길리건은 '돌봄의 윤리'와 '정의의 윤리'가 우위에 있거나 상호배타적 방식으로 판단할 수 있는 문제가 아님을 지적했다.

이후 연구에서 길리건은 돌봄을 단순히 여성적 덕목이 아니라 모든 인간의 보편적 윤리로 수용해야 한다고 주장했다. 길리건의 연구는 여성성의 가치를 재평가하고자 하는 차이의 페미니즘에서 중요한 논거로 수용되었다. 한편 비판자들은 '돌봄의 윤리'에 대한 강조가 전통적 여성의 역할을 강화시킬 수 있는 부작용을 지니며 여성 안의 차이를 간과하고 보편주의적 담론을 발전시킨 우를 범하고 있음을 지적했다.

뤼스 이리가레, 《성적 차이의 윤리》(1984)[280]

이리가레는 기존의 평등주의 페미니즘을 '여성이 남성이 되고자 하는 시도'라고 비판하면서 평등권 쟁취를 넘어설 것을 주장했다. 그는 남성과 여성의 성적 차이를 여성 억압의 원천이 아닌 문화적 발전 가능성의 원천으로 삼아야 하며 남녀의 동일시 대신 여성만의 고유 권리와 정체성 찾기에 나설 것을 제안했다.

이리가레는 여성이 타자적 지위를 벗어나야 한다고 했던 보브와르의 주장을 반박했다. 가부장제하의 여성이라는 범주 자체가 재현 불가능하며 보브와르가 말하는 여성은 이미 남성적 상징체계에 종속된 여성이기 때문이라는 것이다. 그는 오히려 진정한 의미의 타자로서 여성성을 옹호하고 가꾸어가는 것이 페미니즘의 과제라고 주장했다. 그것은 곧 성적 차이를 회복함으로써 주체이며 동시에 타자로서 살아가는 것을 의미했다. 한편 주디스 버틀러는 이리가레가 남성중심의 질서에서 배제되었던 외부를 여성적인 것과 동일시하면서 자신 역시 여성에 속하지 않는 타자를 배제한다고 비판했다.

3. 포스트모던 페미니즘

자유주의적 페미니즘이나 급진주의적 페미니즘에서 보이는 모더니즘의 양극성의 한계를 뛰어넘기 위해 포스트모더니즘 이론을 차용하여 언어와 담론, 범주를 해체하고 재구성한다. 1990년대 이후 미국의 여성사 연구와 페미니즘 연구는 포스트모더니즘 이론에 과도하게 의존했다. 제도뿐 아니라 인간의 가치와 언어에 스며든 권력관계를 해체하고 재해석하고 재구성한다는 점에서 인식의 전환을 가져왔다. 다른 한편 권력과 범주, 주체와 정체성에 대한 해체의 요구와 형이상학적 이론이 성차별에 맞서 싸우는 여성의 정체성 형성과 정치세력화를 방해하고 오히려 실천운동을 전제로 해왔던 페미니즘을 탈정치화하며 페미니즘을 학문 영역에 고립시킨다는 비판을 받기도 했다.

＊ 주요 텍스트

조앤 스코트, 《젠더와 역사의 정치》(1989)[281]

책이 나온 뒤 20여 년간 여성사와 젠더사 연구자들의 필독서가 되었다.

스코트는 이 책에서 젠더를 '성별' 권력관계가 생산되는 장소, 혹은 지식이라고 정의했다. 그는 단순하게 여성의 경험을 서술하는 것이 아니라 그 이면의 이데올로기와 작동원리에 대한 분석이 필요함을 지적했다. 즉, 여성의 경험이나 주체의 자율의지보다 주체가 구성이 되게 하는 이데올로기와 관점, 언어와 지식 안에서 주체가 재현되는 것이 중요하다고 주장했다.

마르크스주의 페미니즘에서 거다 러너, 그리고 캐롤 길리건의 돌봄 윤리까지, 스코트는 여성학 연구자들에게 일종의 경전이 되었던 기존 연구들을 비판하면서 자신의 입장을 개진했다. 예컨대 스코트는 길리건이 여성이라는 범주를 보편화하고 있다는 점에서 비판했다. 스코트는 길리건의 이론이 역사적 맥락에 위치 지우지 않은 채 여성이 남성보다 관계를 선호한다고 주장한 것이라며 그 이론의 비역사성을 비판했고 나아가 보다 복합적인 여성문화를 드러내는 젠더 분석을 제안했다. 또한 거다 러너가 《가부장제의 창조》에서 가부장제의 기원을 설명하는 과정에서 원시 부족사회의 모성의 수행을 필연적으로 가정한 것에 대해 이와 같은 묘사가 생물학적 본질주의에서 벗어나지 못한 것이라는 점에서 비판했다.

스코트는 섹스와 젠더가 분명하게 구분된다는 기존의 주장을 비판했고 섹스와 젠더 모두 지식이자 담론으로 형성되었다는 사실을 주지시켰다. 그는 여성이라는 범주조차 특정 시대에 사회가 만들어낸 관념의 집합이며 따라서 시대에 따라 변화한다는 것을 강조했다. 스코트의 이론은 포스트모더니즘 이론을 차용하여 '젠더'뿐 아니라 성과 여성의 범주에 대한 역사화를 시도했고 기존 가치와 구조, 언어를 해체하고 재구성한다는 측면에서 새로운 방법론으로 환영받았다.

그러나 또 다른 측면에서 주체와 경험의 자율성을 부정하고 여성이라는 범주를 해체하면서 지배/피지배의 권력관계를 모호하게 하고 탈정치화하며 불평등을 타개하기 위해 싸워온 실천적 페미니즘이 방향을 잃게 하는 데 일조했다는 비판을 받기도 했다.

주디스 버틀러, 《젠더 트러블》(1990)[282]

주디스 버틀러는 《젠더 트러블》에서 젠더를 '무한히 변화하며 자유롭게 떠도는 인공물'로 규정하고 패러디, 수행성, 반복 복종, 우울증이 젠더를 구성한다고 설명했다. 예컨대 남성과 여성의 '본질'이나 '원형'이 존재하지 않기 때문에 원형으로 가정되는 복사본에 대한 모방을 통해 패러디적 정체성이 얻어진다고 설명한다. 여기에서 모방의 대상은 특정 사회에서 이상적인 남성성, 혹은 이상적 여성성으로 간주되는 인공적인 이상이 된다. 나아가 그는 젠더와 성의 이분법을 거부했고 젠더뿐 아니라 성 역시 문화적으로 구축된 개념이라고 주장했다.

한편 페미니즘은 그동안 '보편 여성'을 타자화하는 문화적 억압과 고정관념의 구조화에 문제를 제기해왔으나 버틀러는 여성이라는 범주의 해체를 주장했다. 단일하고 동질적 주체 관념이 여성 간에 나타나는 다양한 차이를 간과하고 인간을 남성과 여성이라는 두 부류만으로 귀속시킬 수 있다는 관념을 강화하기 때문이다. 그는 이성애와 동성애의 구분 역시 권력담론의 일부로 이해했다. 버틀러의 연구를 통해 페미니즘이 여성의 범주를 넘어 소수자의 섹슈얼리티로 확장되었다.

4. 교차성 페미니즘

교차성 이론은 인간이 인종/민족, 성별, 계급, 지리, 나이, 장애, 종교와 같은 다양한 사회적 위치의 상호작용에 의해 형성되는 것으로 이해한다. 이 상호작용은 연결된 권력의 구조와 시스템의 맥락에서 발생한다. 이러한 과정을 통해 식민주의, 제국주의, 인종차별, 동성애 혐오, 가부장제 등에 의해 형성된 상호의존적 형태의 특권과 억압이 형성된다.

교차성 페미니즘은 흑인 페미니스트이자 민권운동가인 킴벌리 크런셔와 패트리셔 힐 콜린스 등에 의해 이론화되었다. 그들은 여성이라고 하는 단일한 정체성으로 설명되어온 기존의 페미니즘에 교정을 가하는 동시에 각 여성이 처한 서로 다른 억압의 정도와 서로 다른 정체성이 작용하고 있음을 밝히는 데 기여했다. 또한 결합되는 요인들이 제국주의, 식민주의 성 정체성 등 다양하게 확대됨으로 인하여 페미니즘과 여타 사회운동의 연대를 가능하게 하고 외연을 넓힐 가능성을 제시했다고 평가받는다.

그러나 다른 한편 중층적 차별의 정도에 따라 누가 더 차별받는 여성인가를 강조하고 있다는 이유로 여성운동이 연대하기보다 각각의 여성운동으로 분리되게 하고, 덜 차별받는 여성을 대변하는 것으로 보이는 페미니스트들을 기득권자로 비판하는 경향으로 인해 여성운동 내부의 분열을 일으키고 연대를 어렵게 한다는 비판이 제기되기도 한다.

* 주요 텍스트

킴벌리 크런셔, 〈인종과 성의 교차를 소외되지 않게 하기〉, 《시카고 로 리뷰 포럼》 (1989)[283]

교차성 페미니즘은 법학자인 킴벌리 크런셔가 흑인 여성이 겪는 피해를 다룬 논문에서 처음 사용했다. 크런셔는 이 이론을 통하여 성과 인종, 계급과 성적 정체성이 상호 배타적이거나 순차적으로 작용하지 않으며 동시적이며 상호 구성적 관계를 맺고 있음을 주장했다. 그는 다양한 계급과 인종, 성적 지향성에 의해 여성이 겪는 억압의 경험이 다르다는 점을 주목한다. 예컨대 백인 여성은 성별로 하위에 있으나 인종적 우위를 점한다. 흑인 남성은 인종적으로 하위에 있으나 성별로 우위를 점한다. 이에 반해 흑인 여성은 성별과 인종에서 모두 불이익을 받는다. 이때 흑인 여성의 억압의 경험은 성과 인종이 상호 교차적으로 작용한 결과이다. 이처럼 억압과 불평등의 문화적 패턴은 상호 교차적이며 또 결속되어 있다.

이때 불평등과 억압의 정도가 각각의 변수들의 단순한 총합으로 결정되는 것은 아니다. 특히 논문에서는 GM공장에 대한 흑인 여성의 소송을 상세히 다루고 있고 흑인이자 여성으로서 고용차별을 겪은 여성의 사례가 법원에서 패소하는 과정을 상세히 분석했다. 크런셔는 여성이자 흑인이 겪는 차별을 교차성을 통해 설명했고 서로 다른 요인들이 결합되고 상호 작용하는 새로운 분석틀의 필요를 제안한다.

패트리셔 힐 콜린스, 《교차성》(2016)[284]

블랙 페미니스트인 패트리셔 힐 콜린스는 교차성을 사회적 불평등에 대한 '지배의 매트릭스'라고 표현하면서 불평등이 우연적이며 상호 연결되어 있고 갈등적인 현상임을 이론화했다. 또한 인권, 신자유주의, 정체성의 정치, 이민문제, 힙합과 디지털 미디어, 월드컵 축구와 같은 구체적 사례들을 통해 교차성이 어떻게 드러나고 있는가를 설명했다.

콜린스는 교차성이 불평등을 이해하는 효과적 개념일 뿐 아니라 사회 정의를 실현시킬 도구로서의 잠재력을 지니고 있음을 강조한다.

5. 다분화된 페미니즘

제3차 여성운동의 물결에서 나타나는 특징 중 하나는 새로운 현재의 상황을 진단하고 여전히 작동하는 여성운동의 과제를 드러낸다는 것이다. 한편 제2차 여성운동의 물결이 편협하고 전제적이라고 비판하기도 하지만 이를 폐기하는 대신 현실적으로 재정의하려는 노력을 기울인다. '페미니스트는 이러해야 한다'는 당위를 벗어나 다양한 특성과 형태, 외양의 페미니즘이 가능하다는 논의가 등장했다. 스테파니 스탈의 《빨래하는 페미니즘》(2014)과 록산 게이의 《나쁜 페미니스트》(2016)가 그에 해당한다.[285] 또한 대중문화를 분석도구로 할 뿐 아니라 대중문화를 통한 페미니즘의 전파가 나타났다.

* 주요 텍스트

수전 팔루디, 《백래시》(1991)[286]

이론서라기보다 1980년대 미국에서 등장한 반페미니즘의 상황을 묘사하고 그 원인을 분석한 책이다. 팔루디에 의하면 1980년대 페미니즘에 대한 반격backlash은 1960년대에서 1970년대까지 진행된 여성운동이 성과를 거뒀고 따라서 여성이 차별받는다는 주장은 시대착오적이라는 사고를 바탕에 깔고 있다. 여성운동의 성취에도 불구하고 페미니즘을 주장하는 것은 오히려 이기적이라는 것이다.

　팔루디는 여성운동에 대한 반격이 1980년대의 상황과 관련되어 있음을 지적했다. 1980년대에 여성은 과거에 비해 보다 나은 취업 기회와 출산에서의 자유, 권리주장을 향유하고자 하는 시점이었다. 그러나 1980년대는 경기침체와 노동시장 불안이 팽배했고 레이거노믹스가 지배했던 신자유주의시대이기도 했다. 경제적 불안정이 부추긴 사회불안은 여성 노동력에 대한 공격으로 표출되었다. 사회적으로 차별을 겪는 다수의 여성이 존재함에도 불구하고 백래시는 여성의 사회 진출을 페미니즘의 성취로 포장하면서 여성의 권리에 대한 논의 자체를 봉쇄하는 역할을 했다.

나오미 울프, 《파이와 위드 파이어》(1993)[287]

전작 《무엇이 아름다움을 강요하는가》에 이은 나오미 울프의 두 번째 저서이다. 전작에서는 그는 제2차 여성운동의 물결을 통해 가사노동에서 다소 자유로워지고 그 성과를 누릴 수 있게 된 여성들에게 강요되는 아름다움의 의미를 분석했다. 그는 여성의 아름다움에 대한 강요 뒤에 작동하는 힘이 있으며 아름다움의 강요가 여성에게 또 다른 족쇄로 작용하고 있음을 밝혔다.

보다 강력한 메시지를 전달하는 것은 《파이어 위드 파이어》(1993)이다. 이 책에서 울프는 페미니즘이 대중으로부터 외면받아온 이유들을 분석했다. 울프는 피해자라는 사실만으로 여성 정체성이 구축되는 것이 아님을 지적하며 피해자 페미니즘으로부터 벗어나 '파워 페미니즘'으로 전환해야 한다고 주장했다.

참고문헌

1. 원 사료

Betty Friedan Paper, Schlesinger Library, Radcliffe College, Havard University

2. 국내 자료

김진희, 《프랭클린 루스벨트》, 선인, 2012.

_____, 〈미국 인민전선의 흥망, 1936~1948〉, 《서양사론》 109, 2011.

_____, 〈미국노동과 냉전〉, 《미국학논집》 42:3, 2010.

_____, 〈대공황의 충격과 세계의 변화〉, 《세계화 시대의 서양현대사》, 아카넷, 2008.

_____, 〈1930~40년대 미국 지식인의 대중문화 인식: 뉴욕 지식인들을 중심으로〉, 《미국학논집》 40, 2008.

_____, 〈뉴딜 단체협상법의 생성과 변형: 와그너 법에서 태프트-하틀리 법까지〉, 《미국학논집》 38:3, 2006.

_____, 〈대공황기 미국인의 정체성과 문화형성: 뉴딜 연합과 인민전선 문화를 중심으로〉, 《미국학논집》, 35:2, 2003.

_____, 〈대공황기 뉴욕주의 노동법: '리틀 와그너법'의 제정과 개정을 중심으로〉, 《서양사론》 64 , 2000.

김진희·이재광, 〈노동영화와 노동의 역사: 조화와 부조화의 2중주〉, 《미국사연구》 11, 2000.

나오미 울프, 황길순 옮김, 《무엇이 아름다움을 강요하는가》, 김영사, 2016.

록산 게이, 노지양 옮김, 《나쁜 페미니스트》, 사이행성, 2016.

루이스 틸리 외, 김영 외 옮김, 《여성, 노동, 가족》, 후마니타스, 2008.

메리 울스턴크래프트, 손영미 옮김, 《여권의 옹호》, 한길사, 2008.

박진숙, 〈미국 여성운동과 한국 여성운동의 비교 試論〉, 《여성학논집》 18, 2001.

박현숙, 《미국혁명과 공화국의 여성들》, 이담북스, 2009.

벨 훅스, 윤은진 옮김, 《페미니즘》, 모티브북, 2010.

_____, 이경아 옮김, 《모두를 위한 페미니즘》, 문학동네, 2017.

사라 에번스, 조지형 옮김, 《자유를 위한 탄생: 미국 여성의 역사》, 이화여자대학교출판
부, 1998.

서두원, 〈젠더 제도화의 결과와 한국 여성운동의 동학〉, 《아세아연구》 55, 2012. 3.

수전 팔루디, 황성원 옮김, 《백래시》, 아르테, 2017.

슐라미스 파이어스톤, 김민예숙 옮김, 《성의 변증법》, 꾸리에북스, 2016.

스테퍼니 스탈, 고빛샘 옮김, 《빨래하는 페미니즘》, 민음사, 2014.

시몬 드 보브와르, 이희영 옮김, 《제2의 성》, 동서문화사, 2009.

에이브러햄 매슬로, 오혜경 옮김, 《동기와 성격》, 21세기북스, 2009.

엘리자베트 벡 게른스하임, 이재원 옮김, 《모성애의 발명》, 알마, 2014.

오김숙이, 〈한국 여성운동과 차이 문제: 2000년대 새로운 '여성주의 운동'을 중심으로〉,
《여성이론》 22, 2010. 6.

이창신, 《미국여성사》, 살림, 2004.

_____, 《미국 여성의 역사, 또 하나의 역사》, 당대, 2017.

제인 애덤스, 심재관 옮김, 《헐 하우스에서 20년》, 지식의 숲, 2012.

존 듀이, 김진희 옮김, 《자유주의와 사회적 실천》, 책세상, 2010.

존 스튜어트 밀, 서병훈 옮김, 《여성의 종속》, 책세상, 2006.

주디스 버틀러, 조현준 옮김, 《젠더 트러블》, 문학동네, 2008.

최재인 외, 《서양 여성들 근대를 달리다》, 푸른역사, 2011.

케이트 밀렛, 김전유경 옮김, 《성 정치학》, 이후, 2009.

크리스토퍼 래쉬, 오정화 옮김, 《여성과 일상생활》, 문학과지성사, 2004.

프리드리히 엥겔스, 김대웅 옮김, 《가족, 사유재산, 국가의 기원》, 두레, 2012.

한국여성연구소, 《젠더와 사회》, 동녘, 2014.

한정숙 외, 《여성주의 고전을 읽는다》, 한길사, 2012.

헤스터 아이젠슈타인, 한정자 옮김, 《현대여성 해방사상》, 이화여자대학교출판부, 1986.

3. 해외 자료

Alexander, June E., *Daily Life in Immigrant America, 1870~1920*, Chicago: Ivan R. Dee, 2009.

Balu, Justine, *Betty Friedan: Feminist*, New York: Chelsea House Publishers, 1990.

Bettelheim, Bruno, *The Informed Heart: Autonomy in a Mass Age*, Free Press: Glencoe, Ill, 1960.

Blee, Katheleen, *Women of the Klan*, Berkeley: University of California Press, 1991.

Bohannon, Lisa Frederiksen, *Woman's Work: The Story of Betty Friden*, Greensboro, NC: Morgan Reynolds Publishing Inc., 2004.

Boris, Eileen, "Production, Reproduction, and the Problem of Home for Work", *Viewpoint Magazine*, October 31, 2015.

Boris, Elieen and Lichtenstein, Nelson, *Major Problems in the History of American Workers*, New York: Health, 1991.

Bowlby, Rachel, "The Problem With No Name': Rereading Friedan's The Feminine Mystique", *Feminist Review* 27, September 1987.

Breines, Wini, Young, *White, and Miserable: Growing up Flame in the Fifties*, Boston: Beaon Press, 1992.

Bremner, Robert H. and Reichard, Gary W., Reshaping America: *Society and Institutuions, 1945~1960*, Columbus, Ohio: Ohio State University Press, 1986.

Brody, David, "American Jewry, Refugees and Immigration Restriction(1932~1942)", *Publications of the American Jewish Historical Society* 45, June 1956.

Brookeman, Christopher, *American Culture and Society since the 1930s*, New York: Knopf

Publishing Co., 1984.

Browder, Laura, *Rousing the Nation: Radical Culture in Depression America*, Amherst: University of Massachusetts Press, 1998.

Butler, Judith, *The Question of Gender*, Bloomington: Indiana University Press, 2011.

Carabillo, Toni, et al. *Feminist Chronicles: 1953~1993*, New York: Womens Graphics, 1993.

Cobble, Dorothy Sue, *The Other Women's Movement*, Princeton: Princeton University Press, 2004.

Cohen, Marcia, *The Sisterhood: The True Story of the Women Who Changed the World*, New York: Simon & Schuster, 1988.

Cohen, Robert, *When the Old Left Was Young: Student Radicals and America's First Mass Student Movement, 1929~1941*, New York: Oxford University Press, 1993.

Collins, Patricia H., *Intersectionality*, Cambridge: Polity, 2016.

Crenshaw, Kimberle, "Mapping the Margins: Intersectionality, Identity Politics and Violence against Women of Color", *Stanford Law Review*, 43:6, July 1991.

_____, "Demarginalizing the Intersection of Race and Sex", *The University of Chicago Legal Forum* 140, 1989.

Crow, Barbara A., *Radical Feminism*, New York: New York University Press, 2000.

Colman, Penny, *Rosie the Riveter: Women Working on the Home Front in World War II*, Crown Publishers, 1998.

Conway, Jill, *Learning about Women: Gender, Politics and Power*, Ann Arbor: University of Michigan Press, 1989.

Coontz, Stephanie, *A Strange Stirring: The Feminine Mystique and American Women at the Dawn of the 1960s*, New York: Basic Books, 2011.

Cott, Nancy, *The Grounding of Modern Feminism*, New Haven: Yale University Press, 1989.

Daly, Mary, *Gyn/Ecology*, Boston: Beacon Press, 1978.

Davis, Angela, *Women, Race and Class*, London: The Women's Press, 1981.

DeBois, Ellen Carol, *Woman Suffrage and Woman Rights*, New York: New York University Press, 1998.

Delphy, Christine, "Rethinking Sex and Gender", *Feminist Theory Reader*, New York and London: Routledge, 2003. edited by Carole R. McCann et al.

Denning, Michael, *The Cultural Front: The Laboring of American Culture in the Twentieth Century*, London: Verso, 1996.

Dinnerstein, Leonard, *Antisemitism in America*, New York: Oxford University Press, 1994.

Douglas, Dorothy W., "The Cost of Living for Working Women: A Criticism of Current Theories", *Quarterly Journal of Economics* 34, February 1920.

Eisenstein, Zillah, *The Radical Future of Liberal Feminism*, Chapel Hill: Northeastern University Press, 1993.

Eisenstein, Zilla R. ed., *Capitalist Patriarchy and the Case for Socialist Feminism*, New York: Monthly Review Press, 1979.

Engels, Frederich, *The Origin of the Family, the Private Property and the State*, New York: Penguin Classics, c1884, 2010.

Erikson, Erik H., *Identity: Youth and Crisis*, New York: W. W. Norton & Company, 1968.

_____, "The Problem of Ego Identity", *Journal of the American Psychoanalytic Association*, 4:1, February 1956.

_____, *Childhood And Society*, New York: Norton, 1950.

Evans, Judith, *Feminist Theory Today: An Introduction to Second-Wave Feminism*, New York: Sage Publications, 1995.

Evans, Sara, *Personal Politics: The Roots of Women's Liberation in the Civil Rights Movement and the New Left*, New York: Vintage, 1979.

Farnham, Marynia and Lundberg, Ferdinand, The Modern Woman: *The Lost Sex*, Boston: Harper & Brothers, 1947.

Felder, Deborah G., *100 American Women Who Shaped American History*, New York: Bluewood Books, 2005.

Firestone, Shulamith, *Dialectic of Sex: The Case for Feminist Revolution*, New York: William Morrow and Company, 1970.

Flexner, Eleanor, *Century of Struggle: The Woman's Rights Movement in the United States*, New York: Antheneum, c1958, 1973.

Fox, Richard Wightman, & Lears, T. J. Jackson., *The Culture of Consumption: Critical Essays in American History, 1880~1980*, New York: Pantheon Books, 1983.

Fraser, Nancy, *Transnationalizing the Public Sphere*, New York: Polity Press, 2014.

Friedan, Betty, *Life So Far: A Memoir*, New York: Simon & Schuster, 2006.

_____, *Beyond Gender: The New Politics of Work and Family*, Washington D. C.: Woodrow Wilson Center Press, 1997.

_____, "Jewish Roots: An Interview with Betty Friedan", *Tikkun*, 3:1, Janyary~ February, 1988.

_____, "Women and Jews: The Quest for Selfhood", *Congress Monthly*, February~March, 1985.

_____, The Second Stage, New York: Simon & Schuster, 1981.

_____, *It Changed My Life: Writings on the Women's Movement*, New York: Random House, 1976.

_____, "Up From the Kitchen Floor", *New York Times Magazine*, March 4, 1973.

_____, "Critique of Sexual Politics: An Interview with Betty Friedan", *Social Policy 1*, November/December 1970.

_____, *The Feminine Mystique*, New York: Norton, c1963, 1997.

_____, "If One Generation Can Ever Tell Another", *Smith Alumnae Quarterly*, February 1961.

_____, "I say: Women are People Too!", *Good Housekeeping*, September, 1960.

Galbraith, John Kenneth, *The Affluent Society*, Boston: Houghton Mifflin, 1958.

Gerstle, Gary, *Working-Class Americanism*, Priceton: Princeton University Press, 1989.

Gilmore, Stephanie, *Feminist Coalition*, Urbana: University of Illinois Press, 2008.

Glazer, Penina Migdal, A Decade of Transition: *A Study of Radical Journals of the 1940s*, Ph.D. Dissertation, Rutgers University, 1970.

Glen, John M., *Highlander: No Ordinary School*, Knoxville, TN: University of Tennessee Press, 1988.

Goodman, Paul, *Growing Up Absurd: Problems of Youth in the Organized System*, New York: Vintage Books, 1960.

Gordin, Claudia and Margo, Robert A., "The Great Compression: The Wage Structure in the United States at Mid Century", *Quarterly Journal of Economics*, vol. 107, 1992.

Gordon, Linda and Hunter, Allen, "Sex, Family, and the New Right: Anti-Feminism as a Political Force", Radical America 11-12, November 1977~February 1978.

Gordon, Linda et al., *American Working Women: A Documentary History*, New York: Vintage Books, 1976.

Harrington, Michael, *The Other America*, New York: MacMillan, 1962.

Harvey, Sheridan, *American Women: A Library of Congress Guide for the Study of Women's History and Culture in the United States*, Washington D. C.: Library of Congress, 2002.

Hawes, Elizabeth, *Why Women Cry*, New York: Reynal & Hitchcock, 1943.

Hennessee, Judith, *Betty Friedan: Her Life*, New York: Random House, 1999.

Henry, Sondra and Taitz, Emily, *Betty Friedan: Fighter for Women's Rights*, Hillside, NJ: Enslow Publishers, 1990.

Hewitt, Nancy ed., *No Permanent Waves: Recasting Histories of U.S. Feminism*, New Brunswick, NJ: Rutgers University Press, 2010.

Hewitt, Nancy, *A Companion to American Women's History*, 2005.

Hofsteadter, Richard, *Anti-Intellectualism in American Society*, New York: Random House, 1963.

Horowitz, Daniel, "Rethinking Betty Friedan and Feminine Mystique", *American Quarterly*, March, 1996.

Horowitz, Daniel, *Betty Friedan and the Making of the Feminine Mystique*, Amherst,

MA:University of Massachusetts Press, 1998.

Humm, Maggie, *Feminist Criticism: Women As Contemporary Critics*, Palgrave Macmillan, 1996.

Isserman, Maurice, *If I Had a Hammer*, New York: Basic Books, 1987.

Irigaray, Luce, *An Ethics of Sexual Difference*, Itacha: Cornell University Press, c1984, 1993.

Jay, Karla, *Tales of Lavender Menace: A Memoir of Liberation*, New York: Basic Books, 2000.

Jay, Karla and Young, Allen eds., *Out of the Closets: Voices of Gay Liberation*, New York: Douglas Book Corp, 1972.

Johnson, ed. Daniel M. and Veach, Rebecca M., *The Middle-Size Cities of Illionois: Their People, Politics, and Quality of Life*, Springfield, ILL, 1980.

Joseph, Gloria I. and Lewis, Jill, *Common Differences: Conflicts in Black and White Perspectives*, Garden City, N. Y.: Anchor Books, 1981.

Kahn, Karen, *Frontline Feminism, 1975~1995*, San Francisco: Aunt Lute Books, 1995.

Kammen, Michael, *American Culture, American Tastes: Social Change and the 20th Century*, New York: Basic Books, 1999.

Kerber, Linda K. *Women's America*, New York: Oxford University Press, 2011.

_____, *Toward an Intellectual History of Women*, Chapel Hill: University of North Carolina Press, 1997.

_____, "The Republican Mother: Women and the Enlightenment, American Perspective", *American Quarterly* 28:2, Summer, 1976.

Kessler-Harris, Alice, *Out to Work: A History of Wage-Earning Women in the United States*, New York and Oxford: Oxford University Press, 1982.

Kinsey, Alfred et al., *Sexual Behaivor in the Human Female*, W. B. Saunders CO., 1953.

_____, *Sexual Behaivor in the Human Male*, W. B. Saunders CO., 1948.

Koffka, Kurt, *Principles of Gestalt Psychology*, New York: Harcourt, Brace and Company,

1935.

Komarovsky, Mirra, *Women in the Modern World: Their Education and Their Dilemmas*, Boston: Little, Brown and Co., 1953.

Krugman, Paul, *The Conscience of a Liberal*, New York: W. W. Norton & Co, 2009.

Lehrer, Susan, *Origins of the Protective Labor Legislations for Women, 1905~1925*, Albany: SUNY Press, 1989.

Lerner, Gerda, *The Majority Placing Finds Its Past: Placing Women in History*, New York: Oxford Univerity Press, 1979.

Lerner, Gerda, *The Woman in American History*, New York: Addison-Wesley Pub. Co., 1971.

Lipset, Samuel Martin, and Marks, Gary, *It Didn't Happen Here: Why Socialism Failed in the United States*, New York and London: W. W. Norton & Co., 2000.

Lipsitz, George, *Rainbow at Midnight: Labor and Culture in the 1940s*, Urbana and Chicago: University of Illinois Press, 1994 .

Lynd, Robert S., and Lynd, Hellen M., *Middletown: A Study in Modern American Culture*, New York and London: A Harvest/HBJ Book, c1933, 1959.

MacDonald, Dwight, *Against the American Grain*, New York: Vintage Book, 1962.

Martin, Del, *Battered Wives*, San Francisco: Glide Publications, 1976.

Maslow, Abraham H., "Dominance, Personality and Social Behavior in Women", *Journal of Social Psychology* 10, 1939.

Maslow, Abrahm H., *Motivation and Personality*, Harper and Brothers: NY, 1954.

Matthesws, Glenna, *The Rise of Public Woman*, New York & Oxford: Oxford University Press, 1992.

May, Elaine Tyler, *Homeward Bound: American Families in the Cold War Era*, New York: Oxford University Press, 1988.

Mead, Margaret et al., *American Women: The Report of the President's Commission on the Status of Women and Other Publications of the Commission*, New York: Charles Scribner's Sons, 1965.

Mead, Margaret, *Sex and Temperament in Three Primitive Societies*, New York: Morrow and Company, 1935.

Meltzer, Milton, *Betty Friedan: A Voice for Women's Rights*, New York: Puffin, 1986.

Meyer, Agnes, "Women Aren't Men", Atlantic Monthly, 1950.

Meyerowitz, Joanne, "Beyond the Feminie Mystique: A Reassessment of Postwar Mass Culture, 1946~1958", *The Journal of American History* 79:4, March, 1993.

Millett, Kate, *Sexual Politics*, New York: Avon, 1970.

Milkman, Ruth, "Organizing the Sexual Division of Labor: Historical Perspectives on 'Women's Work' and the American Labor Movement", *Socialist Review* 49, January~February 1980.

Monteith, Sharon, *American Culture in the 1960s*, Edinburgh: Edinburgh University Press, 2008.

Murray, Pauli and Eastwood, Mary O., "Jane Crow and the Law: Sex Discrimination and the Title VII", *George Washington Law Review* 34:2, 1965.

Newman, Louis M., "Coming of Age, but Not in Samoa: Reflections on Margaret Mead's Legacy for Western Liberal Feminism", *American Quarterly* 48:2, June 1996.

Norton, Mary Beth et al. *Major Problems in American Women History*, Lexington, Mass: D. C. Heath and Co., 1996.

Oliver, Susan, *Betty Friedan: The Personal Is Political*, New York: Longman Publishing Group, 2007.

Packard, Vance, *The Hidden Persuaders*, New York: Pocketbook, 1957.

Parsons, Talcott, *Essays in Sociological Theory*, New York: Free Press, 1964.

Payne, Robin Kay-Marie, *Love and Liberation: Second Wave Feminisms and the Problem of Romantic Love*, Ph.D. Dissertation, University of Carolina at Chapel Hill, 2010.

Peat, F. David, *Infinite Potential: The Life and Times of David Bohm*, Reading, Mass: Basic Books, 1997.

Pitney, David Howard, *Martin Luther King, Jr., Malcolm X, and the Civil Rights Struggle of the 1950s and 1960s*, Boston: Bedford, 2004.

Reisman, David, *The Lonely Crowd*, New Haven: Yale University Press, 1950.

Reynolds, Doug "Federated Press", *Encyclopedia of the American Left*, ed. Mari Jo Buhle, Paul Buhle, and Dan Georgakas, New York: Oxford University Press, 1990.

Rosen, Ruth, *The World Split Open: How the Modern Women's Movement Changed America*, New York: Penguin Books, 2006.

Rosenbloom, Nancy, *Women in American History Since 1880: A Documentary Reader*, New York: Wiley–Blackwell, 2010.

Rosswurm, Steven, *CIO's Left–Led Unions*, New Brunswick, NJ: Rutgers University Press, 1992

Rupp, Leila J. and Taylor, Verta, *Survival in the Doldrums*, New York: Oxford University Press, 1987.

Ryan, Mary P., *Womanhood in America*, New York: New Viewpoints, 1979.

Schartz, Ronald W., *The Electrical Workers: A History of Labor at General Electric and Westinghouse*, 1923~1960, Urbana and London: University of Illinois Press, 1983.

Schrecker, Ellen, *The Age of McCarthyism*, Boston: Bedford, 2002.

_____, *Many are the Crimes: McCarthyism in America*, Princeton: Princeton University Press, 1998.

_____, *No Ivory Tower: McCarthyism and the Universities*, New York: Oxford University Press, 1986.

Scott, Joan W., *Gender and Politics in History*, New York: Columbia University Press, 1989.

_____, "Deconstructing Equality–Versus–Difference: Or, the Uses of Post–structuralist Theory for Feminism", *Feminist Studies*, 14: 1, 1988.

Seeber, Frances M., "Eleanor Roosevelt and the New Deal", *Presidential Studies Quarterly* 2:4, 1990.

Sherman, Janann, *Interviews with Betty Friedan*, Jackson, MI: University Press of Mississippi, 2002.

Showalter, Elaine, *The New Feminist Criticism*, New York: Pantheon, 1985.

Sigerman, Harriet, T*he Columbia Documentary History of American Woman Since 1941*, New York: Columbia University Press, 2003.

Sklar, Kathryn Kish, *Women and Power in American History*, New York: Prentice Hall, 2001.

Spock, Benjamin, *Baby and Childcare*, Duell, Sloan and Pearce: New York, 1946.

Stone, Amy, "Friedan at 55: From Feminism to Judaism", *Lilith* 1:1, Fall, 1976.

Stevenson, Adlai, "A Purpose for Modern Woman", Commencement Address, Smith College, 1955, *Women's Home Companion*, September, 1955.

Sunmansky, John M., "Peoria: The Growth and Development of a River Town", *The Middle-Size Cities of Illinois: Their People, Politics, and Quality of Life*, edited by Daniel M. Johnson and Rebecca M. Veach, Springfield, ILL.: Illustrated Pubns, 1980.

Tallack, Douglas, *Twentieth-Century America: The Intellectual and Cultural Context*, London, Longman, 1991.

Thorp, Margaret F., *Neilson of Smith*, New York: Oxford University Press, 1956.

Tilly, Louise A. and Gurin, Patricia, Women, *Politics and Change*, New York: Russell Sage Foundation, 1990.

Ture, Kwame et al., *Black Power*, New York: Vintage, 1992.

Vidal, Mirta ed., *Chicanas Speak Out*, New York: Pathfinder Press, 1971.

Ware, Susan, "American Women in the 1950s: Nonpartisan Politics and Women's Politicization", *Women, Politics and Change*, New York: Russell Sage Foundation, 1990, edited by Louise A. Tilly and Patricia Gurin.

Ware, Susan, *Modern American Women: A Documentary History*, New York: Wadsworth Publishing Company, 1989.

Wayne, Tiffany K., *Women's Rights in the United States: A Comprehensive Encyclopedia of Issues, Events and People*, New York: ABC-CLIO, 2015.

Wilson, Joan Hoff ed. *Rights of Passage: The Past and Future of the ERA*, Bloomington: Indiana University Press, 1986.

Whelehan, Imelda, *Modern Feminist Thought: From the Second Wave to Post Feminism*, New York: New York University Press, 1995.

White, Lynn T., *Educating Our Daughters*, New York: Harper and Brothers, 1950.

Whyte, William, *The Organization Man*, New York: Simon & Schuster, 1956.

Wittner, Lawrence S., *Rebels Against War: The American Peace Movement, 1941~1960*, New York: Columbia University Press, 1969.

Yellin, Emily, *Our Mother's War: American Women at Home and at the Front During World War II*, New York: Simon & Schuster, Inc, 2004.

주석

1 Agnes E. Meyer, "Women Aren't Men", *Atlantic Monthly*, 1950, p. 186.

2 Adlai Stevenson, "A Purpose for Modern Woman", Commencement Address, Smith College, 1955, *Women's Home Companion*, September, 1955.

3 Robert H. Bremner and Gary W. Reichard, *Reshaping America: Society and Institutions, 1945~1960*, Columbus, Ohio: Ohio State University Press, 1986, p. 228.

4 베티 프리단이 《여성의 신비》를 집필하는 과정에서 여성지에 기고했던 칼럼의 제목은 《여성의 신비》의 메시지를 집약적으로 보여준다. 〈나는 말한다. 여성 또한 인간이다!〉 Betty Friedan, "I say: Women are People Too!" *Good Housekeeping*, September, 1960.

5 벨 훅스, 윤은진 옮김, 《페미니즘: 주변에서 중심으로》, 모티브북, 2010.

6 Martha W. Lears, "The Second Feminist Wave", New York *Times Magazine*, March 8, 1968.

7 이하 이 책 〈보론: '물결론'에 따른 여성학/페미니즘 계보〉 참조.

8 이 도서는 2013년도 경희사이버대학교 연구비지원에 의한 결과임(KHCU-2013-6).

9 Betty Friedan, *It Changed My Life: Writings on the Women's Movement*, New York: Random House, 1976.

10 John M. Sunmansky, "Peoria: The Growth and Development of a River Town", *The Middle-Size Cities of Illinois: Their People, Politics, and Quality of Life*, ed. Daniel M. Johnson and Rebecca M. Veach, Springfield, ILL.: Illustrated Pubns 1980, pp.

126~127.

[11] June G. Alexander, Daily Life in Immigrant America, 1870~1920, Chicago: Ivan R. Dee, 2009.

[12] Betty Friedan, "Betty Friedan and the Women's Movement: Finally, They Playing Peoria", Minneapolis Tribune, November 24, 1978; "H. M. Goldstein Taken by Death", Peoria Star, January 12, 1943.

[13] 세계대전이 미국주의 형성에 지대한 영향을 미쳤던 것은 사실이나 늘 동일한 애국주의적 미국주의가 형성되었던 것은 아니었다. 이민노동사를 연구한 게리 거스틀은 제1차 세계대전 이후 각 지역의 이민노동자 공동체에서 형성되었던 미국주의가 보수주의적 애국주의의 색채를 띠는 경우뿐 아니라 시민권을 강화시키는 진보적 성격을 띠며 노동계급 형성에 기여하는 경우가 있었음을 밝혔다. Gary Gerstle, Working-Class Americanism, Priceton: Princeton University Press, 1989.

[14] Sondra Henry and Emily Taitz, Betty Friedan, Fighter for Woman's Rights, Hillside, NJ: Enslow Publishers, 1990, pp. 9~10.

[15] Justine Blau, Betty Friedan: Feminist, New York: Chelsea House Publishers, 1990, pp. 21~26.

[16] Katheleen M. Blee, Women of the Klan, Berkeley: University of California Press, 1991.

[17] Marcia Cohen, The Sisterhood: The True Story of the Women Who Changed the World, New York: Simon & Schuster, 1988, p. 58; Milton Meltzer, Betty Friedan: A Voice for Women's Rights, New York: Puffin, 1986, p. 12; Henry and Taitz, Friedan, p. 14.

[18] Cohen, The Sisterhood, pp. 25~54, 62; Betty Goldstein, "Through a Glass Darkly", paper for high school class, April 3, 1938, pp. 2~3, BF-SLRC 1:248.

[19] Goldstein, "Through a Glass Darkly", p. 55; Blau, Friedan, p. 23; Henry and Taitz, Friedan, p. 15; Goldstein, "Through a Glass Darkly", p. 14.

[20] Amy Stone, "Friedan at 55: From Feminism to Judaism", Lilith 1:1, Fall, 1976, pp. 11~12. 11; Goldstein, "Through a Glass Darkly", p. 11.

[21] Betty Friedan, The Second Stage, New York: Simon & Schuster, 1981, p. 80.

[22] Henry and Taize, *Friden*, pp. 11, 14.

[23] Melzer, *Betty Friedan*, p. 4; Cohen, *The Sisterhood*, p. 55; Goldstein, "Glass Darkly", p. 13.

[24] Cohen, The Sisterhood, p. 55; Balu, *Friedan*, p. 23; Henry and Taitz, *Friedan*, p. 15.

[25] Goldstein, "Through a Glass Darkly", pp. 8~9.

[26] Friedan, *The Second Stage*, p. 93; Cohen, *Sisterhood*, p. 59.

[27] Meltzer, *Betty Friedan*, pp. 10~12; Balu, *Friedan*, p. 235.

[28] Goldstein, "Through a Glass Darkly", p. 1; Amy Stone, "Friedan at 55: From Feminism to Judaism", *Lilith* 1:1, Fall, 1976, pp. 11~12.

[29] Cohen, *Sisterhood*, pp. 55, 56, 58; Balu. *Friedan*, p. 22.

[30] Friedan, *It Changed My Life*, p. 235; Henry and Taitz, *Friedan*, pp. 11, 14.

[31] Cohen, *The Sisterhood*, p. 59; Friedan, *The Second Stage*, p. 93.

[32] Stone, "Friedan at 55", p. 11; Meltzer, *Betty Friedan*, p. 8; Henry and Taitz, *Friedan*, p. 15; Betty Friedan, "Women and Jews: The Quest for Selfhood", *Congress Monthly*, February~March, 1985, p. 8.

[33] Friedan, *It Changed My Life*, p. 8; Goldstein, "Through a Glass Darkly", p. 8.

[34] 김진희, 〈대공황의 충격과 세계의 변화〉, 《세계화 시대의 서양현대사》, 아카넷, 2008, 127~170쪽.

[35] 김진희, 〈대공황기 뉴욕주의 노동법: '리틀 와그너법'의 제정과 개정을 중심으로〉, 《서양사론》 64 , 2000, 79~113쪽; 김진희, 〈뉴딜 단체협상법의 생성과 변형: 와그너 법에서 태프트-하틀리 법까지〉, 《미국학논집》 38:3, 2006, 29~62쪽.

[36] 김진희, 〈대공황기 미국인의 정체성과 문화형성: 뉴딜 연합과 인민전선 문화를 중심으로〉, 《미국학논집》 35:2, 2003, 81~114쪽; 김진희, 《프랭클린 루스벨트》, 선인, 2012, 176~212쪽; Leonard Dinnerstein, *Antisemitism in America*, New York: Oxford University Press, 1994, pp. 105~149.

[37] Dinnerstein, *Antisemitism in America*, p. 120; "Coughlin Supports Christian Front", New York Times, January 22, 1940.

[38] Cohen, *The Sisterhood*, p. 56.

[39] Goldstein, "Through a Glass Darkly", pp. 2, 13; Friedan, "Friedan and the Women's Movement", 2C. Betty Friedan, "Jewish Roots: An Interview with Betty Friedan", *Tikkun* 3:1, Janyary~February, 1988, pp. 25~26.

[40] Betty Friedan, *Life So Far: A Memoir*, New York: Simon & Schuster, 2006, p. 132.

[41] 김진희, 〈뉴딜 단체협상법의 생성과 변형: 와그너 법에서 태프트-하틀리 법까지〉, 29~62쪽.

[42] Betty Goldstein, "The Issue That Never Came Out", January 5, 1938, pp. 1, 2, BF-SLRC, 6:262; Lola Zeman, "Efforts to Oust 'Sit-Downers' Called Outstanding News-of-the Week", *Peoria Opinion*, February 5, 1937; Jack Riehm, "General Motors Settlement Important", *Peoria Opinion*, February 19, 1937; Marian Sands, "Caterpillar's Brief Strike Rates Top Position in News of the Nation", *Peoria Opinion*, April 16, 1937.

[43] Betty Goldstein, "Long, Coughlin, Roosevelt in 'It Can't Happen Here'", *Peoria Opinion*, September 18, 1936; Betty Goldstein, "Spain, the Loser Again", *Peoria Opinion*, January 15, 1937; Betty Goldstein, "War, for Instance", *Peoria Opinion*, February 4, 1938.

[44] Betty Goldstein, "Through a Glass Darkly", pp. 1~15, 21, 22; Meltzer, *Betty Friedan*, pp. 14~20; Cohen, *Sisterhood*, pp. 62~63.

[45] Margaret F. Thorp, *Neilson of Smith*, New York: Oxford University Press, 1956, pp. 337~340.

[46] Daniel Horowitz, *Betty Friedan and the Making of the Feminine Mystique*, Amherst, MA: University of Massachusetts Press, 1998, pp. 37~38.

[47] Cohen, *The Sisterhood*, pp. 62~63.

[48] Friedan, "Jewish Roots", p. 26.

[49] David Brody, "American Jewry, Refugees and Immigration Restriction(1932~1942)", *Publications of the American Jewish Historical Society* 45, June 1956, pp. 219~247, 228.

[50] Thorp, *Neilson of Smith*, pp. 337~340; Marjorie Nicolson, "William Allan Neilson", *Dictionary of American Biography*, New York: Charles Scribner's Sons, 1974, edited by

Edward T. James, pp. 624~625.

[51] Meltzer, *Betty Friedan*, pp. 19~20.

[52] Wikes, "Mother Superior", p. 140; Henry and Taitz, *Friedan*, pp. 23, 27; Friedan, *It Changed My Life*, p. 6; Betty Goldstein, "Flaubert", p. 22.

[53] Robert S. Lynd and Helen M. Lynd, *Middletown: A Study in Modern American Culture*, New York: Harcourt, Brace Javanovich, c1933, 1959; Betty Goldstein, "Smith Portraits", 1939, BF–SLRC, 1:277.

[54] Dorothy W. Douglas, "The Cost of Living for Working Women: A Criticism of Current Theories", *Quarterly Journal of Economics* 34, February 1920, pp. 226~259; Betty Goldstein, notes for Economist 319, 1940~1941, BF–SLRC, 1:257, BF–SLRC, 6:258.

[55] Robert Cohen, *When the Old Left Was Young: Student Radicals and America's First Mass Student Movement, 1929~1941*, New York: Oxford University Press, 1993, p. 270; Friedan, Feminine Mystique, pp. 84~85.

[56] BF–SLRC, 1:257; Kurt Koffka, *Principles of Gestalt Psychology*, New York: Harcourt, Brace and Company, 1935, p. 9; Betty Goldstein, Lecture Notes for Psychology 36, 1940~1941, BF–SLRC, 7:300.

[57] "Keeping Out of the War", *Focus*, November 1939, pp. 8~9; Melzer, *Betty Friedan*, pp. 19~20.

[58] Betty Goldstein, "For Defense of Democracy", SCM, Oct 1940; Lawrence S. Wittner, Rebels Against War: *The American Peace Movement, 1941~1960*, New York: Columbia University Press, 1969, pp. 15~32.

[59] "자니는 총이 아니라 일자리를 원한다!Johnny Wants a Job, Not a Gun!"라는 구호는 달톤 트럼보의 책《자니 총을 얻다*Johnny Got his Gun*》(1939)의 제목을 변형시킨 것이다. 트럼보의 책은 제1차 세계대전에 참전하여 부상당한 조 본햄에 관한 이야기로 전쟁에 대한 비판적 내용을 담고 있다.

[60] Friedan, *Life So Far*, p. 220; Betty Goldstein, "Youth Confers on Peace, Democracy at

Town Meeting Held in Washington", SCAN, February 11, 1941, pp. 1, 4, 6.

61 "They Choose Peace", *SCAN*, April 22, 1941, p. 2; Meltzer, *Betty Friedan*, p. 18.

62 김진희, 〈미국 인민전선의 흥망, 1936~1948〉, 《서양사론》 109, 2011, 148~153쪽.

63 김진희, 〈대공황기 미국인의 정체성과 문화형성: 뉴딜 연합과 인민전선 문화를 중심으로〉, 81~114쪽.

64 Michael Denning, *The Cultural Front: The Laboring of American Culture in the Twentieth Century*, London:Verso, 1996, p. 136.

65 Betty Goldstein, "Review of John Steinbeck, The Grapes of Wrath", *Focus*, November 1939, pp. 29~31; Betty Goldstein, "Fragments", *Focus*, November 1939, p. 7.

66 "Academic Freedom—A Symposium", *SCM*, October 1940, pp. 1~4, 18, 20.

67 "Highlander Folk School", The Tennessee Encyclopedia of History and Culture, version 2.0. http://tennesseeencyclopedia.net/entry.php?rec=630; John M. Glen, *Highlander: No Ordinary School*, Knoxville, TN: University of Tennessee Press, 1988.

68 Betty Goldstein, "Writers from All Fields Gather At Unique Highlander Workshop", *Chattanooga Times*, August 4, 1941. BF—SLRC, 6:275; John M. Glen, *Highlander: No Ordinary School, 1932~1962*, Lexington, KY.:University of Kentucky, 1988, pp. 47~69.

69 Betty Goldstein, "Highlander Folk School—American Future", Summer, 1941. BF—SLRC 6:274.

70 Betty Goldstein, "Learning the Score", "We Know the Score": *Highlander Folk School*, Fall, 1941, pp. 22~24. BF—SLRC, 6:274.

71 "We Cannot Rejoice", *SCAN*, December 9, 1941.

72 Friedan, *Feminine Mystique*, pp. 123~124.

73 Cohen, *The Sisterhood*, p. 62; Meltzer, *Betty Friedan*, pp. 19~20: Friedan, *Feminine Mystique*, p. 124.

74 F. David Peat, *Infinite Potential: The Life and Times of David Bohm*, Reading, Mass: Basic Books, 1997, pp. 49, 58~64; Ellen W. Schrecker, *No Ivory Tower: McCarthyism*

and the Universities, New York: Oxford University Press, 1986, pp. 135~138.

75 Friedan, It Changed My Life, p. 6; Betty Goldstein, "Erikson Seminar", BF-SLRC, 8:322.

76 Erik H. Erickson, Childhood And Society, New York: Norton, 1950.

77 Meltzer, Betty Friedan, pp. 22~24.

78 김진희, 〈1930~40년대 미국 지식인의 대중문화 인식: 뉴욕 지식인들을 중심으로〉, 《미국학논집》40, 2008, 5~38쪽; Meltzer, Betty Friedan, p. 21.

79 Henry and Taitz, Friedan, pp. 31~35; Friedan, Feminine Mystique, p. 124.

80 Doug Reynolds, "Federated Press", Encyclopedia of the American Left, ed. Mari Jo Buhle, Paul Buhle, and Dan Georgakas, New York: Oxford University Press, 1990, pp. 225~227.

81 Friedan, It Changed My Life, pp. 5~16.

82 Betty Friedan, "Autobiography-Betty Friedan", c. 1975, c13, BF-SLRC, 1:63; Cohen, The Sisterhood, p. 64.

83 Denning, Cultural Front, p. 14.

84 Meltzer, Betty Friedan, p. 25.

85 Betty Goldstein, September 27, 1943; November 1, 1943; December 6, 1943; Federated Press, December 20, 1943.

86 Betty Goldstein, "Pretty Posters Won't Stop Turnover of Women in Industry", Federated Press, October 26, 1943; Betty Goldstein, "Wartime Living: Women, Take Over", Federated Press, July 1944.

87 Betty Goldstein, "GE Striker Fighting for Us, Say People of Bloomsfield", Federated Press, January 16, 1946; "The People versus Industrial Greed", Federated Press, January 22, 1946; "Post War Living", Federated Press, January 23, 1946; "Congress of American Women", Federated Press, May 14, 1946.

88 Ruth Milkman, "Organizing the Sexual Division of Labor: Historical Perspectives on 'Women's Work' and the American Labor Movement", Socialist Review 49,

January~February 1980, p. 100.

[89] Alice Kessler—Harris, *Out to Work: A History of Wage-Earning Women in the United States*, New York: Oxford University Press, 1982, chapter 3.

[90] Friedan, *It Changed My Life*, p. 9; Betty Goldstein, Betty Goldstein to Grievance Committee of Newspaper Guild of New York, May 23, 1946, BF–SLRC, 8:330.

[91] 김진희, 《프랭클린 루스벨트: 제32대 대통령》, 선인, 2012, 203~212쪽; 김진희, 〈미국 인민전선의 흥망, 1936~1948〉, 147~149쪽.

[92] Maurice Isserman, *If I Had a Hammer*, New York: Basic Books, 1987, pp. 3~34.

[93] 김진희, 〈대공황기 미국인의 정체성과 문화형성〉, 《미국학논집》 35:2, 2003, 81~114쪽.

[94] Ellen Schrecker, *Many are the Crimes: McCarthyism in America*, Princeton: Princeton University Press, 1998, pp. 240~265; Ellen Schrecker, *The Age of McCarthyism*, Boston: Bedford, 2002.

[95] Schrecker, *Many are the Crimes*, pp. 359~416.

[96] BF–SLRC 8:330.

[97] Ronald W. Schartz, *The Electrical Workers: A History of Labor at General Electric and Westinghouse, 1923~1960*, Urbana and London: University of Illinois Press, 1983, p. 167.

[98] Friedan, *It Changed My Life*, p. 9.

[99] Blau, Friedan, p. 29; Friedan, *It Changed My Life*, pp. 8~9.

[100] Betty Goldstein, "NAM Does Gleeful War Dance to Profits, Wage Cuts, Taft Law", *UEN*, December 13, 1947.

[101] Betty Goldstein, "Fighting Together: We Will Win", UEN, May 31, 1947.

[102] Horowitz, *Betty Friedan and the Making*, pp. 140~141; Friedan, *Second Stage*, pp. 93~94.

[103] Friedan, *It Changed My Life*, p. 9; Henry and Taitz, *Friedan*, p. 38.

[104] Henry and Taitz, Friedan, pp. 37~39; Cohen, *Sisterhood*, p. 66; Robin Kay—Marie

Payne, *Love and Liberation: Second Wave Feminisms and the Problem of Romantic Love*, Ph.D. Dissertation, University of Carolina at Chapel Hill, 2010, p. 160.

105 Myra MacPherson, "The Former Mr. Betty Friedan Has Scars to Prove It", newspaper clipping, Box 4, Folder 31, Sophia Smith Collection, Smith College.

106 Betty Friedan, "Accomplishments", manuscript 3, 1959, pp. 1~2. BF-SLRC, 1:62.

107 Friedan, *It Changed My Life*, p. 14.

108 Henry and Taitz, Friedan, p. 37.

109 Ruth Karpf and George Barrett, "Village of All Mankind", Collier's, February 25, 1950, p. 27.

110 Friedan, *It Changed My Life*, pp. 13~14; Henry and Taitz, *Friedan*, p. 42.

111 Susan Oliver, Betty Friedan: *The Personal Is Political*, NY: Longman Publishing, 2007, p. 49; Myra MacPherson, "The Former Mr. Betty Friedan Has Scars to Prove It", newspaper clipping, Box 4, Folder 31, Sophia Smith Collection, Smith College.

112 Betty Friedan, "Insert-Left Wing Thought", 1960, BF-SLRC, 16:597; Horowitz, *Betty Friedan and the Making*, pp. 140~143.

113 김진희, 〈미국 노동과 냉전〉; Schatz, *Electrical Workers*, pp. 217, 232; Meltzer, *Betty Friedan*, p. 29; Steven Rosswurm, *CIO's Left-Led Unions*, New Brunswick, NJ: Rutgers University Press, 1992, pp. 198~199.

114 Friedan, *It Changed My Life*, pp. 15~16.

115 Elaine T. May, *Homeward Bound: American Families in the Cold War Era*, New York: Basic Books, 1988.

116 Penina Migdal Glazer, *A Decade of Transition: A Study of Radical Journals of the 1940s*, Ph.D. Dissertation, Rutgers University, 1970, pp. 145~149.

117 Betty Friedan, "Happy New Year, Parkway Village", December 1952, BF-SLRC, 10:384; Betty Friedan, "An International Community Fighting for Its Life", September 1952, BF-SLRC, 10:382; Betty Friedan, "Village Profile", *Parkway Villager*, May 1952, 2; Betty Friedan, "Villagers Mobilizing to Fight Rent Increases",

Parkway Villager, May 1952, 1. Denning, *Cultural Front*, p. 90.

[118] Friedan, "They Found Out 'Americans Aren't So awful After All!'", BF–SLRC, 14:542.

[119] Friedan, *It Changed My Life*, pp. 14~16; Cohen. *Sisterhood*, p. 69.

[120] Erik Erikson, "The Problem of Ego Identity", *Journal of the American Psychoanalytic Association* 4:1, February 1956, pp. 56~121; Erik H. Erikson, *Identity: Youth and Crisis*, New York: W. W. Norton & Company, 1968, pp. 156~157.

[121] Friedan, "Neuroses of Togetherness Women", BF–SLRC, 16:583, 584, 588, 589.

[122] Judith Hennessee, *Betty Friedan: Her Life*, New York: Random House, 1999, pp. 62~63.

[123] Henry and Taitz, *Friedan*, p. 45; Cohen, *Sisterhood*, pp. 69~70; David Halberstam, *The Fifties*, New York: Ballantine Books, 1994, p. 594.

[124] Sara Evans, *Personal Politics: The Roots of Women's Liberation in the Civil Rights Movement and the New Left*, New York: Vintage, 1979, p. 3; Cohen, *Sisterhood*, pp. 69~70; Betty Friedan, "Up From the Kitchen Floor", *New York Times Magazine*, March 4, 1973, 8.

[125] Friedan, *Feminine Mystique*, p. 63.

[126] Betty Friedan, "The Coming of Ice Age: A True Scientific Detective Story", *Harper's Manazine*, September 1958, pp. 39~45; Cohen, *Sisterhood*, p. 71.

[127] 뉴 월드 파운데이션 홈페이지는 다음과 같다. https://newwf.org/

[128] Betty Friedan, "The Intellectual Resources Pool", 1960. BF–SLRC, 9:352.

[129] Betty Friedan, "The Intellectual Pied Pipers of Rockland County", 1960~1961, 4, BF–SLRC, 9:347; "Plans for Saturday Seminars", Community Resources Pool, BF–SLRC, 9:361.

[130] Friedan, *Life So Far*, p. 93.

[131] Betty Friedan, *It Changed My Life: Writings on the Women's Movement*, New York: Random House, 1976.

132 Cohen, *Sisterhood*, pp. 70~71, 88~93; Henry and Taitz, *Friedan*, pp. 43~44.

133 Betty Friedan, "Introduction: The Togetherness Woman", 12, BF—SLRC, 16:600; Friedan, *It Changed My Life*, p. 14; Jennifer Moses, "She's Changed Our Lives", *Present Tense* 15, May 1988, p. 30.

134 Friedan, *The Feminine Mystique*, p. 237.

135 Marynia Farnham and Ferdinand Lundberg, *The Modern Woman: The Lost Sex*, New York: Harper & Brothers, 1947.

136 Adlai Stevenson, "A Purpose for Modern Woman", Commencement Address, Smith College, 1955, *Women's Home Companion*, September 1955.

137 Friedan, "The Togetherness Woman", p. 12, BF—SLRC.

138 Friedan, *It Changed My Life*, pp. 14~15.

139 Friedan, "Togetherness Woman", p 12.

140 Betty Friedan, "If One Generation Can Ever Tell Another", *Smith Alumnae Quarterly*, February 1961, pp. 68~70; Friedan, *Feminine Mystique*, pp. 276, 366.

141 Friedan, "If One Generation Can Ever Tell Another", p. 69.

142 Betty Friedan, "Up From the Kitchen Floor", *New York Times Magazine*, March 4, 1973, pp. 8~9.

143 Cohen, *Sisterhood*, pp. 94~96.

144 Friedan, *Feminine Mystique*, p. 65.

145 이하 특별한 인용이 없을 경우 《여성의 신비》 참고.

146 Claudia Gordin and Robert A. Margo, "The Great Compression: The Wage Structure in the United States at Mid Century", *Quarterly Journal of Economics*, vol. 107, 1992, p. 1~34. '대압착'은 미국에서 1940년대 초반 임금 격차와 불평등이 유례없이 줄어든 현상을 의미한다. 이는 경제발전의 자연스러운 현상이 아니라 프랭클린 루스벨트 대통령 재임 동안 도입된 뉴딜 노동 복지정책과 전시 임금정책의 변화로 나타난 결과이다. 대압착의 효과는 이후 1970년대 초반까지 지속되었고 그 결과 미국 역사상 그 어느 때보다 두터운 중산층이 형성되었다.

147 https://krugman.blogs.nytimes.com/2007/09/18/introducing-this-blog/; Paul Krugman, *The Conscience of a Liberal*, New York: W. W. Norton & Co, 2009.

148 U.S. Census Bureau, Section 8 "Labor Force, Employment and Earnings," 1962. http://www2.census.gov/library/publications/1962/compendia/statab/83ed/1962-04.pdf

149 이하 1960년대 시대 변화는 Sharon Monteith, *American Culture in the 1960s*, Edinburgh: Edinburgh University Press, 2008. 참조.

150 "The New Frontier", acceptance speech of Senator John F. Kennedy, Democratic National Convention, July 15, 1960. https://www.jfklibrary.org/Asset-Viewer/Archives/JFKSEN-0910-015.aspx; Lyndon B. Johnson, "Remarks at the University of Michigan, May 22, 1964", http://www.presidency.ucsb.edu/ws/?pid=26262

151 https://www.sitinmovement.org/history/sit-in-movement.asp

152 '어린이, 부엌, 교회'에 관한 설명은 이 책 2장 50쪽 참조.

153 캐롤 길리건, 허란주 옮김, 《다른 목소리로》, 동녘, 1997.

154 Joan Scott, "Deconstructing Equality-Versus-Difference: Or, the Uses of Post-structuralist Theory for Feminism", *Feminist Studies*, 14: 1, 1988, pp. 33~50.

155 여성의 차이 혹은 평등 중 어느 지점을 부각시킬 것인가는 20세기 내내 미국 여성운동의 핵심 논쟁이 되었다. 여성의 권리 증진이라는 공동의 목표를 갖고 있었던 여성운동가들 안에서도 여성문제의 우선 순위와 해결 방식, 그리고 계급적 이해에 대한 시각의 차이에 따라 지향하는 바가 달랐고 특히 여성노동보호법과 평등권 수정 조항 등의 사안에서 첨예한 논쟁과 갈등이 나타났다.

156 Adlai Stevenson, "A Purpose for Modern Woman", Commencement Address, Smith College, 1955, *Women's Home Companion*, September 1955.

157 베티 프리단이 자신의 과거를 드러내지 않고 온전히 전업주부로 묘사한 것은 이후 논란의 대상이 되었다. 이 부분은 이 책 9장 참고.

158 Erik Erikson, "The Problem of Ego Identity", *Journal of the America Psychoanalytical Association* 4, 1956, pp. 56~121.

[159] 1848년 세네카 폴즈 선언 및 이후 여성운동의 발전은 사라 에번스,《자유를 위한 탄생》, 이화여자대학교출판부, 1998; 이창신,《미국 여성의 역사, 또 하나의 역사》, 당대, 2017; Mary Beth Norton ed., *Major Problems in American Women's History*, Lexington, Massachusetts: D. C. Heath and Company, 1996. 참고.

[160] 19세기 미국에서 강조된 공화주의적 모성은 Linda K. Kerber, "The Republican Mother: Women and the Enlightenment, American Perspective", *American Quarterly* 28:2, Summer, 1976, pp. 187~205; 박현숙,《미국 혁명과 공화국의 여성들》, 이담북스, 2009 참조.

[161] 인보관鄰保館운동과 시카고의 헐 하우스에 대해서는 제인 애덤스, 심재관 옮김,《헐 하우스에서 20년》, 지식의 숲, 2012 참조.

[162] Ellen Carol DeBois, *Woman Suffrage and Woman Rights*, New York: New York University Press, 1998.

[163] Nancy Cott, *The Grounding of Modern Feminism*, New Haven: Yale University Press, 1989.

[164] Frances M. Seeber, "Eleanor Roosevelt and the New Deal", *Presidential Studies Quarterly* 2:4, 1990, pp. 707~717.

[165] Susan Ware, "American Women in the 1950s: Nonpartisan Politics and Women's Politicization", *Women, Politics and Change*, New York: Russell Sage Foundation, 1990, edited by Louise A. Tilly and Patricia Gurin, pp. 281~299.

[166] 예컨대 역사학자 도로시 수 코블은《다른 여성운동》(2005)에서 1920년에서 1960년 사이 여성개혁가들이 여성의 '다름'에 기반한 권리투쟁에 나섰던 역사를 드러냄으로써 1960년대 이전 시기에 유의미한 여성운동이 존재하지 않았다는 기존 해석을 수정했다. Dorothy Sue Cobble, *The Other Women's Movement*, Princeton: Princeton University Press, 2004.

[167] Erik H. Erickson, *Childhood And Society*, New York: Norton, 1950.

[168] Talcott Parsons, *Essays in Sociological Theory*, New York: Free Press, 1964; Jill K. Conway et al "The Concept of Gender", *Daedalus* 116:4, 1987, xxi-xxx.

[169] Margaret Mead, *Sex and Temperament in Three Primitive Societies*, New York: Morrow and Company, 1935.

[170] Christine Delphy, "Rethinking Sex and Gender", *Feminist Theory Reader*, New York and London: Routledge, 2003, edited by Carole R. McCann et al., pp. 57~67.

[171] Louis M. Newman, "Coming of Age, but Not in Samoa: Reflections on Margaret Mead's Legacy for Western Liberal Feminism", *American Quarterly* 48:2, June 1996, pp. 233~272.

[172] Margaret Mead et al., *American Women: The Report of the President's Commission on the Status of Women and Other Publications of the Commission*, New York: Charles Scribner's Sons, 1965, pp. 3~6; Friedan, *Feminine Mystique*, pp. 516~517.

[173] Lynn T. White, *Educating Our Daughters*, New York: Harper and Brothers, 1950.

[174] David Reisman, Lonely Crowd, New Haven: Yale University Press, 1950; Dwight MacDonald, *Against the American Grain*, New York: Vintage Book, 1962; Richard Hofsteadter, *Anti-Intellectualism in American Society*, New York: Random House, 1963. 대중과 대중문화에 대한 진보적 지식인들의 비판적 견해는 김진희, 〈1930~40년대 미국 지식인들의 대중문화 인식: 뉴욕 지식인들을 중심으로〉, 《미국학논집》 40:3, 2008, 5~38쪽 참조.

[175] Emily Yellin, *Our Mother's War: American Women at Home and at the Front During World War II*, New York: Simon & Schuster, 2004.

[176] Benjamin Spock, *Baby and Childcare*, Duell, Sloan and Pearce: New York, 1946.

[177] Vance Packard, *The Hidden Persuaders*, New York: David Mckay, 1957.

[178] 알프레드 킨제이와 워델 포메로이는 1948년에 《남성의 성적 행동》을, 1953년에 《여성의 성적 행동》을 집필했다. 특히 5,940명의 여성의 조사결과를 바탕으로 한 여성의 성적 행동은 당시까지 금기시되었던 여성의 성을 직접적으로 다뤘다는 점에서 논란이 되었다. Alfred Kinsey et al., *Sexual Behaivor in the Human Male*, W. B. Saunders CO., 1948; Alfred Kinsey et al., *Sexual Behaivor in the Human Female*, W. B. Saunders CO., 1953.

[179] Bruno Bettelheim, *The Informed Heart: Autonomy in a Mass Age*, Free Press: Glencoe, Ill, 1960.

[180] Abrahm H. Maslow, *Motivation and Personality*, Harper and Brothers: NY, 1954.

[181] Abrahm H. Maslow, "Some Basic Propositions of Holistic Dynamic Psychology", unpublished paper, quoted in Freedan, *Feminine Mystique*, p. 381.

[182] Abraham H. Maslow, "Dominance, Personality and Social Behavior in Women", *Journal of Social Psychology* 10, 1939, pp. 3~39.

[183] 제인 크로우 법은 미국에서 확산되었던 짐 크로우 법을 빗대 그 이름을 차용한 것이다. 짐 크로우 법은 미국 남부에서 흑인과 백인을 사실상 분할시켰던 1896년 플레시 대 퍼거슨 판례에 기초하고 있다. '분리되었으나 평등하다separate but equal'고 했으나 사실상 백인과 흑인의 불평등을 구조화시켰다. 제인 크로우라는 용어는 흑인 민권변호사였던 파울리 머레이가 동료인 메리 O. 이스트우드와 공동 집필한 한 논문에서 처음 등장했다. 전국여성연합의 형성에 주도적 역할을 했던 머레이와 이스트우드는 1965년 집필한 논문에서 짐 크로우 법과 다름없는 분리주의가 여성에게 적용되고 있음을 지적하며 여성에 대한 차별을 촉구했다. Pauli Murray and Mary O. Eastwood, "Jane Crow and the Law: Sex Discrimination and the Title VII", *George Washington Law Review* 34:2, 1965, pp. 232~256.

[184] David Riesman, *The Lonely Crowd*, New Haven: Yale University Press, 1950; William H. White, *The Organization Man*, New York: Simon & Schuster, 1956; Paul Goodman, *Growing Up Absurd: Problems of Youth in the Organized System*, New York: Vintage Books, 1960.

[185] Friedan, *It Changed My Life*, pp. 14~16.

[186] 예를 들어 여성사 연구에서 포스트모더니즘 이론을 차용하여 제도와 가치, 언어를 해체하고 재구성하는 작업은 1980년대 후반에서 1990년대에 발전되었다. 이 분야에서 하나의 고전이 된 조앤 W. 스코트의 연구가 나온 것은 1988년이다. Joan W. Scott, *Gender and Politics in History*, New York: Columbia University Press, 1988.

[187] https://www.theguardian.com/books/2016/may/30/feminine—mystique—100—best—

nonfiction-books-robert-mccrum

[188] '위험한 책 10선'에서 《여성의 신비》는 칼 마르크스의 《공산당 선언》, 아돌프 히틀러의 《나의 조국》, 그리고 존 듀이의 《민주주의와 교육》 등과 나란히 열거되어 있다. http://humanevents.com/2005/05/31/ten-most-harmful-books-of-the-19th-and-20th-centuries/

[189] Meltzer, Betty Friedan, p. 50; Betty Friedan, "Anti-Semitism as a Political Tool: Its Congruence with Anti-Feminism", BF-SLRC, 10:359.

[190] Wini Breines, *Young, White and Miserable: Growing Up Female in the Fifties*, Boston: Boston Press, 1992, pp. 177~192.

[191] Letter, Gerda Lerner to Betty Friedan, February 3, 1964. BF-SLRC, 20a: 715.

[192] Michael Harrington, *The Other America*, New York: MacMillan, 1962.

[193] 2014년 여름 하버드대학교 슐레징거 도서관을 방문하여 프리단 페이퍼를 검토한 결과, 베티 프리단은 《여성의 신비》 후속작으로 여성 노동자들과 전문직에 종사하는 여성들을 포함한 일하는 여성들이 겪고 있는 문제들에 관한 책을 준비했다. 그의 조사 연구는 상당히 진척되었다고 판단되나 여러 박스의 자료들만 남겨놓은 채 끝내 책을 내지 않았다. 베티 프리단의 미완의 책에 관해서는 조만간 논문으로 정리할 예정이다.

[194] 벨 훅스, 윤은진 옮김, 《페미니즘: 주변에서 중심으로》, 모티브북, 2015, 22, 46~47쪽.

[195] 벨 훅스, 이경아 옮김, 《모두를 위한 페미니즘》, 문학동네, 2017, 97~100쪽.

[196] BF-SLRC, 15:568. Frederich Engels, *The Origin of the Family, the Private Property and the State*, New York: Penguin Classics, c1884, 2010.

[197] Eileen Boris, "Production, Reproduction, and the Problem of Home for Work", *Viewpoint Magazine*, October 31, 2015.

[198] 크리스토퍼 래쉬, 오정화 옮김, 《여성과 일상생활》, 문학과지성사, 2004.

[199] Betty Friedan, "Introduction: The Togetherness Woman", 12, BF-SLRC, 16:600; Friedan, *It Changed My Life*, p. 14.

[200] Susan Ware, "American Women in the 1950s: Nonpartisan Politics and Women's

Politicization", *Women, Politics and Change*, ed. Lousie A. Tilly and Patricia Gurin, New York: Russell Sage Foundation, 1990, pp. 281~299.

[201] Betty Friedan, *The Second Stage*, New York: Simon & Schuster, 1981.

[202] Joanne Meyerowitz, "Beyond the Feminine Mystique: A Reassessment of Postwar Mass Culture, 1946~1958", *Journal of American History* 79, March 1993, pp. 1455~1482.

[203] Daniel Horowitz, "Rethinking Betty Friedan and Feminine Mystique", *American Quarterly*, March, 1996, pp. 1~42.

[204] 김진희, 〈미국노동과 냉전〉, 《미국학논집》 42:3, 2010, 73~105쪽; 김진희·이재광, 〈노동영화와 노동의 역사: 조화와 부조화의 2중주〉, 《미국사연구》 11, 2000, 99~135쪽 참고.

[205] Friedan, *It Changed My Life*, pp. 15~16.

[206] Sherman, *Interviews with Betty Friedan*, p. 30.

[207] Friedan, *It Changed My Life*, p. 20.

[208] Friedan, *It Changed My Life*, pp. 187~188; Myra MacPherson, "The Former Mr. Betty Friedan Has Scars to Prove It", 1971, newspaper clipping, Friedan Paper; Blua, Friedan, p. 49; Cohen, *The Sisterhood*, p. 96.

[209] Friedan, *It Changed My Life*, pp. 37~58.

[210] President's Commission on the Status of Women, "Report of the President's Commission on the Status of Women", Washington D. C., 1963.

[211] https://eji.org/racial-justice/legacy-lynching

[212] David Howard Pitney, *Martin Luther King, Jr., Malcolm X, and the Civil Rights Struggle of the 1950s and 1960s*, Boston: Bedford, 2004; Kwame Ture et al, *Black Power*, New York: Vintage, 1992.

[213] 1964년, 1965년, 1968년에 민권법이 제정되었다.

[214] Friedan, *Feminine Mystique*, pp. 518~519; Cohen, *Sisterhood*, p. 132; Friedan, *It Changed My Life*, p. 83.

[215] Blau, *Friedan*, p. 81; Henry and Taitz, *Friedan*, p. 80.

216 Friedan, *Feminine Mystique*, pp. 518~519; Friedan, *It Changed My Life*, pp. 87~91. 리처드 그레이엄은 평등고용기회위원회 위원으로 활동하면서 여성의 권리 향상을 위해 목소리를 높였다. 이후 그는 전국여성연합의 창립멤버로 이름을 올렸고 1966 년 초대 부회장으로 선출되었다. Harrison, *On Account of Sex*, 193~196; https:// now.org/about/history/honoring-our-founders-pioneers/

217 Blau, Friedan, p. 81; Friedan, *The Second Stage*, pp. 257~328; Friedan, *It Changed My Life*, p. 83; "The National Organization for Women's 1966 Statement of Purpose", http://now.org/about/history/statement-of-purpose/

218 *Washington Post*, November 22, 1966; Lisa Hammel, "They Meet in Victorian Parlor to Demand 'True Equality'--NOW", *New York Times*, November 22, 1966, 44; *New York Times*, November 22, 1966; 사라 에번스, 조지형 옮김, 《자유를 위한 탄생》, 이화여자대학교 출판부, 1998. 세네카 폴즈 선언의 내용과 의미는 이 책 423쪽 참고.

219 Friedan, *It Changed My Life*, p. 104. 사실 여성을 남성과 평등하게 대할 것인가, 혹은 특별한 보호 대상으로 취급할 것인가는 오랫동안 논쟁이 되어 왔다. 특히 여성에 대한 노동보호법과 수정헌법 남녀평등조항을 둘러싸고 여성운동 내부에서도 의견이 갈리어왔다. 베티 프리단의 경우 여성노동보호법이 오히려 여성을 평등한 기회로부터 차단하는 역할을 해왔다는 입장에 있었다. 여성노동보호법의 기원과 법을 둘러싼 논쟁에 대해서는 Susan Lehrer, *Origins of the Protective Labor Legislations for Women*, 1905~1925, Albany: SUNY Press, 1989. 참조.

220 Cynthia Harrison, *On Account of Sex*, Berkeley, CA: University of California Press, 1989, pp. 188~189.

221 Friedan, *It Changed My Life*, p. 107; Ruth Rosen, *The World Split Open: How the Modern Women's Movement Changed America*, New York: Penguin Books, 2006, pp. 75~78.

222 http://www.pbs.org/fmc/interviews/friedan.htm

223 Meltzer, *Betty Friedan*, p. 51; Blau, *Friedan*, p. 61; Henry and Taitz, *Friedan*, p. 65.

224 Friedan, *Feminine Mystique*, pp. 518~519; Friedan, *It Changed My Life*, pp. 87~91.

[225] Friedan, *Feminine Mystique*, p. 522.

[226] Oliver, *Betty Friedan*, pp. 165~166.

[227] Leila J. Rupp and Verta Taylor, *Survival in the Doldrums*, New York: Oxford University Press, 1987, pp. 181~183.

[228] Phyllis Schlafly, "What's Wrong with 'Equal Rights' for Women?", *The Phyllis Schlafly Report* 5:7, February 1972, pp. 1~4.

[229] Linda K. Kerber, *Women's America*, New York: Oxford University Press, 2011, pp. 673~688; Barbara A. Crow, *Radical Feminism*, New York: New York University Press, 2000; Friedan, *The Second Stage*, pp. 299~307.

[230] Kate Millet, *Sexual Politics*, New York: Avon Books, 1970.

[231] Shulamith Firestone, *Dialectic of Sex: The Case for Feminist Revolution*, New York: William Morrow and Company, 1970.

[232] Betty Friedan, "Critique of Sexual Politics: An Interview with Betty Friedan", *Social Policy* 1, November/December 1970, pp. 38~40. 평등권 수정조항은 의회에서 비준되었으나 전체 주정부의 5분의 3의 추인을 이끌어내지 못하여 결국 1982년 폐기되었다.

[233] Hennessee, *Betty Friedan*, pp. 118~135.

[234] http://www.feminist.org/research/chronicles/fc1971.html(마지막 방문 2016. 2.22).

[235] Karla Jay, *Tales of Lavender Menace: A Memoir of Liberation*, NY: Basic Books, 2000, pp. 137~138; Sherman, *Interviews with Betty Friedan*, p. 22.

[236] Mary P. Ryan, *Womanhood in America*, New York: New Viewpoints, 1979, p. 223.

[237] Karla Jay and Allen Young, eds., *Out of the Closets: Voices of Gay Liberation*, New York: Douglas Book Corp, 1972, pp. 172~177; Susan Griffin, "Rape is a Form of Mass Terrorism", *Ramparts* 10:3, September 1971, pp. 26~35; Del Martin, Battered *Wives*, San Francisco: Glide Publications, 1976, pp. 1~4.

[238] Jay and Young, eds., Out of the Closets, pp. 172~177.

[239] http://docsouth.unc.edu/sohp/G-0044/excerpts/excerpt_8643.html; *Women's Role in*

Contemporary Society: The Report of the New York City Commission on Human Rights, September 21~25, 1970, New York: Avon Books, 1972, pp. 54~57.

[240] Zilla R. Eisenstein, ed., *Capitalist Patriarchy and the Case for Socialist Feminism*, New York: Monthly Review Press, 1979, pp. 362~372.

[241] Mirta Vidal, ed., *Chicanas Speak Out*, New York: Pathfinder Press, 1971, pp. 13~15; Margaret Sloan, "Black Feminism: A New Mandate", MS 2, May 1974, pp. 97~100; Linda Gordon et al., *American Working Women: A Documentary History*, New York: Vintage Books, 1976, pp. 384~389.

[242] Karen Kahn, *Frontline Feminism, 1975~1995*, San Francisco: Aunt Lute Books, 1995, pp. 453~458.

[243] Kimberle Crenshaw, "Demarginalizing the Intersection of Race and Sex", *The University of Chicago Legal Forum* 140, 1989, pp. 139~167; Kimberle Crenshaw, "Mapping the Margins: Intersectionality, Identity Politics and Violence against Women of Color", *Stanford Law Review*, 43:6, July 1991, pp. 1241~1299.

[244] Henesse, Betty Friedan, 180 ;Betty Friedan, "Betty Friedan Slams 'Female Chauvinists'", *The Sunday News Journal*, July 19, 1972; Friedan, *It Changed My Life*, pp. 187~188; Betty Friedan, "Betty Friedan's Notebook", *McCall's* June 1971, pp. 32~36; August 1971, pp. 56~59; March 1972, pp. 58~62; August 1972, pp. 82, 83.

[245] Betty Friedan, "Up From the Kitchen Floor", *New York Times Magazine* March 25, 1973.

[246] Majority Caucus Committee, *Out of the Mainstream into the Revolution*, South Hills, PA: NOW, 1975.

[247] Betty Friedan, *It Changed My Life*, New York: Random House, 1976.

[248] Stephanie Harrington, "It Changed My Life", *The New York Times* July 4, 1976.

[249] Hennessee, *Betty Friedan*, pp. 217~218.

[250] Betty Friedan, *The Second Stage*, Summit Books: New York, 1981.

[251] Friedan, *The Second Stage*, pp. 257~313.

252 Nan Robertson, "Betty Friedan Ushers in 'A Second Stage'", *New York Times*, October 19, 1981; Andrea Bauer and Clara Fraser, "Freedom Socialist Book Review: The Second Stage, by Betty Friedan," *Freedom Socialist Party*, Spring 1982.

253 https://www.nytimes.com/1977/11/21/archives/womens-conference-approves-planks-on-abortion-and-rights-for.html; Hennessee, *Betty Friedan, Her Life*, pp. 225~236.

254 Friedan, *The Second Stage*, p. 203.

255 Hennesse, *Betty Friedan*, pp. 136~144, 163~171; Friedan, *It Changed My Life*, pp. 182~183.

256 BLS Reports, Women in the Labor Force: A Databook, December 2015. http://www.bls.gov/opub/reports/cps/women-in-the-labor-force-a-databook-2015.pdf

257 물론 오늘날 케이트 밀렛의 책 역시 과거의 페미니즘 문헌 이상의 대접을 받지는 못한다.

258 존 듀이 사회철학은 존 듀이, 김진희 옮김, 《자유주의와 사회적 실천》, 책세상, 2010. 해제 참조.

259 19세기 여성운동에 영향을 미쳤던 종교부흥운동은 제2차 대각성운동이다. 1730년대에서 1740년대에 영국의 아메리카 식민지에서 발생했던 제1차 대각성운동은 계몽주의 사상과 함께 아메리카 혁명에 영향을 미쳤다. 1790년대에서 1850년대에 발생했던 제2차 대각성운동은 캘빈주의가 중심에 있었던 제1차 대각성운동과 달리 아르메니언주의가 중심에 있었고, 구원에 동참하는 개인의 노력이 강조되었다. 제2차 대각성운동에 영향을 받은 이들이 19세기 노예제 폐지운동과 여성운동 등 사회개혁에 적극적으로 동참했다.

260 https://www.oecd.org/korea/Gender2017-KOR-kr.pdf

261 https://www.economist.com/blogs/graphicdetail/2018/02/daily-chart-10 영국 이코노미스트지에 의하면 2018년 현재 한국은 OECD 국가 중 유리천장 지수가 가장 낮다. 유리천장 지수가 낮다는 것은 직장 내 성차별이 높다는 것을 의미한다. 이코노미스트지는 유리천장 지수를 산정하기 위해 고등교육, 경제활동 참여율, 임금,

양육비용, 육아휴직의 권리, 관리 직급 여성관리자의 비율 등의 항목을 가중평균해 산출했다.

[262] Martha W. Lears, "The Second Feminist Wave", *New York Times Magazine*, March 8, 1968.

[263] Nancy Cott, *The Grounding of Modern Feminism*, New Haven: Yale University, 1989.

[264] Nancy Hewitt ed., *No Permanent Waves: Recasting Histories of U.S. Feminism*, New Brunswick, NJ: Rutgers University Press, 2010.

[265] Dorothy Sue Cobble, *The Other Women's Movement*, Princeton: Princeton University Press, 2004.

[266] 메리 울스턴크래프트, 손영미 옮김, 《여권의 옹호》, 한길사, 2008.

[267] 존 스튜어트 밀, 서병훈 옮김, 《여성의 종속》, 책세상, 2006.

[268] 프리드리히 엥겔스, 김대웅 옮김, 《가족, 사유재산, 국가의 기원》, 두레, 2012.

[269] 시몬 드 보브와르, 이희영 옮김, 《제2의 성》, 동서문화사, 2009.

[270] Betty Friedan, *Feminine Mystique*, New York: Norton, c1963, 1997.

[271] Kate Millet, *Sexual Politics*, New York: Avon Books, 1970; 케이트 밀렛, 김전유경 옮김, 《성 정치학》, 이후, 2009.

[272] Shulamith Firestone, *Dialectic of Sex: The Case for Feminist Revolution*, New York: William Morrow and Company, 1970; 슐라미스 파이어스톤, 김민예숙 옮김, 《성의 변증법》, 꾸리에북스, 2016.

[273] Mary Daly, *Gyn/Ecology*, Boston: Beacon Press, 1978.

[274] Angela Davis, *Women, Race and Class*, London: The Women's Press, 1981.

[275] Bell Hooks, Feminism: *From Margins to Center*, Boston: South End Press, 1984; 벨 훅스, 윤은진 옮김, 《페미니즘: 주변에서 중심으로》, 모티브북, 2010; 벨 훅스, 이경아 옮김, 《모두를 위한 페미니즘》, 문학동네, 2017.

[276] Gerda Lerner, *The Majority Placing Finds Its Past: Placing Women in History*, New York: Oxford Univerity Press, 1979.

[277] 1991년 클라렌스 토마스 대법관 후보 청문회에서 한때 그의 부하직원으로 일했던

아니타 힐이 1981년에서 1983년 사이 토마스 후보에 의해 지속적인 성희롱을 당했음을 폭로했다. 성희롱의 개념조차 생소했던 당시 아니타 힐의 증언은 큰 파장을 일으켰고 제3차 여성운동의 물결의 기폭제 중 하나로 작용했다.

278 Joan W. Scott, "Deconstructing Equality versus Difference", *Feminist Studies* 14:1, 1988, pp. 32~50.

279 캐롤 길리건, 허란주 옮김, 《다른 목소리로》, 동녘, 1997.

280 Luce Irigaray, *An Ethics of Sexual Difference*, Itacha: Cornell University Press, c1984, 1993.

281 Joan W. Scott, *Gender and the Politics of History*, New York: Columbia University Press, 1989.

282 주디스 버틀러, 조현준 옮김, 《젠더 트러블》, 문학동네, 2008.

283 Kimberle Crenshaw, "Demarginalizing Intersection of Race and Sex", *Chicago Law Review Forum*, 1989, pp. 139~167; Kimberle Crenshaw, "Mapping the Margins: Intersectionality, Identity Politics, and Violence against Women of Color", *Stanford Law Review* 4:6, July 1991, pp. 1241~1299.

284 Patricia Hill Collins, *Intersectionality*, London: Polity, 2016.

285 스테파니 스탈, 고빛샘 옮김, 《빨래하는 페미니즘》, 민음사, 2014; 록산 게이, 노지양 옮김, 《나쁜 페미니스트》, 사이행성, 2016.

286 Susan Faludi, *Backlash: The Undeclared War Against American Women*, New York: Crown Publishers, 1991; 수전 팔루디, 황성원 옮김, 《백래시》, 아르테, 2017.

287 Naomi Wolf, *Fire with Fire*, New York: Ballantein Books, 1993; Naomi Wolf, *The Beauty Myth*, New York: Chatto & Windus, 1990; 나오미 울프, 황길순 옮김, 《무엇이 아름다움을 강요하는가》, 김영사, 2016.

찾아보기

페미니즘의 방아쇠를 당기다
베티 프리단과《여성의 신비》의 사회사

- ⊙ 2018년 8월 19일 초판 1쇄 인쇄
- ⊙ 2018년 8월 22일 초판 1쇄 발행
- ⊙ 지은이　　　　　김진희
- ⊙ 펴낸이　　　　　박혜숙
- ⊙ 디자인　　　　　이보용
- ⊙ 펴낸곳　　　　　도서출판 푸른역사
　우) 03044 서울시 종로구 자하문로 8길 13
　전화: 02) 720−8921(편집부) 02) 720−8920(영업부)
　팩스: 02) 720−9887
　전자우편: 2013history@naver.com
　등록: 1997년 2월 14일 제13−483호

ⓒ 김진희, 2018

ISBN　979−11−5612−118−3　93330

• 잘못 만들어진 책은 교환해드립니다.

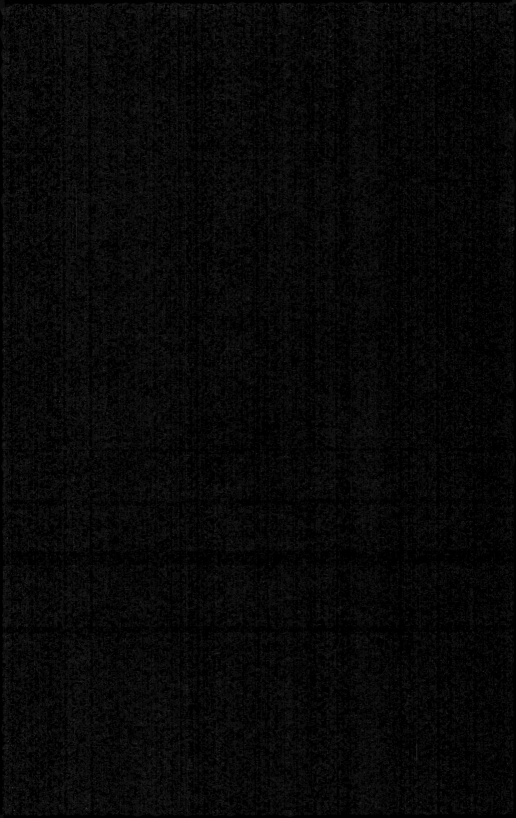